汉语通识教程（第二版）

四川外国语大学中文教育研究中心 ◎ 编

北京大学出版社
PEKING UNIVERSITY PRESS

图书在版编目(CIP)数据

汉语通识教程/四川外国语大学中文教育研究中心编. —2版. —北京：北京大学出版社，2024.1
ISBN 978-7-301-34521-4

Ⅰ.①汉… Ⅱ.①四… Ⅲ.①汉语–高等学校–教材 Ⅳ.①H1

中国国家版本馆CIP数据核字(2023)第188978号

书　　　名	汉语通识教程（第二版） HANYU TONGSHI JIAOCHENG (DI-ER BAN)
著作责任者	四川外国语大学中文教育研究中心　编
责任编辑	宋思佳
标准书号	ISBN 978-7-301-34521-4
出版发行	北京大学出版社
地　　　址	北京市海淀区成府路205号　100871
网　　　址	http://www.pup.cn　新浪官方微博：@北京大学出版
电子邮箱	zpup@pup.cn
电　　　话	邮购部 010-62752015　发行部 010-62750672　编辑部 010-62753027
印刷者	北京鑫海金澳胶印有限公司
经销者	新华书店
	720毫米×1020毫米　16开本　20印张　336千字 2013年6月第1版 2024年1月第2版　2025年1月第3次印刷
定　　　价	56.00元

未经许可，不得以任何方式复制或抄袭本书之部分或全部内容。
版权所有，侵权必究
举报电话：010-62752024　电子邮箱：fd@pup.cn
图书如有印装质量问题，请与出版部联系，电话：010-62756370

第二版前言

《汉语通识教程》距离初次出版已经有十年时间。经过十年来的使用，我们陆续发现了一些问题，有必要予以修改；随着社会的发展，有些情况也已经发生了变化，有必要予以更新。自2022年开始，我们就组织力量，吸收一线任课教师的意见，开展修订工作。

本次修订，仍旧保留原书的框架结构，修订内容主要包括以下几个方面：

一是调整了有关章节的内容，例如第四章"现代汉语方言的历史和现状"调整为"汉语的方言"，第十七章"汉语教学与中文信息处理"，调整为"国际中文教育"。

二是根据国家语言文字新政策、语言规划新举措、语言文字研究新成果，修订了相关内容。

三是删除了全书图片。一方面是因为黑白图片效果不佳，另一方面考虑到现在通过网络获取图片极其便捷，也就没有必要附图了。

四是设计了"思考与练习"，附在每章之后。另外，将各章参考文献统一整理之后，放在全书末尾。

五是对全书的行文表述、事实举例、有关数据作了详细修订、更新和完善。

四川外国语大学曹保平、申红义、李静、黎楠、王渊、朱英姿、吴丹、李明、白静，重庆外语外事学院朱丽娟、熊雪娇、赵茜，重庆城市管理职业学院李顺军，重庆商务职业学院黄雅婷，参加了本次修订工作。谭代龙负责全书的修订统稿工作。

教材修订工作永远在路上。我们热诚欢迎广大一线教师和读者继续提出宝贵意见，帮助我们进一步提高这部《汉语通识教程》的质量！

第一版前言

本教材的读者对象主要是非中文专业的大学生，主要内容是系统介绍汉语知识的现状和历史来源。现代生活对人们提出了各种新要求，本教材的编写目的就是帮助现代知识分子应对语言文字方面的新要求。

大学汉语通识课教材，它的体系首先应该与中学语文课本不一样，这样学生才能学到新的东西；其次，应该与中文专业汉语教材不一样。中文专业汉语课程的目标是培养汉语研究专门人才，因此要求深入系统。而非中文专业的汉语通识课程，不是为了培养汉语研究专门人才，也就不必依照专业教材知识体系来设计教学内容。

非中文专业大学生毕业后，要投身到与语言文字有关的各行各业。他们脑子里想的、口里说的、耳朵里听的、眼睛看的以及笔下写的，都离不开语言文字。一个人语文水平的高低，将会深远地影响到他一生的生活、工作和事业。因此，大学汉语通识课课程和教材，要关注随着时代的发展，新技术、新工具、新观念的出现，新的社会生活对语文提出的新需求；要分析生活中语文的各项要素及其形成历史、现行体系和现有问题；要引导学生关注现代语文生活，关注生活中的语文活动，关心语文与生活的关系，思考一些问题；要将语言文字学本体的研究成果传递给普通知识分子，为现代生活服务。

基于以上思考，教材编写组认真考察了现代生活中的语文需求情况，广泛征求大学生、一线教师和有关专家的意见，择要设计了以下五个板块共十八章教学内容。

第一板块：语言知识。本板块的教学目的在于帮助学生了解语言的基本情况，形成正确的语言观。具体设计了五章内容。

第一章"世界语言概况"，概括介绍世界语言的分布现状、历史、语言的类型、特点等情况。重点介绍中国境内语言的分布、类型等情况。

第二章"现代汉语语言学常识"，这是传统现代汉语教材的主干部分，主要内容包括现代汉语语音学基本知识、现代汉语词汇学基本知识和现代汉语语法学基本知识。

第三章"汉语的历史"，介绍汉语的起源、汉语史的分期、汉语语音史、汉语词汇史和汉语语法史的基本情况。

第四章"现代汉语方言的历史和现状",讨论现代汉语方言的分布现状、语言系统和形成历史。

第五章"汉语和其他语言",介绍汉语与其他语言的交流和融合的历史与现状,特别以英语为例,比较英汉两种语言的不同之处。

第二板块:文字知识。本板块的教学目的在于帮助学生了解文字的基本情况,形成正确的文字观。具体设计了三章内容。

第六章"世界文字概况",概括介绍世界文字的分布现状、传播历史、文字的类型、特点等情况。重点介绍中国境内文字的分布、类型等情况。

第七章"汉字的历史与现状",概括介绍汉字发展简史、汉字的结构与汉字改革等基本情况。

第八章"汉字与汉文化",主要从汉字造字与汉文化和汉字承载的汉文化两个方面,简要分析汉字所承载的中华历史文明。

第三板块:汉语言文字辅助工具。本板块讨论汉语汉字的辅助工具,帮助学生掌握并理解其形成历史和制订规则。具体设计了三章内容。

第九章"汉字的注音",概括介绍譬况法、读若法、直音法、反切法等古代注音方法,注音字母、威妥玛系统等近代注音方法。重点分析介绍汉语拼音方案。

第十章"标点符号",介绍汉语书面语中标点符号的形成过程和制订原则,仔细讲解最新国家标准,帮助学生正确使用常用标点符号。

第十一章"汉语的数目字",介绍汉语书面语中数目字、尤其是阿拉伯数字的历史与来源,重点是依据最新国家标准,介绍如何规范运用数目字。

第四板块:语文生活常识。本板块主要讨论生活中的语言文字现象和常识,以及当代知识分子应该掌握的基本语文技能。具体设计了五章内容。

第十二章"网络语言和字母词",网络语言和字母词都是近年来新出现的语言文字现象,引起人们的广泛关注。本章介绍它们的产生原因、来源、构成方式以及主要特点。

第十三章"熟语和禁忌语",概括介绍成语、惯用语、谚语、歇后语、俗语等常见熟语的基本情况和相互之间的区别,分析禁忌语的主要类别和使用场合。

第十四章"表达、语境和修辞",概括介绍语境对语言表达的制约作用、语言表达效果与修辞的关系以及常用辞格。

第十五章"古代的典籍和语言",中华文化绵延数千年而不绝,原因众多,而由汉字记录的汉语始终为华夏民族最重要的交际工具则是重要因素之一。要了解悠久的中华文化、华夏文明,就必须了解历史上的汉语。古籍则是认识、学习古代语言的桥梁。

第十六章"诗律和词律",高低抑扬的汉语声调,除了能够区别意义,还形成和谐整齐的韵律美。方块汉字又使汉语在书面上具有整齐协调、对称的特点,并由此形成一些独特的文学艺术形式,唐诗宋词就是其中的代表。本章简明扼要地介绍诗律和词律的基本情况。

第五板块:语言文字应用和语文规划。本板块讨论一些宏观问题,帮助学生了解语言文字应用和国家语文规划政策等情况。具体设计了两章内容。

第十七章"汉语教学与中文信息处理",汉语教学讨论包括大学和中小学语文教学、对外汉语教学的现状和存在的问题等;语文水平测试是当前语文生活中的重要内容,讨论如何设计更加科学合理的测试,以促进全社会语文水平的提高。中文信息处理属于汉语言文字应用研究领域,对现代生活产生了重要影响。

第十八章"语言资源与语文规划",语言是人类最重要的交际工具,关系到国家统一、民族团结,关系到国家和民族的经济、文化影响力。因此也成为一种重要的资源,本章简要介绍古今中外的语言文字规划情况,特别介绍了《中华人民共和国国家通用语言文字法》的相关情况。

四川外国语大学谭代龙主持本教材的编写工作,负责拟定编写大纲,协调编写事务,并负责全书的统稿工作。教材各章节编写分工如下:

第一章"世界语言概况":李静(四川外国语大学)

第二章"现代汉语语言学常识":朱英姿(四川外国语大学)

第三章"汉语的历史":葛佳才(重庆师范大学)

第四章"现代汉语方言的历史和现状":黄雅婷(重庆商务职业学院)

第五章"汉语和其他语言":龚波(广州大学)

第六章"世界文字概况":李静(四川外国语大学)

第七章"汉字的历史与现状":申红义(四川外国语大学)

第八章"汉字与汉文化":王渊(四川外国语大学)

第九章"汉字的注音":周文德(四川外国语大学)

第十章"标点符号":王琥(四川外国语大学)

第十一章"汉语的数目字":周红苓(重庆三峡学院)

第十二章"网络语言和字母词":沈林(重庆交通大学)

第十三章"熟语和禁忌语":吴立友(重庆文理学院)

第十四章"表达、语境和修辞":黎楠(四川外国语大学)

第十五章"古代的典籍和语言":龚泽军(重庆大学)

第十六章"诗律和词律":杨怀源(西南大学)

第十七章"汉语教学与中文信息处理":曹保平(四川外国语大学)

第十八章"语言资源与语文规划":李顺军(重庆城市管理职业学院)

编写过程中,编写组广泛参考了相关论著的意见,由于教材体例的限制,书中未能一一交代参考意见的出处。在此,我们向学界同人表示谢意和歉意!

教材的编写,得到了四川外国语大学教务处和中文系的大力支持,得到了多位前辈专家的指导,得到了北京大学出版社汉语编辑室的支持。我们在此深表感谢!

四川外国语大学唐光兰、段丽惠、周启红、杨梅和屈梅娟等几位老师,仔细审读了书稿,提出了不少修改意见;四川外国语大学汉语言文字学专业研究生宋思佳、唐飞、李静、彭湘、周亚娟、魏红霞、许梅、王长滕和杨燕等同学,分别审读了部分章节,提出了方方面面的修改意见;他们的工作让教材增色不少,我们也向他们表示感谢!

编写组成员都是年轻人,缺乏教材编写经验,语言表达能力有限,教材中的不足之处一定不少,恳请专家和广大师生批评指正!

生活中的语文内容丰富,形式多样。各种文化层次的人,有着不同的语文知识和能力需求。而日新月异的现代传播媒介,又不断地改变着语文的内容和形式,改变着语文知识和能力的学习及训练途径。因此,每个人都需要不断地学习。本教材编写者密切关注语言文字学的前沿成果,并力求通过通俗平易的语言传递给社会大众。我们希望这部教材能够引导更多的人去关注生活中的语文现象,自觉地更新、完善语文素养,从而让语文更好地为我们的生活服务。如果有非中文专业背景的读者阅读了本书之后,对语言文字教学与研究产生了兴趣,那我们真是"喜出望外"了!

目 录

第一章 世界语言概况 ··· 1
第一节 语言的分类 ··· 1
第二节 印欧语系 ··· 3
第三节 汉藏语系 ··· 7
第四节 中国的语言 ··· 8
第五节 国际辅助语 ·· 15

第二章 现代汉语语言学常识 ··· 21
第一节 语言、汉语、现代汉语 ······································ 22
第二节 语　音 ·· 25
第三节 词　汇 ·· 29
第四节 语　法 ·· 32

第三章 汉语的历史 ··· 38
第一节 汉语的起源 ·· 38
第二节 汉语史分期 ·· 39
第三节 汉语语音史 ·· 41
第四节 汉语词汇史 ·· 46
第五节 汉语语法史 ·· 50

第四章 汉语的方言 ··· 57
第一节 汉语方言的历史和语音现状 ································ 57
第二节 汉语方言和汉民族共同语 ·································· 72

第五章 汉语和其他语言 ··· 80
第一节 汉语与其他语言的交流和融合 ····························· 80

第二节　英汉语言对比……………………………………………86

第六章　世界文字概况……………………………………………………94
　　第一节　汉字流通圈………………………………………………94
　　第二节　阿拉伯字母流通圈………………………………………98
　　第三节　印度字母流通圈…………………………………………99
　　第四节　斯拉夫字母流通圈……………………………………101
　　第五节　拉丁字母流通圈………………………………………102
　　第六节　中国境内的文字………………………………………104

第七章　汉字的历史与现状……………………………………………106
　　第一节　汉字发展简史…………………………………………106
　　第二节　汉字的结构……………………………………………112
　　第三节　汉字改革………………………………………………115

第八章　汉字与汉文化…………………………………………………123
　　第一节　汉字造字与汉文化……………………………………123
　　第二节　汉字承载的汉文化……………………………………127

第九章　汉字的注音……………………………………………………137
　　第一节　古代的注音方法………………………………………137
　　第二节　注音符号………………………………………………139
　　第三节　威妥玛系统……………………………………………140
　　第四节　汉语拼音方案…………………………………………142

第十章　标点符号………………………………………………………149
　　第一节　标点符号概说…………………………………………149
　　第二节　标点符号的用法………………………………………152

第十一章　汉语的数目字 · 172
第一节　数目字概说 · 172
第二节　数目字的规范 · 172
第三节　数目字的使用 · 173

第十二章　网络语言和字母词 · 179
第一节　网络语言 · 179
第二节　字母词 · 183

第十三章　熟语和禁忌语 · 189
第一节　熟语 · 189
第二节　禁忌语 · 207

第十四章　表达、语境和修辞 · 211
第一节　语言表达与语境 · 211
第二节　语言表达与修辞 · 216

第十五章　古代的典籍和语言 · 234
第一节　古代典籍 · 234
第二节　古代的语言 · 239

第十六章　诗律和词律 · 246
第一节　诗律 · 246
第二节　词律 · 255

第十七章　国际中文教育 · 265
第一节　国际中文教育概述 · 265
第二节　国际中文教育的语言要素教学 · 272
第三节　国际中文教育的语言技能教学 · 279

第十八章　语言资源与语文规划 ································· 289
　　第一节　语言资源 ······································· 289
　　第二节　语文规划 ······································· 290

参考文献 ·· 299

第一章　世界语言概况

全世界现有200多个国家和地区，2 500多个民族，80亿人口，仍在使用的语言大约有5 000—7 000种。每一种语言都蕴涵着其使用者在悠久历史中积淀下的传统与文化，正是语言使我们与祖先创造的辉煌历史紧密相连。通过语言我们触摸并感知祖先的思想与感情，同时可以将世世代代积累的知识与文化传递给我们的子子孙孙。

尚存的几千种语言，境况大有不同。以说母语的人数而论，说汉语的人数占据首位；但真正影响整个世界，并在世界各地广泛传播的语言是英语。目前使用人数在1亿以上的语言有汉语、西班牙语、英语、孟加拉语、印地语、阿拉伯语、葡萄牙语、俄语、日语、德语、法语等。这些语言的使用人口总数占全球人口的55%—60%。世界变得越来越像个地球村，频繁的文化交流、大规模的移民等众多因素，使得人类的语言在不断减少。除了前面提到的使用人口在1亿以上的语种外，大部分语言的使用人口不足10万人。有相当数量的语言已经成为濒危语言，例如巴布亚新几内亚有一种叫Matukar Panau的语言，现在只剩下大约600人会说，他们都住在两个很小的村子里。在不久的将来，不少语言都会消失，越来越多的人向少数大语种靠近。

第一节　语言的分类

一、形态分类

语言可以按照不同的特征分为不同的类型。根据语法中的形态特点可以把语言分为四种类型：孤立语、屈折语、黏着语、复综语。

孤立语又称分析语或词根语，这类语言的特点是词基本上没有专门表示语法意义的附加成分，形态变化较少，主要使用虚词、词序表示词与词之间的关系。汉语、越南语等属于孤立语。

屈折语以词形变化作为表示语法意义的主要手段，有内部屈折和附加成分，一个构形形态可以同时表示几个语法意义，每种语法意义可以用不同的构形形态表示，词根和词缀结合得较为紧密，难以分割。俄语、英语等属于屈折语。

黏着语的特点是语法意义通过词的形态变化来表示，每一个构形形态只能表示一种语法意义，每种语法意义也总是由一个构形形态表示，无内部屈折，构形形态黏着在词根上，二者结合得并不紧密。土耳其语、芬兰语、日语等属于黏着语。

复综语又称编插语，以动词词根为中心，在动词词根前后添加附加成分表示复杂的词汇意义和语法意义，包含这些附加成分的动词相当于一个句子。美洲的各种印第安语属于这一类型。

二、谱系分类

谱系分类法又称发生学分类法，是近现代用得比较广泛的分类方法。1786年，英国学者威廉·琼斯在"亚洲学会"上宣读了一篇关于梵语研究的论文。琼斯谈道："无论多么古老，梵语的结构是最奇特的，它比希腊语更完备，比拉丁语更丰富，并且比这两种语言都更精美，可是它们无论在动词的词根方面，还是在语法形式方面，都有很显著的相同点，这不可能是出于偶然的；确实的，这些相同点是这样显著，使得考究这三种语言的语文学家，没有一个能不相信它们是出于共同的来源，虽然这个共同的来源现在也许已经不存在了；我们有同样的理由相信，虽然这理由并不那么有力，哥特语和凯尔特语，虽然杂有不同语言的成分，也跟梵语有相同的来源。古波斯语也可以加入这一个语系里面。"

琼斯的研究成果以及同时代其他学者的努力，最终促使历史比较语言学的建立。这一学科的诞生在学界掀起了一股对各种语言作历史比较研究的热潮，随着研究范围的扩大与深入，学者对亲属语言和语言的类型进行了不同程度的研究。由于具有亲属关系的语言之间在语言要素或语言成分上，或多或少地保留了一些同出一源的痕迹，我们将这些有共同来源的、在语音、词汇、语法上有一定共同特点和对应关系的语言称为亲属语言。运用历史比较法把不同语言的材料加以比较，不同语言之间如果存在有规则的对应关系，就可以确定语言之间有亲属关系。

根据语言的历史来源或语言的亲属关系对语言所作的分类叫作语言的谱系分类。这种分类方法依照语言之间的亲疏程度，把各种语言分为不同的语系、语族、语支等。语系是分出来的最大的类，同一语系之下可以分出若干语族，同一语族之下可以分出若干语支。例如汉藏语系的主要使用者分布在中国、越南、老挝、柬埔寨、缅甸、泰国、印度、尼泊尔、不丹、孟加拉国等亚洲国家和地区。汉藏语系又可以分为四个语族，即汉语族、壮侗语族、苗瑶语族和藏缅语族。藏缅语族又可以分为藏语支、彝语支、景颇语支和缅甸语支。

  世界上各民族的语言谱系究竟怎样分类，学者们的意见并不一致，较常见的分类是：印欧语系、汉藏语系、高加索语系、乌拉尔语系、阿尔泰语系、达罗毗荼语系、南亚语系、南岛语系、闪-含语系以及非洲和美洲的诸多语言。谱系分类可以使读者了解语言之间的亲疏程度及其发展变化过程，因此下文从谱系分类的角度对使用人口最多的印欧语系和汉藏语系进行介绍，其他语系的概况请参看附录"世界语言的谱系分类"。

第二节 印欧语系

  印欧语系是当今世界上分布区域最广、使用人口最多的一个语系，使用者几乎遍及欧洲、美洲、大洋洲以及非洲和亚洲的部分地区。印欧语系分布广、使用人口多的直接原因是从15世纪开始，随着欧洲殖民势力不断扩张，一些欧洲语言陆续传播到其他地区。下面择要介绍几种印欧语系语言。

一、梵语

  在印度次大陆的广袤土地上，存在着大量的语言和方言。梵语就是其中的一种，这种语言就像欧洲中世纪的拉丁语一样，具有极高的声望。今天仍然有大量用梵语书写的文学、宗教、哲学文献留存于世，其文献数量仅次于汉语文献，远远超过希腊语和拉丁语。

  梵语不仅仅是古印度的语言，也被用来书写佛教经典。东汉时期，随着佛教的传入，梵语也传入中国。汉语从梵语中吸收了为数不少的新词，例如"佛、菩提、菩萨、刹那"等。玄奘从印度取回梵文经典657部，翻译经典总计1 335卷。中国知识分子在翻译佛经过程中，受到梵语的启发，直接推动了中国音韵学的发展。

  早在公元前5世纪，从古希腊作家赫卡代奥斯、希洛多图斯的著作中就可以找到一些关于印度的记载。到了18世纪，欧洲越来越多的传教士学习梵语后，逐渐认识到梵语与拉丁语、希腊语之间从词汇到语法结构，有着广泛的相似性，这一发现引起欧洲学者的极大兴趣。威廉·琼斯曾在印度做大法官，从事司法工作之余，致力于语言学习和东方学研究。琼斯对梵语进行考察后，提出了著名的"印欧语假说"，用来解释梵语、拉丁语和希腊语之间的相似性。梵语材料在语言比较中的运用，最终促使历史比较语言学的诞生。

二、希腊语

希腊语的使用人口约1 000万，主要分布在希腊，其次在阿尔巴尼亚、塞浦路斯、土耳其的小亚细亚一带。由于古希腊文学、艺术、哲学、科学、逻辑学、数学方面曾取得的辉煌成就，希腊语中创造的大量词语一直沿用至今，甚至很多新学科也借用希腊语词，并根据希腊语构词规则创造新词来表达新概念，所以希腊语被称为"欧洲文明的摇篮"。

古代希腊时期，方言众多，还谈不上统一的希腊语。根据不同方言的特点，大致分为四组：伊奥尼亚-阿提卡话，埃奥里亚话，多利安话和阿卡迪亚-塞浦路斯话。首都雅典的方言是阿提卡话，它逐渐融合其他方言成为希腊共同语的基础。这种方言的重要性在于它被用于商业、政治以及公元前5世纪的文学中，使用范围远远超过现代希腊的疆界。伊奥尼亚话的踪迹可见于希罗多德、苏格拉底、亚里士多德、柏拉图的作品中。埃奥里亚话流行于爱琴海东北部和西北部一带，抒情诗人萨福等多用这种语言进行创作。多利安话流行于希腊西部以及中部一带，希腊古代作家品达的感怀诗就是用的这种方言。阿卡迪亚-塞浦路斯话现在只有在一些铭文中才可以看到。

相传由古希腊盲诗人荷马创作的"荷马史诗"，由《伊利亚特》和《奥德赛》两部长篇史诗组成，其语言便是一种古老的希腊语。据考证，这两部史诗并不是一下子就写出来的，而是依靠长时间口耳相传留下来的底本，大约在公元前850年到公元前750年之间加工而成。记录它们的希腊文是一种非自然的语言，这种语言中混合了不同的拼写法、文法、词法和读音。古希腊的四组方言中，除多利安话外，其他三种方言都在这部史诗中留下了痕迹。

三、拉丁语

3 000多年前，一个从北方来的部落定居于亚平宁半岛中部的台伯河流域拉丁姆平原上，这个拉丁部族的语言即是拉丁语。拉丁族是一个强悍的民族，从公元前753年建立起罗马城后，这个民族就开始了不断向外扩张的历程。2世纪初，罗马帝国的版图达到顶峰：西至今天的西班牙、法国；北至英格兰、荷兰、莱茵河和多瑙河一带；东至高加索南部山区的亚美尼亚、叙利亚沙漠、幼发拉底河上游；南达北非的撒哈拉沙漠、埃及。整个地中海变成了罗马的"内陆湖"。

罗马帝国不断向外扩张，促使拉丁语广泛渗入被征服的国家和地区。在罗马帝国的统治区域内，拉丁语与其他地方语言及方言相互渗透，形成了民间拉丁语。随着民族独立运动的兴起，这些语言最终演变成意大利语、西班牙语、葡萄牙语、罗马尼亚语、法语等。作为西方的古老语言，拉丁语成为欧美各国语言的源泉，对欧洲各民族语言的形成产生了巨大影响，被称为"欧洲诸语之母"。

随着罗马帝国的灭亡，拉丁语逐渐退出日常生活，成为书面语。但拉丁语作为学术、宗教、国际条约的使用语言，其地位仍不可小觑。直到现在，生物学、化学、医学等学科中的专业术语，仍然广泛使用拉丁语。

四、英语

英语是目前世界上应用最广泛的语言之一。全世界把英语作为母语使用的人数仅次于把汉语作为母语使用的人数。英语不仅是英国、美国、加拿大、爱尔兰、澳大利亚、新西兰这些国家的第一语言，也是非洲十几个国家以及加勒比海、大西洋、印度洋和太平洋中许多群岛的官方语言。据统计，世界上有1/2的报刊，3/4的邮件，3/5的新闻广播，使用的都是英语。英语在世界上取得的惊人发展，在语言史上是无与伦比的。追溯英语的发展史，通常将其分为三个阶段。

（一）古英语时期（远古—1150）

英国最早的居民，是大约公元前3000年从欧洲大陆南部迁移而至的伊比利亚人，但他们的语言没有流传下来。大约公元前500年，来自欧洲大陆西南部的凯尔特人占领了不列颠群岛，伊比利亚人大部分被杀戮，凯尔特语成为英国有史料依据的最早语言。公元前55年，罗马人入侵不列颠，并占领了大约400年，拉丁语成为不列颠岛上的官方语言。

5世纪中叶，居住于西北欧的3个日耳曼人部族——盎格鲁人、撒克逊人和朱特人，趁罗马帝国衰落，大举侵入不列颠岛。他们的语言取代了当时该地使用的凯尔特语。这三个日耳曼部族方言随着社会发展，逐渐融合成为新的语言，即盎格鲁-撒克逊语，这就是后来形成英语的基础。700年，人们把不列颠岛上三部族混合形成的语言称为Englisc。1000年，岛上整个国家被称作Englaland。这两个词后来就演变成English和England。

597年，一位名叫奥古斯丁（Augustine）的牧师从罗马来到英国传教。罗马文化随着基督教传入英国。与此同时，一批拉丁词语进入英语。

8世纪末，斯堪的纳维亚人，主要是丹麦人大批入侵英国，这一过程延续了三百年之久。丹麦国王卡纽特一度成为英国的君主。斯堪的纳维亚人和英国人交往频繁，许多斯堪的纳维亚词语进入英语，对英语的发展有较大影响。

（二）中古英语时期（1150—1500）

1066年，诺曼底公爵威廉（约1028—1087）为首的法国封建主在哈斯丁战役中击溃了盎格鲁-撒克逊军队，英国被征服。威廉在伦敦威斯敏斯特教堂加冕为英国国王，诺曼底王朝（1066—1154）开始了对英国的统治。在诺曼底王朝统治期间，诺曼法语成为英国官方语言；拉丁语是阅读《圣经》及从事宗教活动的宗教语言；英语则是下层社会劳动者使用的世俗语言。

14世纪英法两国开始了"百年战争"，流行于上层社会的法语成为敌国的语言，国王下令在朝廷、教堂、学校中一律使用英语，禁用法语。1362年，英王爱德华三世首次使用英语向议会致辞。1399年，登上王位的亨利四世，是从诺曼底人入侵以来承认英语为母语的第一位英国国王。1476年，威廉·卡克斯顿把印刷术引入英国，在伦敦开设了英国第一家印刷厂。他出版的各种书籍在文法以及拼写方面为英语制订了标准，对英语拼写标准化、英语书面语的传播都起到了很大的推进作用。

（三）现代英语时期（1500—现在）

16世纪，欧洲文艺复兴运动开始席卷英国。这一时期，人们强调研究古希腊、古罗马文化，以对抗中世纪的封建文化。英国的人文主义者将大量希腊语和拉丁语单词引入英语，成为英语书面语和术语词的基本部分。《圣经》于17世纪翻译为英文，表明英语书面语已经趋于成熟。

1755年，塞缪尔·约翰逊编纂的《英语词典》出版，该词典分上下两册，厚达

2 300页，收词4.35万条，例证11.8万条。这是英国历史上第一部收词广泛、具有权威性的标准英语大词典。从现代语言学的观点看，这部词典缺陷很多，但在当时对词汇的规范化和标准化起到了积极的作用。18世纪中期，约瑟夫·普里斯特利《英语语法入门》、罗伯特·洛思《英语语法简介》等语法书的先后出版，为英语句子结构的标准化和规范化打下了基础。

18世纪，英国工业革命兴起，英国成为世界上最大的工业国和贸易国。新兴技术的发展使得英语词汇中增添了数以万计的新词。对殖民地的争夺使英语随着帝国的扩展走向世界，同时殖民地语言中的一些词开始流入英语。

目前世界上流行着两大类英语：英国英语和美国英语。美国英语是英国殖民主义者17世纪初在北美大陆建立殖民地时，以英国英语为基础，在北美特殊社会文化、地理环境中逐渐发展、形成的。这两大类英语在读音、拼写、词汇和语法结构方面，有一定的区别，但这些区别并未造成两类英语使用者之间严重的交际障碍。从20世纪中叶至今，由于美国在世界上占据着政治、经济、文化与军事方面的优势，美国英语的影响力日益扩大。

第三节　汉藏语系

汉藏语系是世界上最大的语系之一，使用人数仅次于印欧语系。关于汉藏语系的分类和归属问题，目前学界一直有争论。中国学者习惯分为四个语族：汉语族、壮侗语族、苗瑶语族、藏缅语族。使用汉藏语系的人口主要分布在中国、泰国、缅甸、不丹、尼泊尔、印度、孟加拉国、越南、柬埔寨等国家和地区。由于汉藏语系语言和方言的界限不易划分清楚，对其包含语言的数目也有各种不同统计，大致有300—400种语言和方言。

汉藏语系的语言特点是每个音节都有声调，词序较为固定，单音节词占多数，广泛运用虚词表达复杂的语法意义。有量词，除表示事物的单位和动作行为的量，还兼表事物的类别、形状等特征。

汉语是汉民族的共同语言。汉语方言俗称地方话，在局部地区使用。汉语方言可以分为七大方言区，即北方方言、吴方言、湘方言、赣方言、客家方言、闽方言、粤方言。

藏缅语族分布较广，语种多，差别大，分支数量的统计还没有定论。藏缅语族中使用人口最多的是缅甸语，约有3 200万人，此外有600万左右的藏族人使用藏语，除了这两种语言外，彝语、景颇语也是其重要组成部分。

壮侗语族除了中国境内使用外，也通行于泰国、老挝、缅甸、越南北方和印度东北部的阿萨姆邦。主要语言有壮语、侗语、泰语、老挝语、掸语、黎语等。

苗瑶语族除在中国通行外，还在越南、老挝、泰国、缅甸等靠近中国的地区使用。主要语言有苗语、布努语、勉语等。

第四节　中国的语言

我国是多民族国家，历史悠久，语言众多。在大约960万平方千米的国土上，除汉族外，还分布着55个少数民族。根据2020年第七次全国人口普查结果，人口总数为141 178万人，其中汉族128 631万人，占全国人口总数的91.11%；其他55个少数民族人口为12 547万人，占全国人口总数的8.89%。少数民族人口虽少，但分布广，约占全国总面积的50%—60%。

一、语言使用情况

55个少数民族中，大多数民族只使用本民族语言，有些民族使用两种以上的语言，例如瑶族的不同支系分别使用勉语、布努语和拉珈语；景颇族的不同支系分别使用景颇语、载瓦语；怒族的不同支系分别使用怒苏语、阿侬语、柔若语。全国56个民族所使用的语言远远不止56种，商务印书馆出版的《中国的语言》（2007）一书，认为中国境内目前存在129种语言。

中国各民族分布大体上是大杂居、小聚居的状况，但由于各民族所处地理环境、人口多少、与其他民族接触影响的情况各不相同，具体到各个民族的语言使用情况就呈现出不同特点。

主要聚居于边疆地区的少数民族，一般只使用本民族语言。如云南怒江州的傈僳族，迪庆州的藏族，德宏州的傣族和景颇族，西双版纳州的傣族，沧源、西盟两县的佤族，澜沧县的拉祜族和贡山县的独龙族和怒族等。这些自治州、县的少数民族，除了干部、工人和学生外，大多数人都不会说汉语。

居住在内地平坝地区和民族杂居地区的少数民族，除使用本民族语言外，一部分人兼通其他民族语言。所谓兼通，是指一个民族除本民族固有语言外，还使用一种或几种其他民族语言的现象。如白族、纳西族、壮族、蒙古族等民族中有相当一部分人也兼通汉语；怒江州的怒族、白族、彝族中的大多数人兼通傈僳语；文山州的瑶族有一部分人兼通壮语；丽江的白族一般兼通纳西语。

有的民族存在转用其他民族语言的情况。所谓转用，是指一个民族或其中一部分人因某种原因放弃原来的语言，采用别的民族语言的现象。这种情况往往是一个民族中的一部分人生活在外族人口众多的环境中，经过漫长的过程自然形成的。如畲族、土家族大部分人都已转用汉语。

二、语言分布情况

中国的少数民族语言大体属于5个语系：汉藏语系、阿尔泰语系、南亚语系、印欧语系和南岛语系。

（一）汉藏语系中除汉语暂定为独立的语族外，还包括藏缅、苗瑶、壮侗三个语族。藏缅语族是汉藏语系语种最多、分布最广、内部差异最大的一个语族，主要分布在西藏、青海、甘肃、云南、四川、贵州、广西、湖南、湖北等省区。属于藏缅语族的有藏语、门巴语、白马语、仓洛语、彝语、傈僳语、拉祜语、哈尼语、纳西语、土家语、景颇语、独龙语、阿昌语、波拉语、羌语、尔苏语等语言。苗瑶语族的使用人口主要分布在贵州、湖南、云南、四川、湖北、广西、广东、江西、福建、浙江和安徽等省区。属于苗瑶语族的有苗语、布努语、巴哼语、炯奈语、勉语、畲语、巴那语等语言。壮侗语族又称侗台语族或侗泰语族，主要分布在广西、贵州、云南、湖南、广东等省区。属于壮侗语族的有壮语、布依语、傣语、侗语、水语、仫佬语、毛南语、拉珈语、黎语等语言。

（二）阿尔泰语系语言分为三个语族：突厥语族、蒙古语族、满-通古斯语族。突厥语族的使用人口主要分布在新疆、甘肃、青海等省区。维吾尔语、哈萨克语、柯尔克孜语、乌兹别克语、塔塔尔语、撒拉语、西部裕固语属于突厥语族。蒙古语族主要分布在内蒙古、青海、甘肃、新疆等省区，有蒙古语、土族语、达斡尔语、东乡语、保安语、康家语以及东部裕固语等语言。满-通古斯语族的使用人口主要分布在黑龙江、新疆、内蒙古、吉林等省区，包括满语、锡伯语、赫哲语、鄂温克语、鄂伦春语等语言。

（三）南亚语系在我国使用的人口主要分布在云南和广西境内，由佤语、布朗语、德昂语、京语、莽语、克木语等语言组成。

（四）印欧语系有属斯拉夫语族的俄罗斯语和属伊朗语族的塔吉克语，主要分布在新疆维吾尔自治区。

（五）南岛语系又称马来-波利尼西亚语系，在我国主要分布在台湾地区，由高山族语言组成，包括阿美语、排湾语、布农语、泰耶尔语、赛夏语等语言。

表一　中国境内属于汉藏语系的语言①

语言名称	主要使用民族
汉语	汉族
藏语	藏族
门巴语	门巴族
白马语	藏族
仓洛语	门巴族
彝语	彝族
傈僳语	傈僳族
拉祜语	拉祜族
哈尼语	哈尼族
基诺语	基诺族
纳西语	纳西族
堂郎语	堂郎人②
末昂语	彝族
桑孔语	哈尼族
毕苏语	毕苏人③
卡卓语	蒙古族
柔若语	怒族
怒苏语	怒族

---

① 四个表的绘制均参考孙宏开等主编《中国的语言》一书。
② 有的学者认为堂郎人为彝族，也有的学者认为堂郎人为纳西族，堂郎人的族源尚待进一步研究。
③ 毕苏人在我国境内约有6 000人，目前还属于未识别民族。

（续表）

语言名称	语言名称
土家语	土家族
白语	白族
景颇语	景颇族
独龙语	独龙族
格曼语	僜人[①]
达让语	僜人
阿侬语	怒族
义都语	珞巴族
崩尼-博嘎尔语	珞巴族
苏龙语	珞巴族
崩如语	珞巴族
阿昌语	阿昌族
载瓦语	景颇族
浪速语	景颇族
仙岛语	仙岛人[②]
波拉语	景颇族
勒期语	景颇族
羌语	羌族
普米语	普米族
嘉戎语	藏族
木雅语	藏族
尔龚语	藏族
尔苏语	藏族
纳木依语	藏族
史兴语	藏族
扎坝语	藏族

---

① 僜人目前还属于未识别民族。
② 仙岛人在我国境内人口不足百人，目前还属于未识别民族。

（续表）

语言名称	主要使用民族
贵琼语	藏族
拉坞戎语	藏族
却域语	藏族
壮语	壮族
布依语	布依族
傣语	傣族
临高语	临高人①
标话	标人②
侗语	侗族
水语	水族
仫佬语	仫佬族
毛南语	毛南族
莫语	布依族
佯僙语	布依族
拉珈语	瑶族
茶洞语	汉族、壮族③
黎语	黎族
村语	汉族④
仡佬语	仡佬族
布央语	壮族、瑶族⑤
普标语	彝族
拉基语	彝族
布干语	彝族
木佬语	仫佬族
蔡家话	蔡家人⑥

---

① 临高语的使用者历来族属均为汉族，但临高话并非汉语。
② 标话的使用者没有民族称谓，历来都报作汉族，但他们称自己是"标人"。
③ 茶洞语的使用者其民族成分多为汉族，少部分为壮族。
④ 村语的使用者是自称为"村人"的汉族居民。
⑤ 云南的布央人现归入壮族，广西的布央人则归入瑶族。
⑥ 蔡家人目前还属于未识别民族。

(续表)

语言名称	主要使用民族
苗语	苗族
布努语	瑶族
巴哼语	瑶族
炯奈语	瑶族
勉语	瑶族
畲语	畲族
巴那语	苗族

表二　中国境内属于阿尔泰语系的语言

语言名称	主要使用民族
维吾尔语	维吾尔族
哈萨克语	哈萨克族
柯尔克孜语	柯尔克孜族
乌孜别克语	乌孜别克族
塔塔尔语	塔塔尔族
撒拉语	撒拉族
西部裕固语	裕固族
图瓦语	蒙古族
土尔克语	土尔克人
蒙古语	蒙古族
土族语	土族
达斡尔语	达斡尔族
东乡语	东乡族
保安语	保安族、土族
东部裕固语	裕固族
康家语	回族
满语	满族
锡伯语	锡伯族
鄂温克语	鄂温克族
鄂伦春语	鄂伦春族

（续表）

语言名称	主要使用民族
赫哲语	赫哲族
朝鲜语①	朝鲜族

表三　中国境内属于南岛语系的语言

语言名称	主要使用民族
阿美语	高山族
排湾语	高山族
布农语	高山族
泰耶尔语	高山族
赛夏语	高山族
巴则海语	平埔族
邵语	高山族
鲁凯语	高山族
邹语	高山族
噶玛兰语	平埔族
赛德克语	高山族
卑南语	高山族
雅美语	高山族
沙阿鲁阿语	高山族
卡那卡那富语	高山族
回辉语②	回族

表四　中国境内属于南亚语系的语言

语言名称	主要使用民族
佤语	佤族
德昂语	德昂族
布朗语	布朗族
克木语	克木人

① 朝鲜语，系属未定，暂取属阿尔泰语系说。
② 回辉语通行于海南省三亚市羊栏镇的两个村。

(续表)

语言名称	主要使用民族
克蔑语	克蔑人
京语	京族
莽语	布朗族
布兴语	布兴人
侾语	仡佬族

第五节　国际辅助语

　　《圣经》记载说，在人类只拥有一种共同语言时，人类准备建立一座城市，建造一座直插云霄的巴别塔。当耶和华俯身看到这座正在建造中的城市时，他看到了单独一种语言可以统一人类，统一的人类可以完成一项伟大的事业。在意识到人类语言力量的强大后，耶和华下到人间扰乱了人类的语言，让他们不能够互相理解。这就是以语言为主线的著名的巴别塔故事，虽然不能解释为何当今世界存在各种各样不同的语言，但至少说明了语言是人类沟通最重要的工具。

　　近三百年来，人们先后提出了500多种国际语方案。其中影响最大、传播最广、一直流行至今的是1887年由波兰眼科大夫柴门霍夫公布的国际语方案。由于柴门霍夫公布这个方案时使用的笔名是Esperanto，本义是"希望者"，后来人们就把这种语言称为Esperanto。Esperanto刚传入中国时，汉语将之译为"爱斯不难读"，也有的译为"万国新语"，后来有人借用日本人的意译名称"世界语"，并一直沿用至今。

　　柴门霍夫1859年出生于波兰格罗德诺省的比亚里斯托克，这个小城镇当时是沙皇俄国的属地，多民族杂居，有犹太人、日耳曼人、波兰人、俄罗斯人等。犹太人占多数，是被统治民族，俄罗斯人占少数，却是统治民族。住在这个地区的各个民族经常发生民族纠纷。这种民族矛盾当然有其深远的历史原因和社会根源，年幼的柴门霍夫认为语言的障碍是造成不同民族之间发生冲突的重要原因，决心创造一种共同语言，使各民族可以相互理解，消除隔阂。

　　柴门霍夫公布的世界语方案是一种国际辅助语，它虽是人造语言，但并非凭空臆造，而是建立在多种自然语言的基础之上。世界语的创造也得益于柴门霍夫对多民族语言的学习，他在童年时代就掌握了波兰语、俄语、德语，中学以后，又刻苦学习了希腊语、拉丁语、法语、英语。对多门自然语言的学习，为他日后创造世界语打下了坚实的基础。

这套人造语言吸收了自然语言主要是印欧语系诸语言中合理的成分，按照语言的客观规律精心设计而成。世界语的文字全部采用拉丁字母，共28个；一个字母表示一个音素，一个音素只用一个字母表示；单词的重音永远落在倒数第二个音节上。只要掌握了28个字母及其发音，就可以读出和写出任何一个单词。世界语的语法只有16条，简单明晰。世界语基本词汇75%的词根来自拉丁语，其余的来自日耳曼和斯拉夫语族。这套世界语方案因其逻辑严密、科学、简单易学的特点而被誉为"不流眼泪的拉丁语"。

世界语方案一经提出，便引起了人们极大的学习兴趣。不到10年，就传遍了整个欧洲，也传到了亚洲和美洲。世界语方案大约在1906年前后传入我国，并且得到我国教育界和文化界进步人士的热情赞誉。20世纪二三十年代，中国的世界语学习者运用世界语，一方面将中国人民蓬勃开展的民族救亡运动在国际上进行宣传，另一方面又将各国世界语刊物中关于国际工人运动的文章介绍给国内的读者。

目前世界语作为最为广泛传播的人造语言，已经传播到90多个国家，各国出版的世界语杂志达120多种，有40多个国家的学校开设世界语课程。今天，以世界语为母语的人士约1 000人，能流利使用世界语的估计有10万到200万人。

附录
世界语言的谱系分类

一、汉藏语系

（侗台、苗瑶两语族的系属，根据国内多数学者的意见，先归此）

1. 汉语族

2. 藏缅语族

藏语支：藏语 嘉戎语 门巴语

缅语支：缅甸语 载佤语 阿昌语 库启-钦语

景颇语支：那加语 景颇语 博多语

彝语支：彝语 哈尼语 傈僳语 拉祜语 纳西语

语支未定的语言有：羌语、普米语、珞巴语、独龙语、怒语、土家语、白语等

3. 侗台语族

侗水语支：侗语 水语 仫佬语 毛难语 拉珈语

侗傣语支：壮语 布依语 傣语 泰语 老挝语 掸语 侬语 土语

黎语支：黎语

仡佬语支：仡佬语

4. 苗瑶语族

苗语支：苗语 布努语

瑶语支：勉语

畲语的系属未定。

二、印欧语系

1. 日耳曼语族

西日耳曼语支：英语 德语 荷兰语 弗拉芒语 侬地语 卢森堡语 弗里西亚语

北日耳曼语支：瑞典语 丹麦语 挪威语 冰岛语

东日耳曼语支：哥特语

2. 罗曼语族（又称拉丁语族）

西罗曼语支：拉丁语 法语 意大利语 西班牙语 葡萄牙语 卡塔兰语

东罗曼语支：罗马尼亚语 摩尔达维亚语

3. 凯尔特语族

北凯尔特语支：爱尔兰语 苏格兰盖尔语

南凯尔特语支：威尔士语 布列塔尼语

4. 波罗的语族

立陶宛语 拉脱维亚语

5. 斯拉夫语族

东斯拉夫语支：俄语 乌克兰语 白俄罗斯语

西斯拉夫语支：波兰语 捷克语 斯洛伐克语

南斯拉夫语支：塞尔维亚-克罗地亚语 斯洛文尼亚语 马其顿语 保加利亚语

6. 印度-伊朗语族

印度-雅利安语支：梵语 巴利语 印地语 乌尔都语 孟加拉语 旁遮普语 马拉提语 古吉拉特语

奥利亚语 拉贾斯坦语 尼泊尔语 阿萨姆语 克什米尔语 帕哈里语 信德语 梅瓦尔语 僧加罗语 吉卜赛语

伊朗语支：波斯语 普什图语 俾路支语 塔吉克语 库尔德语 奥塞梯语

7. 阿尔巴尼亚语

8. 亚美尼亚语

9. 安纳托利亚语支：赫梯语 卢维亚语

10. 吐火罗语

三、高加索语系

1. 南高加索语族：格鲁吉亚语

2. 北高加索语族：

西北语支：卡巴尔达语等

东北语支：车臣语 印古什语 阿瓦尔语 莱兹金语

四、乌拉尔语系

1. 芬兰-乌戈尔语族：芬兰语 匈牙利语 爱沙尼亚语 拉普语 沃恰克语 沃古尔语

2. 萨莫耶德语族：涅涅茨语 塞尔库普语

五、阿尔泰语系

1. 突厥语族：土耳其语 阿塞拜疆语 土库曼语 哈萨克语 吉尔吉斯语(又称柯尔克孜语) 鞑靼语（又称塔塔尔语） 巴什基尔语 乌兹别克语 维吾尔语 哈卡斯语 楚瓦什语

2. 蒙古语族：蒙古语 布利亚特语 卡尔梅克语

3. 满-通古斯语族：满语 埃文基语 锡伯语

六、达罗毗荼语系

1. 北部语族：库鲁克语（又称奥拉昂语） 布拉会语 马尔托语

2. 中部语族：泰卢固语 贡迪语

3. 南部语族：泰米尔语 坎纳达语 马拉维拉姆语 图卢语

七、南亚语系

1. 孟-高棉语族：越南语 高棉（柬埔寨）语 孟语 德昂语（原称崩龙语） 克木语 帕科语 奇劳语 比尔语 佤语 布朗语

2. 马六甲语族：塞芒语 萨凯语 雅昆语

3. 蒙（扪）达语族：桑塔利语 蒙达里语 库尔库语 喀利亚语

4. 尼科巴语族：包括近十种使用人数很少的语言，如卡尔语、乔拉语、特雷塞语等

八、南岛语系

1. 印度尼西亚语族：印度尼西亚语 马来语 爪哇语 巽地语 马都拉语 他家禄语 米沙鄢语（又称比萨扬语） 马达加斯加语 高山语 布金语

2. 密克罗尼西亚语族：昌莫罗语 特卢克语 马绍尔语

3. 美拉尼西亚语族：斐济语

4. 波利尼西亚语族：毛利语 萨摩亚语 汤加语 塔希提语 夏威夷语

九、闪-含语系

1. 闪语族：阿拉伯语 希伯来语 阿姆哈拉语 提格雷语 提格里尼西亚语 马尔泰语 古叙利亚语 阿拉米语 古拉格语 哈拉里语 吉兹语

2. 柏柏尔语族：什卢赫语 塔马齐格特语 卡布来语 图阿列格语 瑞菲安语 沙维亚语

3. 乍得语族：豪萨语等

4. 库施特语族：索马里语 盖拉语 锡达莫语 贝贾语 阿法尔语 萨霍语

5. 埃及-科普特语族：科普特语（现仅用于礼拜仪式）

十、尼日尔-科尔多凡语系

1. 科尔多凡语族：苏丹努巴山区几种使用人数很少的语言

2. 尼日尔-刚果语族：

贝努埃-刚果语支：斯瓦希里语 卢旺达语 隆迪语 索托语 卢巴语 科萨语 绍纳语 祖鲁语 刚果语 乌干达语 林加拉语 吉库犹语 芳语 别姆语 茨瓦纳语 斯威士语 尼昂加语

曼迪语支：班巴拉语 马林凯语 门得语 克培列语

古尔语支（又称沃尔特语支）：莫西语 古尔马语 达戈姆巴语

西大西洋语支：弗拉尼语 沃洛夫语 泰姆纳语

阿达马瓦-东部语支：桑戈语等

库阿语支：约鲁巴语 依博语 特威语 埃维语 丰语 比尼语

十一、尼罗-撒哈拉语系

1. 沙里-尼罗语族：卢奥语 努埃尔语 马萨依语 萨拉语 努比亚语

2. 撒哈拉语族：卡努里语

3. 马巴语族：马巴语以及一些使用人数很少的语言

4. 科马语族：包括一些使用人数很少的语言

5. 富尔语族：富尔语

6. 桑海语族：桑海语

十二、科依桑语系

属于这一语系的语言分布于非洲南部，主要有霍屯督语（纳米比亚）、布须曼语（博茨瓦纳、南非、纳米比亚）、散达维语（坦桑尼亚）、哈察语（坦桑尼亚）等。

十三、北美印第安诸语言

1. 爱斯基摩-阿留申语系：包括爱斯基摩诸方言、阿留申语等

2. 阿尔冈基亚语系：分布于美国和加拿大的奥杰布瓦语、布莱克福特语、米克马克语等

3. 阿塔帕斯卡语系：美国的那伐鹤语、阿帕什语和加拿大的奇皮尤扬语等

4. 易洛魁语系：分布于美国的切罗基语、塞内卡语、欧奈达语等

5. 乌托-阿兹台克语系：有分布于墨西哥的尤蒂-阿茨蒂克语和美国的波普阿戈语、皮马语、河皮语等

6. 奥托-曼克亚语系：分布于墨西哥的扎波特语、米克斯特语、奥托米语、马扎华语

7. 玛雅语系：主要有分布于墨西哥和洪都拉斯的玛雅语、危地马拉的基切语、卡克奇凯尔语、凯克奇语、曼语等

系属不明的语言有日语、朝鲜语和分布于西班牙、法国的巴斯克语。还有一些系属较小的语系未列。

（转引自徐通锵、胡吉成《语言学纲要学习指导书》，北京：北京大学出版社，2001）

> **思考与练习**
>
> 1. 世界语言的形态分类和谱系分类的标准、目的有何不同？
> 2. 英语在世界范围传播的原因有哪些？
> 3. 中国境内的语言大体属于哪些语系？其分布情况如何？

第二章　现代汉语语言学常识

语言在人们每天的生活中扮演着非常重要而又平凡的角色。言其"重要",是因为没有语言,人们似乎很难交流或思考。然而,语言又如此平淡无奇,以至一般人常常觉得根本不需要对它进行研究,认为它和人们每天要呼吸要走路一样,似乎是理所当然的事。有一位美国朋友问:"中国为什么要叫'zhōngguó'?"一般情况下,你可能会觉得这个问题很无聊,于是有人回答:"这就像是树要叫'shù',水要称'shuǐ',没有'为什么'。"

文化学家、人类学家、历史学家们则开始翻开古代典籍查找最早关于"中国"的记录:"中国"最早见于文献《尚书》和《诗经》。《诗经·大雅·民劳》:"民亦劳止,汔可小康。惠此中国,以绥四方。"这里的"中国"指京师,大抵是西周王朝的京师,字面意义是"中央之城"。而在出土文物中,"中国"一词最早见于西周初年的青铜器"何尊"的铭文。这尊国宝重器于1963年出土于陕西宝鸡,长达122字的铭文讲到周武王灭商之后又营建东都的重大决策,祭告上天说"余其宅兹中或"。"中或"即"中國","國"即"国"。这里亦为京师之意。后来,古人认为自己的国家是天下的中心,中国便由"中央之城"成了"中央之国"。但一般没有人会有兴趣继续追问或解释"中"为什么叫"zhōng","国"为什么要叫"guó"。

在古代,语言研究是"小道",所以称之为"小学",汉语的研究成果是为了解经,或为了写诗。解经写诗又为哪般?古人认为"学而优则仕",最终治国平天下才是正道。看起来,语言是工具,既然懂得使用工具了,谁还理会这个工具是铁制的还是铜制的?因此,真正使用科学的研究方法,仔细而详尽地观察研究语言,是近百年来的事。18世纪历史比较语言学兴起,语言学才成为一门独立的科学,并逐渐成为社会人文科学中的重要学科,经过结构主义语言学的发展和"乔姆斯基革命"的推进,今天的语言学成为一个门类繁多的学科体系。

第一节　语言、汉语、现代汉语

一、语言

　　语言是什么，各家有各家的说法。有的着眼于语言的功能，认为语言是交际工具。有的着眼于语言的结构或性质，"现代语言学之父"瑞士语言学家费尔迪南·德·索绪尔认为，语言是一套音义结合的符号系统。美国语言学家萨丕尔认为："语言是纯粹人为的，非本能的，凭借自觉地制造出来的符号系统来传达观念、情绪和欲望的方法。"与此语言"后天说"相对，20世纪五六十年代掀起美国语言学界"乔姆斯基革命"的语言学家乔姆斯基则有"语言天赋说"。天赋理论认为人具有天生的语言习得机制，生来便掌握了一种普遍语法，这是人类独有的生理现象，可以通过遗传获得。一个婴儿从降生之日起便需要交流而不是算术或者走路，语言在生活中的大量出现使得婴儿最终自然习得了母语。因此，乔姆斯基认为语言并不是文化的产物，而更应该被看作是人的一种本能。人的这种本能是人区别于动物的标志之一。

二、汉语、现代汉语

　　汉语是汉民族使用的语言，现代汉语则是现代汉民族使用的语言。汉语在历史发展中形成了很多方言，北方人听不懂广东话、客家话、闽方言是极为常见的。汉语各方言在词汇上也有分歧。对外汉语教学中有一"典故"，讲一名来中国学汉语的留学生暑假出去旅游，对于中国话中夏天吃的"冰"深感头疼，重庆话里的"冰糕"到了北京得说"冰棍儿"，到了上海变成"棒冰"，在长沙叫"冰棒"，到了山水甲天下的桂林要叫"雪糕"，到了广州得唤"雪条"。同一个事物有那么多名称，实在让"老外"们"抓狂"！汉语各地方言在语法上也并非无差别。如北京话说"你先走"，广州话说"你行先"；北京话说"小明比小白高"，广州话说"小明高过小白"。

　　现代汉语有七大方言分区：北方方言、吴方言、湘方言、赣方言、客家方言、闽方言、粤方言。就各地方言口语来说，语音差异太大，人们常常难以交际，所以现代汉民族拥有自己的共同语，即普通话。现代汉民族共同语是在北方方言的基础上逐渐形成的国家标准语，它以北京语音为标准音，以北方方言为基础方言，以典范的现代白话文著作为语法规范。我们谈论的狭义现代汉语通常是指现代汉民族共同语。

谈论现代汉语，我们先从两段对话说起。

（1）（早上在学校）

留学生：老师，"我有的是钱"是指"我有的时候有钱，有的时候没钱"吗？

老师：不是的，"我有的是钱"是指我有很多钱。

（2）（晚上在家，叫三岁的儿子去洗澡准备睡觉）

儿子：妈妈，没有时间了吗？

母亲：我有的是时间。

儿子：妈妈，有的不是时间吗？

母亲：不是的，"我有的是时间"是指我有很多时间。

仔细分析这些语句就会发现：原来现代汉语中有两个"有的是"，"有的是$_1$"是短语，如"做错的题，有的是因为粗心，有的是没学过"。这里"有的"意思是"人或事物的一部分"，如"有的人记性好""有的长，有的短"。"有的是$_2$"相当于词，强调很多，如"我有的是钱""这里机会有的是"。两个例子中那句简短的回答也许并没有解决留学生和小朋友的疑惑，因为学生和孩子实际上已经完全被"有的是$_1$""有的是$_2$"和"有的""有的时候"搞懵了。

在自然语言中，同一个语言单位，一会儿是词一会儿是短语的情况，并不少见。如：

（3）a. 你好$_1$好$_2$写一篇。

b. 这件衣服好$_1$好$_2$的，你拆它做什么？

c. 这件衣服好$_3$好$_4$哦！

（3）a "好好"是词，《现代汉语词典》（第7版）指"尽力地、尽情地、耐心地"；（3）b "好好（的）"也可以看作词，"形容情况正常、完好"；（3）c "好好"则是一个短语，第一个"好"是程度副词，相当于"十分、很、非常"，第二个"好"是形容词，与"坏"相对。从语法的角度分析，"好好"的内部结构结合有松紧之分，因而"好好"可能是短语可能是词，语义上同时也就有了分别。那么，作为词的"好好"，与短语的"好好"，读音完全一致吗？很显然，语法语义都发生变化的语言单位，语音当然也不可能完全无差别，(3) a、(3) b的"好$_1$好$_2$"与(3) c的"好$_3$好$_4$"在停顿以及轻重音上有着明显的区别，好$_1$不用轻读，调值读成21，好$_2$得读轻声；而好$_3$调值一般读成35，好$_4$虽然也位于第二个好的位置，但并不像好$_2$一样读成轻声，反而应该重读，调值一般读成全上214。正是因为语音的这些小差别，使得交流顺利进行，不会产生误解。

(4) a. 我给他解释了半天，好不容易才让他明白。

b. 我给他解释了半天，好容易才让他明白。

c. 这道题好容易啊！

d. *这道题好不容易啊！

(4) a与(4) b句义大体相同：(4) a的"好不容易"=好+不容易≈很+不容易，(4) b的"好容易"也指很不容易。

(4) c句中谓语"好容易"相当于"很容易"。

(4) d则可以有歧解：一是"好不容易"=好+不容易≈很不容易；二是"好不容易"=好不+容易≈很容易。

(5) 这里，人来人往好不热闹。

"好不热闹"=好不+热闹≈好热闹，例中的"好不"是程度副词，表示程度深，相当于"很"或"多么"。

(6) 我家人少，一向冷清，过年时也就两个人，好不热闹啊！

"好不热闹=好+不+热闹≈不热闹"，"好"表示程度深，相当于"很"。

一次外国学生的汉语课上，老师讲完(4) a、(4) b，发现"好不容易"是不容易，"好容易"也是不容易，学生们满头雾水，老师问："懂了吗？"学生们答："好懂！"

事实上，语音、词汇、语法在语言结构系统中是不可分割的。"语言是现实的编码体系。"请参看现实与语言关系的一幅示意图：

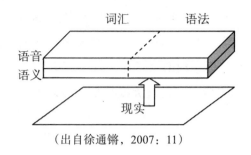

（出自徐通锵，2007：11）

示意图大意为：语言的结构，纵横都可以分两层。纵向两层是语音和语义，其中语义是现实的直接投射和临摹，它需要借助语音表现它临摹的结果。音义之间完全结合在一起，缺少其中一方，另一方将无法存在，像一张纸的两面。但音义之间用实线分开，意为界限清晰。

词汇和语法用虚线分开，意为其间界限比较模糊。两种不同性质的结构分层纵横交错，相互制约，即语音、语义寄生于语法、词汇，而语法、词汇规则也受制于语音、语义。下面进一步介绍汉语的各个结构层。

第二节　语　音

物理世界无穷无尽，并且还可以不断生出新的事物，物理学的研究者在研究世界时一直在往微观的方向延伸，他们想发现世间万物的基本构成，于是把物体分解出分子、原子，然后继续打开原子的内部，进行更细致的切分，试图以此看清世界的构成。语言的研究者们，同样发现了言语的丰富和不可穷尽，并开始对言语进行微观的分析。人们虽然是一句话一句话地说，但是每句话可以切分成更小的单位：短语、词。词又可以切分出更小的单位：语素（有意义的音节）。这些语素还可以继续切分出更小的语音单位：声母+韵母+声调。声韵调这些语音单位虽然不直接和语义挂钩，但不管世界上有多少种语言，这些语言听起来多么的千差万别，最小的语音单位——音位总是有限的。言语虽然可以无限生成，但最小的语音单位只有极有限的几十个。

顾名思义，"语音"是"语言的声音"，是语言的物质载体，或者说物质外壳。

语音是人类发音器官发出的声音，虽然也是一种声音，但它与自然界的其他声音相比，有着本质区别。因为它一开始就与语义紧紧地捆绑在一起。"zhōng"就是"中"的意思，"guó"就是"国"的意思。《荀子·正名篇》说："名无固宜，约之以命，约定俗成谓之宜，异于约谓之不宜。"意思是说：名称原本没有适宜不适宜，是人们约定命名的，约定后成了且被大家接受了称之为适宜，与大家的约定不合，称之为不适宜。

一、音节、声、韵、调

音节是人们自然而然感觉到的语言里的最小语音单位。声、韵、调是汉语语音的结构单位，是传统音韵学的术语。元音、辅音是普通语音学的术语。两套术语的性质不同。

汉语音节结构请看下表：

例字	音节	声母	韵母			声调
			韵头	韵腹	韵尾	
霜	shuāng	sh	u	a	ng	阴平
洁	jié	j	i	e		阳平
群	qún	q		ü	n	阳平
月	yuè		ü	e		去声
矮	ǎi			a	i	上声
优	yōu		i	o	u	阴平

现代汉语普通话能在韵头出现的只有i、u、ü，形成了汉语韵母的四呼：没有韵头且不是以i、u、ü作韵腹的韵母叫开口呼，如"矮、歌"；以i为韵腹或韵头的韵母叫齐齿呼，如"洁、起"；以u为韵腹或韵头的叫合口呼，如"霜、古"；以ü为韵腹或韵头的叫撮口呼，如"群、月"。韵尾上能出现的音素也很有限，元音韵尾只有i、u，如"矮、优"，辅音韵尾只有n、ng，如"群、霜"。

英语的音节结构特点不同于汉语，像英语的strict，元音i前有三个辅音，i后有两个辅音，但汉语音节结构中不会出现复辅音（"霜shuāng"的sh-是双字母，对应国标音标[ʂ]，不是辅音s和辅音h）。所以英语一个音节的Swift（人名），汉语得翻译成四个音节：斯威夫特。不同语言的音节有不同的特点，但结构原理大体一致：音节以元音为核心，元音前的音素紧张或响度渐次增强，元音后的音素紧张或响度渐次减弱，汉语音节的核心落在韵腹所在的元音上，它最强也最响亮。

二、音素、音位、音系、语流音变

继续切分音节，可以得到更小的语音单位——音素（它们不代表语义）。一个音发出来，有高低、长短、轻重的差异，我们称之为音高、音长、音强。两个完全不同的音，如"啊（ɑ）""一（i）"，它们的不同是因为"啊"的发音开口度大、舌位低，而"一"的开口度小、舌位高，因而音质不同。发音方法和发音部位的差异会形成不同的音质，音高、音长、音强和音质为语音的四要素。从音质的角度划分出来的构成音节的最小语音结构单位就是音素。

音素的划分基于人类发音器官的不同变化而确定，如汉语"爸"[pA^{51}]、"怕"[p^{h}A^{51}]的声母都是双唇清塞音，韵母都是[A]，调值都是51，唯一的不同就是[p]是弱送气音（也称不送气音），而[p^h]是个强送气音。而在英语中"sport[p]、pill[p^h]"里的p也有这种弱送气和强送气的差别，不过一般以英语为母语的人很少关注这种差别，即便一个学英语的中国人把sport[spɔ:t]说成了[sp^{h}ɔ:t]，大概也很少有人会介意，因为[p][p^h]没有像汉语中区别"爸"与"怕"的语义的作用，这种在具体语言中有区别语义作用的音素，称之为音位。现代汉语普通话共有22个辅音音位，6个元音音位，4个调位。

元音音位

i /i/	u /u/	ü /y/
ɑ /a/	o /o/	e /ɤ/

辅音音位

b /p/	p /p^h/	m /m/	f /f/
d /t/	t /t^h/	n /n/	l /l/
g /k/	k /k^h/	h /x/	ng /ŋ/
j /tɕ/	q /tɕ^h/	x /ɕ/	
zh /tʂ/	ch /tʂ^h/	sh /ʂ/	r /ʐ/
z /ts/	c /ts^h/	s /s/	

调类	阴平	阳平	上声	去声
调值	/55/	/35/	/214/	/51/
调号	-	/	✓	\

（调位）

一种语言的语音是一套严密的系统，我们称之为音系，由语音的最小单位和它们的相互关系的规则构成，例如汉语声母d、t只能和开口呼、齐齿呼和合口呼韵母相拼，不能和撮口呼相拼；j、q、x只能和齐齿呼、撮口呼相拼，不和开口呼、合口呼相拼；声母g、k则正好相反，它们只能与开口呼、合口呼韵母相拼，不能和齐齿呼、撮口呼相拼。汉语的声韵调组配有其内在规律，一旦交际需要，人们会毫不犹豫地用本不能相拼相配的音节来造字，如b、p、d、t本不能和韵母ia相拼，但出现了"这女生diǎdiǎ的"说法，diǎ已经造字作"嗲"。

在一串连续语流中，相邻的音位与音位之间常常相互影响而发生语音变化的现象，我们称之为语流音变。常见的语流音变有：同化、异化、弱化、脱落和增音。音变反映在现代汉语语音中主要有四种表现：语气词"啊"的音变、变调、轻声与儿化。请比较以下例子：

1. "啊"的音变：

    a. 这还不是为了你啊？——呀 ia

    b. 我心里苦啊！——哇 ua

    c. 强将手下无弱兵啊。——啊 nga

    d. 好几百万啊！——哪 na

    e. 真值啊！——啊 ra

    f. 来过几次啊？——啊 za

2. 变调：

    一个——一天——统一——看一看
    yí   yì   yī   yi

    不是——不行——去不去
    bú   bù   bu

    手表 —— 嫂子 —— 首都 —— 讲讲
    shóu (35) zi shǒu (21) jiang

3. 轻声：

　　a. 那段路不太·平₁。（平₁不读轻声）

　　b. 那段路不·太平₂。（平₂读轻声）

4. 儿化：

　　空姐·空姐儿　　盖·盖儿　　弯·弯儿　　火星·火星儿

第三节　词　汇

一、词义、词汇分类

词汇是语言的建筑材料。词汇又被称为语汇，是一种语言中词和固定短语的总和。学习任何一种语言，学习语音的同时，必须掌握相当数量的词语。词语的外在形式是语音，其内容是词义。词义反映了人们对现实世界的认识，因为语言是对现实的编码系统，世界本来的样子若要用语言描写出来，必须先对客观世界的物体现象进行称说，于是有了"天、地、山、水、人、马、牛、羊、树、花、草"等名称。人们通过词语对客观世界进行分类，随着认识的加深，分类也更细。下面是给"人"进行的多次切分，可以看到，随着社会的发展，词语的数目在增加，从义素（语义特征）的分析，也可以看到对于"人"的关注和认识在不断加深。

	男性	成年	人			
男人	+	+	+			
女人	−	+	+			
孩子/小孩	±	−	+			
男孩	+	−	+			
女孩	−	−	+			
大人	±	+	+			
	男性	成年	人	年纪大	无子女照顾	
老人	±	+	+	+	±	
空巢老人	±	+	+	+	+	
	男性	成年	人	年纪大	无父母照顾	生活在农村
留守儿童	±	−	+	−	+	+

这仅仅是10个关于人的词语，还有大量关于"人"的分类：老师/教师、学生、

留学生、小学生、中学生、大学生、婴儿、幼儿、少年、青年、中年、壮年、老年、中老年、丈夫、妻子……甚至对某一类人有更多的称说，如对配偶女方的称呼就有：妻子、女人、媳妇、夫人、太太、拙荆、贱内、内子、爱人、那口子，等等。这些不同的聚合类构成不同的语义场。每种语言的词汇看上去都"浩如烟海"，无法穷尽，且可能随时生成新词。单个词看上去像大海里的一滴水或沙滩上的一颗沙，但其实它们并不零乱，它们有各种或亲或疏的关系，在自己所属的语义场中展现各自的语义侧面，而且一旦它周边的相关词发生了变化，它也会跟着发生变化。例如"口"和"嘴"在现代汉语中的分合："满口牙齿"="满嘴牙齿"，但"亲口"≠"亲嘴"。又如古汉语中，洗浴类动词和名词的搭配最早是"洗-足""沐-发""浴-身""澡-手"，到了现代汉语里，词语的双音词倾向使"澡""沐""浴"退出了与名词直接搭配的关系，成为一个构词单位——语素，于是"洗"的搭配范围就扩大了，取代了原来"澡""沐""浴"的搭配功能。

人类会产生各种各样的动作行为，事物会有各种各样的性质状态，于是产生了各种意义的动词和形容词。下面是关于手的动作的分类，选引自李智（2007）：

从物体A中取出物体B的手部动作							
物体A表面开口			物体A表面密合				
物体A内部空间大	物体A内部空间小	动作方向:旋转型	动作方向:直线型				
			动作所出的角度:双向性		动作所出的角度:单向性		
			用工具	徒手	用工具	徒手	用工具
			向外	向内	向内	向外	
掏	抠	剜	挖		刨		掘

一种语言中究竟有多少词语？很难说清楚。词汇与语音、语法相比，更容易发生变化，因为它与每天都在变化着的社会生活联系紧密。一种语言的历史越悠久，该语言所包含的词汇数量一定越多。《汉语大词典》收录词条37万多条，极常用的《现代汉语词典》也收录了约6万条。词汇可以分为基本词汇和一般词汇。基本词汇里的词语是词汇的核心，它们是人们从古至今常用的、用来表达日常事物现象的、作为构词基础的那部分词。基本词汇之外的词汇属于一般词汇，它们通常不稳固，容易发生变化，社会的发展变化首先在一般词汇中得到反映，主要包括以下类型：（一）新词，如"裸婚、宅男、剩女、躺平"；（二）古词，如"吾辈、抵牾、囹圄、

葳蕤";（三）外来词，如"可口可乐、马赛克";（四）行业语，如股市用语"收盘、股指、牛市、熊市";（五）科技术语，如数学术语"函数、微积分、指数、乘方";（六）方言俚语，如重庆方言"乱劈柴、撑花、剟[①]"。

二、汉语基本构词模式

现代汉语的词从语素构词角度分类，一类为单纯词，由一个词根语素构成；另一类为合成词，由两个或两个以上的构词语素组成。单音节的单纯词如"人、鸟、山、水"等；双音节的单纯词如"参差、彷徨、秋千"等。合成词基本结构类型有五种：主谓、述宾、偏正、联合、述补。这五种结构类型体现了词的五种组合关系，同时也是短语、句子的基本结构关系。

主谓结构：反映主体与主体的动作、状态、性质的关系。

述宾结构：内部的语义关系较为复杂，大多反映动作和受动作支配的事物（宾语）的关系。

偏正结构：反映修饰和被修饰对象的关系。

联合结构：各成分在语法上是平等的，属性上也基本相同。

述补结构：后一词根修饰补充说明前一词根。

请看下表：

	词	短语	句子
主谓	气喘、心虚 民主、年轻	春光明媚 粮食丰收	今天星期一。 你真好！
述宾	读书、失业 管家、美容	端正态度 喜欢春天	禁止吸烟！
偏正	宅女、裸捐 葱绿、筛选	读的书、学生的家长 这么宽、一个个地来	多么美好的未来！
联合	教授、父母 善良、开关	学生和家长 孤独而且潦倒	枯藤老树昏鸦， 小桥流水人家。
述补	缩小、羊群 说服、船只	高兴极了 站起来	骑走了。 读过了。

[①] [to²¹]，用手指戳，表示指责、揭短。

第四节 语 法

　　人们说话往往脱口而出，只是在某些重要场合会考虑用词是否恰当，但很少在说话前考虑该用什么句型。刚接触一门外语的时候，人们总在纠结刚学的这些词语如何组合成句子，该选择什么句型。这就好比下棋，棋子是词汇，而下棋的内在规则就是语法。按规则下棋我们才能进行游戏，按语法组词造句我们的言语活动才能顺利进行。例如，"小瓷碗"，普通话不能说成"瓷小碗"，这就是规则。"我以前在国内学过两年汉语"，不能说成"我在国内以前学过两年汉语"。一个名词前可以放好几个修饰的定语，但不能随意摆放。一个谓语核心动词前也可以放好几个修饰的状语，但同样不能随意摆放，都得依照汉语的语法规则。

　　从1898年《马氏文通》问世至今，我国系统的汉语语法研究已有百年历史。近十几年来，语法研究一边继续挖掘、描写新的语言事实，一边总结新的语法理论和方法。20世纪80年代，南北语言学家几乎同时提出"三个平面"学说（句法、语义、语用之间要互相印证），认为应该将语音、语法、词汇、语义、语用多角度结合起来，才能进行更深入的研究。

一、汉语句法

　　汉语语法学的研究，一开始是从传统语法入手的。由于汉语缺乏严格意义的形态变化，无法从形态去归纳范畴，所以传统语法关注词法和句法两类，同时注重词和句子成分的对应关系，早先的句子成分分析法（即中心词分析法）就体现了这一点。王力先生曾经把语法比喻为解剖学，意味着传统语法的第二个非常重要的特点便是研究各类句子怎样解剖，而不深究句子的真正含义。

　　请看下例：

（1）a. 我并没有好好研究过它所有的教义。
　　　b. 科学家对火山爆发问题的研究，常常得益于动植物的某种突然变化。
　　　c. 他对欧洲华人移民的历史、现状、成就与问题颇有研究。

　　实词进入句子后，可以获得新的意义。"研究"的词汇意义是："探求事物的真相、性质、规律等。"（《现代汉语词典》第7版）传统语法分析句子（1）a，会找出各大句法成分。

我　[并] [没有] [好好] 研究 <过>（它）（所有的）教义。（中心词分析法）
主语　　状语　　　　谓语核心 补语　　定语　　　定语　宾语

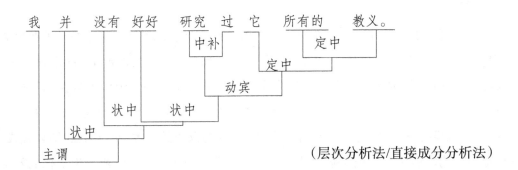

（层次分析法/直接成分分析法）

通过层次分析法，可以看出句中各词的亲疏关系。从表达语义的角度看，并不是先出现的成分总是先和邻近的成分结合，然后再整合成更大的单位去表意。如"我"和"并"的关系就没有"并"和"没有"以及其后的谓语结合紧。语言的线性拼合是表层，内部却存在着复杂的语义层次。

"研究"在a句中充当谓语核心动词，在b句中充当主语，有人认为"研究"在这里发生了变化。因为在句中的位置发生了变化，意味着它带上了体词的功能。同样的，c句中的"研究"看起来做了动词"有"的宾语，"颇有研究"实际上有赞赏的评价义，在"研究"的动词意义之上又增加了形容词的意味。因此，c句不仅仅是指"他研究了欧洲华人移民的历史、现状、成就与问题"。

(2) a. 我洗完了衣服。
　　 b. 衣服我洗了。
　　 c. *衣服被我洗了。
　　 d. 我把衣服洗了。

这4个句子有无分别？严格说来，由于句法格局发生了变化，(2) a—d 句义也产生了变化。a句比较常见，很多时候都可以用来说明情况或回答对方的问题，但b句的"衣服"作为"洗"的受事被提前后，带来的特有意义是，在于这个句子一般

用来回答话题"衣服",例如:

A:衣服呢?(找要穿的衣服)

B:衣服我洗了。

A:衣服洗完了?(关注对方是否完成了洗衣的事情)

B:衣服我洗完了。

c句更像为了研究句式变换而刻意造出的一个句子,实际上这样的句子在生活中可能并不具备交际价值,因为"被"有时带有遭受义,所以c句听起来很别扭,就像"老外"们常常造的那种语法完全正确但就是不像一般中国人会说的句子一样。"洗"进入"被"字句,因为要带有遭受义的话,所以将c句改成"衣服被我洗坏了"就显得正常多了。d句使用的"把"字句是汉语的一种特殊句式,即处置式。"把"字句一般是对"把"字后的对象进行处置,使之产生影响或发生变化或发生移位等。"我洗了衣服"可以变换成"我把衣服洗了",但并非所有的动词都可以进入"把"字句,请看:

(3) a.你想我。

b.我想你。

c.你想死我了。

d.我想死你了。

e.你把我给想死了。

动词"想"不适合进入"把"字句,不能把a、b句变换成"你把我想""我把你想"这样的"把"字句,原因就在于"想"不具备对"我""你"进行处置的语义特点。要使"想"带上处置义,我们得说"你想死我了"或者"你把我给想死了"。非常有趣的是,c、d、e句义大体一致,都是:我想你,都快想死了。a句"你"是主语位置,为施事,"我"是宾语位置,为受事。b句"我"在主语位置,为施事,"你"是宾语位置,为受事。语序不同的a、b句,句义正好相反,但c、d句"你""我"在句中的位置也调换了,语义关系却保持了一致,可见有时语义制约句法。当然,"把"字后面的N有时也不一定要产生物理变化,或经历空间位置转移,有时也可能只是心理上被处置,如e句。又如:"我把那本书看完了。""书"并没有受到什么影响或发生什么变化,只是"把"字句格局会使我们觉得对于该书

"我"做了某种"处置",所以现在这本书的状态有可能是"束之高阁"或者"我已经开始看另一本书"。

为了分析汉语句法结构,分析词语在句子中的分布,人们对词进行分类。一般分为以下十四类:动词、形容词、名词、区别词、副词、数词、量词、代词、象声词、叹词、连词、介词、助词、语气词。因为句法功能的不同,每类词又可以有更细致的切分,如动词带宾语和不带宾语可分:及物与不及物。从意义和功能的角度又可分:动作行为动词、心理活动动词、表存在变化消失类动词、判断动词、能愿动词、趋向动词、形式动词。(黄伯荣、廖序东,2007)这样切分还不够解决汉语中的现象,于是又有了自主动词和非自主动词之分:

自主动词	非自主动词
看:看吧	塌了:塌吧*
别看	病了:病吧*
听:听吧	醒了:别醒*
别听	谢了:别谢*

如此等等。

二、汉语语法的多平面研究

语言研究往往分为两大流派:形式和功能。语言应用研究不仅仅是为了语言教学,也可以为计算机语言学(人工智能)提供理论支持。于是语言研究慢慢增加了解释力度,20世纪50年代之后,语言学开始了"认知的革命",人们往往从语言入手,更深层地进入人类心智领域的探索。

例如使用认知语言学的观点分析偏正结构中"的"的隐现:

(4) a. 我爸爸从来不这样。　　　　b. 这是我的爸爸

　　 c. 春节带我女朋友回去了。　　d. 这是我的女朋友。

　　 e. *我家有四口,我爸爸、我妈妈、我狗和我。

认知语法认为,语言与现实存在象似性,象似性原则要求语言表达结构也要尽量模拟现实。"我"和"爸爸"之间的关系属于天然的血缘关系,"的"显隐与否都不影响"我"和"爸爸"的领属关系,如a、b句。但"我"和"狗"之间的关系没

有那么密切，所以需要用"的"来体现这种领属关系，所以e句不恰当。当要表现"我"和"女朋友"的所属关系时，"的"字显现能够特别明显地突出"我"和"女朋友"的关系，如d句。但是当人们觉得彼此关系非常亲近时，"的"字就不必出现了，因为它拉远了"我"和"女朋友"的距离，因为亲近，所以没有距离感，因而也就没有"的"，如c句。

研究人工智能的美国学者维诺格拉德在《自然语言理解》书中一再指出，"人是用他的全部知识和智能来了解一个句子的。计算机要模拟这个过程，就必须设计一个包含语法分析、语义辨识和逻辑推理三方面交互作用的程序，而逻辑推理又必须以背景知识为基础"。因此，要想模拟人的大脑，深入研究语用预设，具有十分重要的意义。

预设与说话人有关，所以有时具有主观性，请看：

（5）a. 罗老师认为小美虽然已有15岁，但仍然像个孩子。

　　　b. 罗老师认为小美虽然只有15岁，却已经像个大人了。

（6）他果然离开了。

（7）他居然离开了。

（5）a句中的罗老师有主观预设：15岁该算大人了。b句中的主观预设则为：15岁还是孩子。预设在句中都没有出现，但对于构成整个复句的转折有直接作用。

（6）句说话人有"他离开"的预设，（7）句说话人并没有"他离开"的预期。预设直接决定了选词：使用"果然"还是用"居然"。

汉语的"同形异构"现象在句法结构分析中常常被提及，如："筹备经费"可能是动宾结构，也可以是偏正结构，但是如果将音节数及音步改变，变换成"筹备费"或"筹备的经费"就只能是偏正结构了。如果变换成"筹经费"或"筹备了经费"就只能是动宾结构了。（张斌，2005：20）语音和语法结构之间存在天然的联系。"小老虎""展览馆"都是三个上声相连，但因为语法结构不同，所以上声在语流中的音变也不同。当然结构的不同选择取决于意义结合的先后和亲疏。"1+2"一般是造句形式，"2+1"一般是构词形式。（冯胜利，2000）

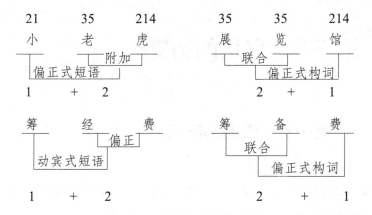

　　语言学成为一门独立的学科,已经历了200余年。19世纪是历史比较语言学占主流,20世纪的上半个世纪是结构主义的形式研究占主导,从20世纪下半叶开始,人们开始关注语义。不管是将语义规律形式化以便于计算机处理,还是将语义规律整理出来用于语言教学,我们都发现,仅仅讨论形式或只看功能都是不足的。尤其是现代汉语这种缺乏形态变化的语言,语义的研究贯穿于语法中,词汇的研究也纠结于语义的显隐,语音的形式最终要与语义挂钩才有意义。

　　总的来看,往下延伸,汉语本体的研究是多角度的,既有描写主义的语音、词汇、语法、文字的多角度考察,也有功能语用的换角度思考;往上延伸,当我们超越某一种具体的语言,对一般语言的共性和个性进行分析和思考时,便形成了现今语言学的各个分支学科。一般在语言教学中,我们通常给语言下的定义是这样表述的:语言是人类最重要的交际工具。只要人类还需要思考和交流,语言这一重要工具就不能在我们的工作、学习和生活中缺席,人们对于语言的探索和研究也就没有止境。

思考与练习

1. 汉字有大量同音字和多音字,其形成原因有哪些?
2. 汉语合成词的结构对理解词的字面意义有何作用?
3. 谈谈层次分析法的特点和作用。

第三章 汉语的历史[①]

第一节 汉语的起源

语言是民族最直观、最容易识别的标志。大多数情况下，一个民族使用同一种语言。汉族使用汉语，汉语的起源与汉族的形成息息相关。

汉族的前身是华夏族，是中原炎黄族与其他部落、氏族在历史长河中不断融合的结果。汉语某些最基本的特点和要素可能远在炎黄时代就开始具备，经历多次融合、演变、充实、发展而逐渐完善。

黄河流域是炎黄部族的发祥地，也是汉族和汉语的最早源头。炎黄的祖先华胥氏或有蟜氏生活在西北黄土高原。五千年前的炎黄两族同出少典氏，随后相继东迁。炎帝族沿渭水东迁到达河南，黄帝族则渡黄河经山西到达河北，共同开发了中原地区。炎黄两族同根同源，在中原地区世为婚姻，繁衍生息，成为后来华夏民族的主体。从黄帝时代到夏、商、周等朝，各朝的政治文化中心大抵都在包括晋南及河南全境的中原地区，而以炎黄语言为基础的中原地区的语言，源远流长，自然成为华夏语和汉语的基础。

夏、商两代建立了奴隶制国家。随着周王朝相当完整的封建政权的建立，周人已有了比较自觉的民族观念。西周开始用"华""夏""华夏"来代表中原地区乃至中国。"华夏"的范围包括周王朝同姓（姬姓）诸侯，黄、炎、尧、舜、禹的后裔封国以及商人，都是炎黄子孙。与"华夏"相对的是蛮、夷、戎、狄。西周末年，戎狄强盛，对华夏构成了严重威胁。华夏诸侯高举"尊王攘夷"的旗帜，严格区分夷夏界限，采取"用夏变夷"的政策，用先进的华夏文化去同化四周的落后民族。相应地，语言上也形成了一种通行各地的雅言——以中原语言为基础的华夏共同语。

[①] 本章内容借鉴、吸收了前修时贤诸多成果，尤其参考了向熹先生《汉语探源》、《简明汉语史》（修订本）（上、下）。

春秋时期，夷人已华夏化，一些戎狄部落进入中原之后也开始华夏化。到了战国时期，许多蛮人、吴人、越人都进入华夏行列。华夏的构成由一元变成了多元，华夏语言也逐渐变成各族人民的共同语。秦始皇统一中国，实行"书同文"的政策，书面语言得到统一。汉承秦制，天下大体一统，汉族共同语名副其实地形成了，汉族和汉语的名称也就正式确立。

汉语源远流长，炎黄时期的汉语属于史前的原始汉语。原始汉语是什么模样呢？汉语与藏语等汉藏系语言有共同的来源，尽管汉藏语系各语言分离太久，通过汉语跟同语系的其他语言的历史比较，我们还是可以大致窥见炎黄时期汉语的某些特点：语音以音节为基础，一个音节至少由一个声母和韵母构成，声母有清音、浊音，还有若干复辅音，韵母阴声韵可能也带辅音韵尾，可能有声调，来源于韵尾的不同变化；总的词汇量不大，但基础的词如名物词、称谓词、数词、动词、形容词、代词等应该是有的，词汇发展也不平衡；可能以词序和虚词为主要语法手段，句子以主—宾—动为词序，修饰语可能放在被修饰语的后面，可能也具有某些形态变化。

第二节　汉语史分期

汉语的历史，若从炎黄时期算起已有5 000年，只是汉语口语形成的最早年代已无从考证，而立足记录汉语的方块汉字，从迄今发现的殷商时代的"甲骨文"算起，汉语至少已有3 000年的历史了。汉语史研究汉语的形成和发展，属于历史语言学范畴，分期问题至关重要，却不能简单地与社会史的分期等同。随着研究的深入，人们对汉语历史发展的总体脉络和基本规律已有全面深入的了解和把握，但汉语史分期至今仍是一个见仁见智的问题。

为了介绍的方便，我们采取了向熹先生《简明汉语史》上册（2010：42，43）的意见。现将有史以来3 000多年的汉语历史分为上古、中古、近代和现代四个时期，各个时期语音、词汇和语法的特点转引如下：

一、上古期

从公元前18世纪到公元3世纪，即商、周、秦、汉时期。其中，商是上古前期，周秦是上古中期，两汉是上古后期。这一时期的汉语有以下几个重要特点：

语音上，没有轻唇音；没有舌上音；前期和中期没有庄组声母；阴、阳、入三类韵母配合整齐；声调分平、入两大类，两类中，又各按音高和音长分为两类，没有去声。

词汇上，以单音词为主，也有一定数量的复音词。

语法上，判断句一般不用系词；否定句和疑问句的代词宾语通常放在动词前面；被动句通常用"于""见"等虚词表示；实词缺乏一定的词类标志。

二、中古期

从4世纪到12世纪左右，即六朝、唐、宋时期。其中六朝为中古前期，唐代是中古中期，宋代是中古后期。中古汉语有以下几个特点：

语音上，以《切韵》音系为代表的中古语音系统形成；平、上、去、入四声形成；轻唇音产生；舌上音产生；庄组声母和章组声母合并；大量古入声字（长入）变为阴声（去声）。

词汇上，四声别义现象普遍加强；复音词大量增加；由于对外文化交流和佛教在中国的广泛传播，汉语词汇中增加了相当数量的借词和有关新词。

语法上，第三人称代词"他"产生；动词时体系统开始出现；结构助词"底""地""个（箇）"出现；系词"是"和新的判断句广泛应用；否定句、疑问句的代词宾语普遍移到动词后面；用"被"表示的被动句出现；用"将"和"把"表示的处置式产生；带"得"的补语结构有了多种形式的发展。

出现文言和白话两种书面语言。模仿上古汉语的文言占统治地位，反映口语的白话开始形成，并在变文、语录中广泛应用。

三、近代期

从13世纪到20世纪初，即元、明、清时期。元代是近代前期，明清是近代中期，鸦片战争至五四运动是近代后期。这一时期汉语的特点是：

语音上，浊音声母清化；舌上音和正齿音合并，并变为卷舌声母；后期尖团音逐渐相混；韵部系统简化，[-m]尾并入[-n]尾；入声消失，并入平、上、去三声；平声分阴、阳两类。

词汇上，由于白话文学普遍传播，口语词汇（包括方言词汇）大量进入文学语言；前期书面语言里出现了不少蒙语借词；中期以后受西方文化的影响，吸收了大量外来词，并根据外来的概念创造了大量新词。

语法上，时体助词系统进一步完善。"着""了"的用法分工明确；开始貌、继续貌、短时貌先后产生；结构助词"的"普遍使用；新的语气词系统形成。

四、现代期

从五四运动到现在。以北京语音为标准音，以北方方言为基础方言，以典范的现代白话文著作为语法规范的现代汉民族共同语（普通话）最后形成并且进一步发展。

第三节　汉语语音史

汉语语音发展的历史，大致可以分为上古、中古、近代和现代四个时期。上古音指先秦两汉时期的语音，可以拿《诗经》音作为代表；中古音指六朝到唐宋时代的语音，以《切韵》(《广韵》）音系为代表；近代音指元明清时代的语音，以《中原音韵》音系为代表；现代音一般从20世纪算起，以现代普通话语音系统即北京音系为代表。

从上古音到现代音的两三千年来，汉语语音的基本结构并没有改变，即音节结构分为声母、韵母和声调3个部分，韵母又分为韵头（介音）、韵腹和韵尾。汉语语音的演变主要是声母、韵母和声调内部的变化。我们拟立足声、韵、调在上古、中古和近代的历时变化，通过不同时期的对比，简要介绍汉语语音的历史。

一、声母的发展

汉字不是拼音文字，古代又没有标音符号，古人对声母的分析方法是，给每一个声母取一个汉字作代表，例如［p］声母用"帮"来代表，［t］声母用"端"来代表，［n］声母用"泥"来代表。这些代表声母的专用字就叫作"字母"。上古声母系统的构建，也沿用了音韵学以字母表示声母的传统。

上古汉语共有28个声母，按发音部位分为6类。1.唇音（双唇）：帮［p］滂

[pʰ] 並 [b] 明 [m]。2. 舌头音（舌尖中）：端 [t] 透 [tʰ] 定 [d] 余 [dj] 泥 [n] 来 [l]。3. 舌面音（舌面前）：章 [ʨ] 昌 [ʨʰ] 船 [ʥ] 日 [ɲ] 书 [ɕ] 禅 [ʑ]。4. 齿音（舌尖前）：精 [ts] 清 [tsʰ] 从 [dz] 心 [s] 邪 [z]。5. 牙音（舌根）：见 [k] 溪 [kʰ] 群 [g] 疑 [ŋ]。6. 喉音：晓 [x] 匣 [ɣ] 影 [ø]。其中 [p]、[pʰ]、[m]、[t]、[tʰ]、[n]、[l]、[ts]、[tsʰ]、[s]、[k]、[kʰ]、[ŋ]、[x] 是从上古直到现代绝大多数方言都存在的声母，浊塞音 [b]、[d]、[g] 和浊塞擦音 [dz] 也还保留在现代一些方言里，显示了汉语声母的历史继承性。

上古可能存在几个复辅音声母。例如谐声字中，舌根音声母 [k] [kʰ] 往往和边音声母 [l] 互谐，"各"既可以作"格、阁、客"的声符，也可以作"洛、路、略"的声符，这些字很可能原来都是由 [kl] 之类的复辅音演变而来的。现代普通话词汇里似乎还留有某些复辅音的痕迹，如"角 [ʨiau] — 旮旯 [kala]""孔 [kʰuŋ] — 窟窿 [kʰuluŋ]""浑 [xuən] — 囫囵 [xuluən]"；属于山西方言系统的河北南部方言里还保存着一些略似复辅音的词，如"埂 [kələŋ]""圈 [kʰulia]""拌 [pəla]"等。

中古的声母系统有前、后期之分，前期（隋唐）以《切韵》（《广韵》）的声母系统为代表，后期（唐末宋初）以传统的36字母为代表，前后期存在明显的分合变化。从先秦两汉到六朝唐宋，汉语声母的发展变化十分显著，轻唇音、舌上音从无到有，齿头音、正齿音中精组、庄组和章组也是分分合合。以轻唇（唇齿）音的产生为例，非 [f]、敷 [fʰ]、奉 [v]、微 [ɱ] 上古不存在，中古时期才从重唇（双唇）音帮 [p]、滂 [pʰ]、並 [b]、明 [m] 中分化出来。例如，"缤纷"上古双声，都是"滂 [pʰ]"母字，今音一个声母是 [p]，一个声母是 [f]；在厦门方言的白话音里，许多轻唇音字仍然读为重唇音，如"方、风、飞、斧、分、反"等非 [f] 母字读 [p]，"帆、浮、缝"等奉 [v] 母字读 [pʰ]。

通过归纳19个韵部中同声不同韵的小韵，可以构拟出《中原音韵》21个声母。从唐末宋初的36个声母到元代的21个声母，汉语声母系统发生了浊音声母清化，知、照组合流而卷舌音产生，影、喻、疑组合流而零声母扩大等明显的变化。以"浊音清化"为例。《切韵》的全浊声母並 [b]、奉 [v]、定 [d]、澄 [ɖ]、从 [dz]、床 [dʒ]、群 [g]、匣 [ɣ]、邪 [z]、禅 [ʒ]，分别归入同部位的清声母。演变的规律一般是：原来全浊的塞音（並、定、群）和塞擦音（澄、从、床）声母，平声字变为发音部位相应的送气清音，仄声字变为发音部位相应的不送气清音，如中古并母［b］，平声字"蒲裴旁"等《中原音韵》变为［pʰ］，仄声字"薄傍步部白"等《中原音韵》变为［p］。至于原来的全浊擦音声母（邪、禅、匣）一般变为相应的清音，没有送气和不送气的分别，如中古邪母［z］字"随寺诗俗"等《中原音韵》变为［s］。

跟现代普通话的22个声母比较，《中原音韵》多［v］、［ŋ］两个声母，少［tɕ］、［tɕʰ］、［ɕ］三个声母。《中原音韵》时代微母［v］还能独立，疑母一部分字还念［ŋ］（如"昂""我"），而在现代普通话里都已同影、喻二母合流，变为零声母了。

《中原音韵》见溪晓、精清心还是念［k］［kʰ］［x］、［ts］［tsʰ］［s］，18世纪左右开始一分为二：在开口呼、合口呼韵母前仍分别保存原来的［k］［kʰ］［x］、［ts］［tsʰ］［s］，如"干关看宽寒唤""曾村森"；在齐齿呼、撮口呼韵母前就一律变为［tɕ］［tɕʰ］［ɕ］，如"金君桥缺希虚""精清心"。这样，随着舌面塞擦音［tɕ］［tɕʰ］［ɕ］的产生，见、精系的齐撮字就合流了，如"见"和"箭"、"界"和"借"、"轻"和"清"、"奇"和"齐"、"欣"和"心"、"希"和"西"等，在现代普通话里都没有分别了。

二、韵母的发展

根据《诗经》等韵文押韵和形声字的谐声情况，传统上把上古韵母分为若干韵部，用一个汉字代表，如"之部""幽部"等。传统音韵学中的"韵部"，与今天的"韵母"不是一个概念。同韵部的字只是韵腹和韵尾相同，韵头可以不同，每个韵部不只包含一个韵母。

上古汉语共有30个韵部，按照韵尾不同，可以分为阴、阳、入3类11组。阴声韵指元音收尾的韵部，即之部［ə］、幽部［u］、宵部［o］、侯部［ɔ］、鱼部［a］、支部［e］、歌部［ai］、脂部［ei］、微部［əi］；阳声韵指［m］［n］［ŋ］三个鼻音收尾的韵部，即蒸部［əŋ］、冬部［uŋ］、东部［ɔŋ］、阳部［aŋ］、耕部［eŋ］、元部［an］、真部［en］、文部［ən］、侵部［əm］、谈部［am］；入声韵指［p］［t］［k］三个塞音收尾的韵部，即职部［ək］、觉部［uk］、药部［ok］、屋部［ɔk］、铎部［ak］、锡部［ek］、月部［at］、质部［et］、物部［ət］、缉部［əp］、叶部［ap］。主要元音相同、韵尾发音部位相同（如［k］与［ŋ］、［t］与［n］、［p］与［m］）的构成一组，如"之职蒸""歌月元""缉侵"等。除了宵、药两部没有相配的阳声韵，缉、侵两部和叶、谈两部没有相配的阴声韵以外，其他八类都是阴、阳、入三声相配，十分整齐。

一些韵母如〔an〕〔ən〕〔aŋ〕〔əŋ〕从上古经中古到现代变化不大，如"班〔pan〕""登〔təŋ〕"等字的读音3 000年来没有显著改变，但这类字毕竟是少数，大多数上古韵母的读音和现代相去甚远，和中古也有很大区别。例如"姑"现代韵母是〔u〕，中古相同或近似，上古时韵母则可能是〔a〕；"仓庚"上古叠韵，都是阳部〔aŋ〕字，今音一个韵母是〔aŋ〕，一个韵母是〔əŋ〕；《诗经·卫风·氓》"氓之蚩蚩，抱布贸丝，匪来贸丝，来即我谋"句，韵脚字"丝""谋"上古同是之部〔ə〕字，今音已不押韵。

《广韵》共有206个韵，每一个韵用一个汉字表示，传统音韵学称为"韵目"，如"东""董""送""屋"四个韵目就代表四个不同的韵。这里所谓的"韵"与"韵母"也不是一个概念。"韵"不包括韵头，只要韵腹、韵尾、声调相同的字，就属于同一韵，《广韵》206韵不可认为是206个韵母。

《广韵》206韵中，包括平声韵57韵，上声韵55韵，去声韵60韵，入声韵34韵。四声相承。平、上、去三声只是声调不同，韵母相同。与上古韵母系统阴、阳、入三声相配不同，在《广韵》里入声韵只和阳声韵相配，不跟阴声韵相配。例如东韵〔uŋ〕〔ĭuŋ〕有入声屋韵〔uk〕〔ĭuk〕和它相配，支韵〔ĭe〕〔ĭwe〕就没有和它相配的入声韵。

《中原音韵》有19个韵部，以两个汉字命名，如"东钟、江阳、支思"等。这只是韵母的大类，各韵部内还包括不同韵头的韵母，有的韵部只有一个韵母，如桓欢〔uɔn〕、廉纤〔iɛm〕，有的有两个甚至三四个韵母，如东钟〔uŋ〕〔iuŋ〕、萧豪〔au〕〔iau〕〔iɛu〕、真文〔ən〕〔uən〕〔iən〕〔iuən〕。

《中原音韵》19部共46个韵母，跟《切韵》音系相比要少得多，其间的变化以合流为大趋势，但也有分化，关系相当复杂。如《切韵》时代有以〔p〕〔t〕〔k〕三个辅音作韵尾的入声韵母，到《中原音韵》，这类韵尾全都脱落，入声韵母消失了，原先的入声字读成了阴声韵。

从《中原音韵》到现代，汉语的韵母主要是进一步简化，同时也有个别新的韵母产生。例如，元代收〔-m〕韵尾的侵寻〔əm〕〔iəm〕、监咸〔am〕〔iam〕、廉纤

［iɛm］三个阳声韵部，共收 417 字，唇音字"品帆凡范犯泛"等元以前就转到收［-n］尾的韵部去了。到了 16 世纪，［-m］尾就完全消失而与［-n］尾合并了。又如，《中原音韵》支思韵的"儿而耳尔饵迩二贰"等日母字念［ʐʅ］。到了明代，变成了卷舌元音［ər］，不和别的声母相结合，但它常常写作"儿"放在别的词后面，构成儿化词。14 世纪以前这类儿化词已经大量出现了。到 17 世纪，卷舌元音［ər］就开始形成了。

三、声调的发展

现存的上古语音资料不能系统反映上古声调的情况，历来对上古声调的看法分歧也最大，主要有三种观点：①《诗经》时期已齐备平、上、去、入四声；②上古四声不全；③上古汉语没有声调，大约是东汉末才有了声调。大致说来，在上古汉语里，声调肯定是存在的，不过到底有几类，现在还没有定论。

齐梁以前，汉语没有"四声"的名称，至晚在南北朝时期汉语已经有了平、上、去、入四个声调，这就是所谓的"四声"。中古《切韵》系统韵书一直沿用这四个声调的名称，并按这四个声调来归字。它们的调类是清楚的，有平、上、去、入四个声调，具体调值如何，还难于断定。四个声调中，平、上、去三声韵母相同，差别在于高低升降；入声不仅以短促为特色，韵母也有塞音韵尾，跟前三声的韵母不同。这是中古汉语共同语声调系统的特点。

《中原音韵》调类系统已经分阴平、阳平、上声、去声，和现代普通话一致。和传统四声相比，《中原音韵》的特点也基本与现代音相同。一是"平分阴阳"：平声分化为阴平、阳平两个调类。分化条件是中古声母的清浊，全清、次清声母的平声字读成了阴平，如"包、康、猪、刀、安"等，全浊、次浊声母的平声字读成了阳平，如"爬、才、除、桃、难"等。二是"浊上变去"：中古上声里的全浊声母字读成了去声，如"皂、件、抱、后、上"等，次浊声母字仍然读上声，如"草、古、保、好、暖"等。三是"入派三声"：中古的入声调消失了，原来的入声字分别变成了阳平、上声、去声字。分派的条件是：原全浊声母字变为阳平，如"竹、得、局、白、杂"等，次浊声母字和影母字变为去声，如"各、麦、物、纳、月"等，清声母字变为上声。其中，全浊变阳平、次浊变去声和现代北京话是一致的，只有清声母入声字一律变上声，和现代北京话不吻合。

第四节 汉语词汇史

汉语词汇早在殷商以前就开始形成。甲骨卜辞作为研究商代词汇的唯一依据，反映了汉语词汇早期发展的大体情况。汉语词汇有继承、稳定的一面，例如，迄今认识的1 000多个甲骨文中，有500多个仍然活在现代汉语里并成为现代汉语的基本单音词，有的基本词一直活到现在，如"天、山、年、上、鸟、人、老、家、死、开、酒、车、刀、国、一、十、百、白、高、多、好"等；有的单音词虽已被别的词所代替，但仍然作为语素活在口语里，大都有很强的构词能力，如"石、木、逐、身、目、足、饮、育、户、师、祸、取、献、永、安、作、同"等。又如，先秦两汉复音词开始大量发展，当时产生的"国家、人民、朋友、动物、法律、动作、态度、扶持、建设、讨论、文明、正直、和睦、困苦、辛酸"等近千个复音词，现在仍觉得很通俗；中古产生的复音词更多，"老虎、面子、工程、故意、判断、打扮、提拔、推测、发达、明亮、困难、冒失、痛快"等词，不看历史，我们很难感觉到它们早在唐宋或者更早时期就已经出现了。不过总的说来，3 000多年的汉语词汇史，主流是发展。以下从单音词、复音词的发展情况勾勒汉语词汇的发展历程。

一、单音词的发展

商代词汇绝大多数是单音词，周秦两汉仍然以单音词为主。尽管汉魏以后以至现代，单音词的统治地位被复音词取而代之，但单音词作为汉语词汇的源头和基础，新词、新义的产生从未停止，贯穿了整个词汇史。

（一）新词的产生

商代词汇的范围相当广泛，在已确认的1 000多个甲骨文中，名词约800多个，动词约300个，形容词也有几十个（向熹，2007：349，363，367），但数量有限。后世汉语的许多词，商代还没有产生，也有许多商代的词到周秦以后逐渐消亡。

从殷商到周秦两汉，单音词发展迅速，数量激增。名词、动词、形容词等都有了几倍甚至几十倍的增长。例如，甲骨文里农作物名称只有"禾、麦、来、黍、秋、稻、粟、穋"等8个，到了周秦，谷物名称多达40个，"谷（穀）、粱、豆、菽、秔、秜、秈、稌、秬、秠、穈、粱"等大部分都是周以后产生的。

魏晋唐宋产生的新词大多数是双音词，但也有一部分单音词。一部分是由上古旧词派生的新词，与旧词存在着意义上的联系。例如，我国在六朝以前席地而坐，没有桌子、椅子，设几以便倚靠，设案以放食具。到了唐代，中国人有了坐椅子和凳子的习惯，矮脚的案相应地变成高脚的桌，汉语词汇里也就出现了"椅""桌（棹）"等词。"椅"本作"倚"，取其可以倚靠；"桌"本作"卓"，就是高案。直到明代，还以"棹""椅"为俗字。"桌""椅"都是引申变形造成的新词。中古新词大部分与上古旧词无关，即使读音或字形相同，如"哥"，本义是歌声、歌唱，唐代开始称同父母或同族同辈而年纪比自己大的男子为"哥"或"歌"，可能是受北方少数民族语言影响而产生的新词。

近代也产生了一定数量的单音新词，大都来自民间口语和方言：一是新词旧形式，如"呆"古同"保"，音bǎo，近代以来为形容词，傻、笨、死板，音dāi，音义并异，没有意义上的联系；一是新词新形式，"睬、搽、瞅、攥、砍、捐、嗿、焐"等皆其例；一是新词多义化，如"炸"不见于《康熙字典》以前的韵书和字书，明清以后产生两义，或者指物体突然爆裂，音zhà，或者指在沸油里弄熟食物的一种烹调方法，音zhá。

（二）新义的产生

甲骨卜辞里已有相当数量的多义词，既有词义上的本义、引申义，如"年"的谷熟、一年义，又有文字上的通假义，如"来"本义是小麦，卜辞用作往来的来。但总的看来，商代词义系统还比较简单。

汉语词汇发展到周秦两汉，已经有了很复杂的词义系统。常用单音词大多变成了多义词。有的本义、引申义、假借义等多种意义在一个词里同时出现，关系相当复杂。例如"刚"在卜辞里本祭祀名称，即斩肉以祭，周秦之际引申为坚硬、坚利，"兑，其于地也，为刚卤"（《周易》）。又为强劲、坚毅，"刚而塞"（《尚书》）。又假借为"犅"，指公牛，"白牡骍刚"（《诗经》）。

中古汉语单音词词义的发展，既有单音单义词的多义化，也有单音多义词的多义化。如"惭"本义是惭愧，中古产生了"感激"义，《搜神记》"不慎坠江，惭君济活"，连用为"惭荷""惭感""惭谢""惭愧"等；又如"快"本义是快乐、喜悦，又有"畅快""放纵"的意思，中古产生了"爽直、爽快""锋利""迅速""会、能"等四个新义。

近代汉语单音词产生的新义十分广泛。新事物出现、复音词单音化、比喻用法固定、避讳或禁忌以及一般词义引申都可能产生新义。如"烟"上古指物质燃烧所产生的气状物,明代中叶烟草由吕宋传入中国南方,崇祯时吸烟习惯逐渐流行,"烟"有了新的意义,指烟草和烟草的制成品;又如复音词"左右"近代可作"反正""横竖"讲,这个意义简化为"左",于是单音词"左"近代又有"横竖""反正"的意思,"奴家鞋弓袜小,左则走不脱"(明·叶宪祖《金翠寒衣记》);再如"醋"本义是调味用的酸味液体,近代又用"醋"或"吃醋"比喻男女关系上产生嫉妒心情。

二、复音词的发展

对于随着社会发展而不断涌现的新事物新概念,人们最初往往立足于单音词,通过增加新词、新义的方式反映。随着汉语语音系统从古至今的大大简化,音节不断减少,而新词、新义又在不断增加,每个音节的负担越来越重,单音词太多,必然导致过多的同音词或者词义过于繁复,不便于人们的社会交际。为了避免音义之间的矛盾,原来由一个语素构成的词,再加上一个语素构成一个双音词,语素的意义范围彼此限制、提示,一个语音形式所表达的意义就明白显豁了。这样,汉语新词的产生自然地向着复音化方向发展。

(一)新词的产生

汉语词汇的复音化趋势,早在商代就萌芽了。甲骨卜辞绝大多数是单音词,也有少数名词是复音词,限于偏正式,如"大食""血室""上帝""多老""东方""小示"等。

上古汉语仍然以单音词为主,但复音词已占有相当的比例,上古后期(东汉),汉语词汇已经突显出双音化趋向。例如《诗经》一共出现 3 400 多个词,其中复音词 900 余个,占总词数的 25% 以上,《吕氏春秋》有复音词 2 017 个,《论衡》里复音词达 2 300 个之多。(向熹,2007:393)与此相应,上古复音词已有多种结构形式。联绵词中"恍惚""消摇""辗转""滂沱"分别是双声、叠韵、双声兼叠韵、非双声叠韵关系。重言词中"关关、契契"两个字纯粹表音,"皎皎、萋萋"是两个相同的单音词素的重叠。合成词中,派生词数量不多,如"有夏、莞尔、翕如、沃若、勃然、忽焉"等;联合式非常发达,"供给、和睦""干戈、衰老""是非、得失"分别由同义、同类、反义词素构成；偏正式也很发达，偏词素的范围多达11种，如"四海、后生、假寐"分别说明数量、时间和行为方式；支配式数量不多，如"将军、屏风、从事"等；表述式数量更少，如"肢解、心仪、自杀"等。

上古词汇以单音词为主，到了中古，就口语而论，复音词逐渐占有优势。中古复音词仍以上古已有格式为主，其中联合式、偏正式最为重要，占复音词总数的80%以上，还出现了补充式、名量式、省称、超层次等多种结构，如"摆脱、推倒、了却、织成""车两、官员、花朵、羊群""西母、西王、王母""而立、友于"等。

近代产生的新词中，双音词占绝对优势，新的双音合成词大量增加，联合式、偏正式数量最多，其他格式数量也不少；与此同时，还产生了不少三音节和多音节词。汉语里的三音词古已有之，元以后有了巨大发展，有附加、偏正、支配、补充、重叠等五种格式，如"葫芦提（糊涂）、可怜见""半瓶醋、小心眼""落便宜、做势儿""赤条条、慌急列（慌慌张张）""动不动、恨不恨"等，其中不少反映了元曲的语言特色。近代汉语前期产生的四音节词，有单纯词、附加式合成词、复合词等，如"劈溜扑剌（形容连续不断的说话声）、二不棱登（傻里傻气）""慢条斯理、花里胡哨""血糊淋剌（鲜血淋漓的样子）、不当人子（罪过）"等。近代汉语后期，三音词、四音词有所增加，到现代汉语进一步发展起来。

（二）新义的产生

上古复音词的多义化尚未开始。中古汉语复音词逐渐占了优势，虽然数量较多，但大部分是单义词，小部分是多义词；少数复音词发生词义转移，许多复音词增加新义，但中古产生的新义远不及单音词复杂。复音单义词往往产生一两个新义，如"行李"上古是"使者""外交使节"的意思，汉末产生"行旅"义，中古产生"旅行时所带物品"的新义；又如"珍重"上古是"爱惜""保重"的意思，中古至少产生了"多谢、感谢""难得、幸亏"两个新义。上古多义复音词并不太多，中古增加新义的复音词也只是少数。如"年纪"上古有"纪年年数""年号"两义，中古产生了"年龄""年代，时代"两个新义；又如"修理"上古有"治理""修整"两义，中古至少产生了"操持，料理""处置""烹调""照顾"等四个新义。

复音词开始产生时，词义大都比较单纯，但是从上古到中古复音词已经明显向多义化方向发展。到了近代，多义的复音词大量增加，非常用词仍然以单义为主，常用的复音词大部分多义化了。近代复音词产生的新义有多有少，这些新义的生命力有强有弱，在现代汉语里或存或亡，相当复杂。如"圈套"，中古指某种固定的做法，近代产生新义，指引诱人上当或受害的计谋，现代只作新义讲；又如"富贵"始见于上古，指富裕而显贵，或富裕而显贵的人或人家，近代产生"财物、财宝""宝贵、珍贵""富足、富有"三个意义，现代汉语保存上古义，三个近代义消失。

第五节　汉语语法史

商代汉语有了比较成熟的文字和书面材料，汉语词类、句子成分、句型等都已初具规模，研究汉语语法史一般从商代开始。我们以甲骨卜辞语法为起点，择要介绍汉语词类和句法结构的发展。

一、词类

汉语各个词类在甲骨卜辞中已开始具备，秦汉以后逐渐丰富和发展起来。

名词的发展主要表现在词头词尾上，从先秦、两汉到六朝，词尾"子"、词头"阿、老"、词尾"儿、头"先后产生，增强了汉语的名词词类标志，也成为丰富名词的手段之一。形容词的发展也以词尾的兴替为重点，上古的"然、而、如、尔、若、焉"到中古只剩下了"然"，唐代又出现了"生、底、地"。汉语的基数、序数、倍数和分数表示法，上古已经产生，约数、不定数和零数的表示法产生于中古，近代有了新的发展。殷商以下，名量词不断推陈出新，中古开始重叠、连用，近代加上词尾"子、儿、个、家（价）"等复音化；动量词产生于汉代，魏晋以后广泛运用，自六朝以迄唐宋，新的动量词不断产生，元明清达到完备阶段。副词、介词、连词等的发展，除了随新旧更替、数量递增而出现的系统逐步完善以外，集中表现为多义化、复音化以及连词的配合连用上。动词从古到今的演变主要表现在时体范畴的产生、发展和完备上，内容丰富，此不备述。下面择要介绍代词的发展变化情况。

甲骨卜辞里人称代词有"我、余、朕""女（汝）、乃、尔""之"，指示代词有

"之、止、兹",没有疑问代词。代词系统还没有发展到成熟阶段。

先秦时期,第一、二人称分别增加了"吾、卬、台、予""而、戎、若",第三人称也扩大,借用指示代词"厥、其、彼"表达,指示代词大量产生,指代系统而全面,如"之、兹、此、斯、是、伊"表近指,"其、彼、匪、夫"表远指,"尔、若、然"表泛指,"某、或"表虚指,"莫、无"表无指,"他(它、佗)"表旁指。疑问代词系统产生于周代,可分为"谁、孰""何、曷、胡、奚、盍""恶、安、焉"三系,分别侧重于问人、问事物、问处所。至此,汉语已经建立了完备的代词系统。

上古第一人称代词"我、吾、余(予)"到中古仍然广泛应用,唐宋时又有复音代词"我侬、我家、我自、我咱、吾家、吾侬",意思都与"我"同。"身、奴、侬、侬家、阿侬、侬阿、我侬、某、某甲、某乙"等也是魏晋唐宋时期第一人称代词。近代第一人称代词中,"我"仍然是基本的形式,"吾"也不时可以看到,还出现了"我咱、我自、吾当、吾侬"等复音代词。此外,北京口语中第一人称代词"俺、咱、僣、洒家"也得到了广泛应用,这几个词用法上有包括式和排除式的区别。

上古相当复杂的第二人称代词到中古逐渐统一为"汝、爾(尔)"两个。"爾"在六朝时用得很广泛,产生简体字"尒",佛经翻译中又或作"儞","儞"在使用过程中逐渐简写成"伱",进一步写作"你",书面上往往"汝(尔)、你"并用。唐代"你"在变文等比较接近口语的作品里用得比较多,宋元以后普遍应用,在白话作品里,"你"成为第二人称代词单数的主要形式。近代汉语第二人称代词发展中比较重要的是"您""恁"的产生和发展。"您"最早见于宋元话本和金元诸宫调里。语音上,"您"是"你们"的合音;意义上,可用于第二人称复数,也用于第二人称单数,当时似乎不表示尊称;词形上,早期"您"还可以加"每",成为"您每",不一定表示复数。

上古没有用法完备的第三人称代词。到了南北朝,随着佛经的翻译,白话文学的兴起,第三人称代词无法适应汉语交际和汉语语法逐渐严密化的需要。于是"其"的用法扩大了,并产生了新的第三人称代词"渠、伊、他"。"他"在上古是旁指代词,作"别的"讲,少数例子指人,作"别人"讲。到了六朝,指人的"他"广泛应用起来,不过用为第三人称代词只是少数例子,唐代口语里才大大发展起来。宋代以后，虽然第三人称代词"渠、伊"也还存在，但在比较接近口语的作品里，"他"已占绝对优势。近代汉语"他"也写作"它"，有时也可以指代第三人称代词复数，相当于"他们"。第三人称代词复数"他们"又作"他懑""他满"，已见于宋代文献，元代多用"他每"，明以后逐渐统一为"他们"。

　　中古指示代词发展最重要的是"这、底、个、没、许、能、恁、那"的产生，并出现了许多相应的复音词。近指代词"这"又有"遮""者""拓""只"等不同的变体，指较近的时间、地点或人物，始见于唐代，多做定语。宋代"这"做主语多起来，与处所名词"畔、边、里"、量词"般、遍、个、回"、助词"底"以及后缀"麼（磨、没）"等组成复音词语。近代汉语里，中古的指示代词，有的形式上逐渐统一，如"遮""者""拓""只"等统一为"这"，有的消失，有的继续使用，如"这"以及由"这"构成的复音词"这边、这个、这里、这般、这样"等；与此同时，近代也出现了不少新的复音指示代词，如"这些儿、这搭、这会儿、这早晚、这等、这每、这么个、这么样、这么些、这么着"等。

　　中古疑问代词有很大的发展。上古流传下来的"何、谁、孰、奚、曷、胡、安、焉"等继续使用，六朝以后又产生了"多少、几多、何物、谁当、那、那个、早晚、甚、甚没、怎、怎么、怎生"等60多个新的疑问代词。"多少"汉代开始用为疑问代词，询问数量，魏晋以后广泛应用，可做谓语、宾语或定语。近代汉语里疑问代词许多是中古保留下来的，新产生的绝大多数是复音词，问人的有"兀谁""那位"，问事物性质状态、时间处所的疑问代词有30多个，如"怎地、仔么、怎个、怎么样、怎样、怎么着、怎生般"等。

　　唐代以前，汉语名词和代词没有数的区别，单数和复数一般只能从上下文体会出来。唐代代词和名词开始出现表示复数的词尾"弭（弥）""伟"，又写作"们"。从唐至清，名词、代词词尾经历了统一、分化、再统一的过程：词形上，唐代的"们"宋代分化为"门、瞒、懑、每"，明清又逐渐统一为"们"；意义上，由既可以表示复数也可以表示单数到只表示复数。这样汉语名词、代词的词尾"们"从形式到内容都得到了统一和固定。

二、句法结构

　　甲骨卜辞里，主谓宾定状补等句子成分都已具备，由此构成的基本句型多达14

种，包括宾语前置、连动式、兼语式以及一重、多重复句等，此外，被动句式、疑问句也出现了。此后，句型上"得"字、"连"字结构以及宾语前置、复句，句类上祈使句尤其疑问句，句式上判断句、被动句、处置句、比较句的形成和演变，就构成了句法结构发展的主要内容。

宾语前置卜辞已见，周秦汉语有所继承，产生了不少于7种的宾语前置句型，如"民具尔瞻"（《诗经》）、"吾谁欺"（《论语》）、"莫我肯顾"（《诗经》）、"宋何罪之有"（《墨子》）、"唯余马首是瞻"（《左传》）等，不过到汉代逐渐消亡。后世文言文虽有仿古之例，只有"唯……是问""唯利是图"等一直保存到现在。复句自殷商以下的发展，一是表现为数量的递增，二是随着连词、副词等连接词的新陈代谢，突出表现为分句之间由意合到形合的消长和过渡。

至于被动句，一方面表现为引进施动者的"于、为、见、被""与、着、教、喫（吃）""把、叫、给"从上古到近代的兴替，另一方面表现为"被"字句的一枝独秀和功能拓展："被"和动词中间插入施动者，"被"和"所""见"连用，否定词在"被"字后，"被"字置于施事主语前不表被动关系，被动式和处置式结合，被动句用于表示如意、幸运，等等。

以下择要介绍判断句、处置句以及疑问句的发展。

（一）判断句

判断句从西周开始发展，春秋战国时期更显纷繁复杂。上古汉语判断句有10种形式，以"主语+谓语+也""主语+者+谓语+也""主语+非（匪）+谓语"三种最为典型，如"乡原，德之贼也"（《论语》）、"夫将者，国之辅也"（《孙子》）、"是非君子之言也"（《礼记》）。总体特点是不用判断词，而在谓语后面加语气词"也"帮助判断。

战国末系词"是"产生，汉代用"是"构成的判断句不多，结构也比较单纯，往往同时用语气词"也"煞句。晋宋以后，在比较接近口语的作品里，"是"字句大大发展起来。唐代变文、宋人语录里应用更加普遍，而且大都不和语气词"也"连用。唐以前，否定的判断句大都用"非"，也有用"非是"的。东汉末年个别例句开始用"不是"，南北朝以后，"不是"逐渐成为否定判断句的基本形式。

"是"字句中古应用广泛，结构越来越复杂，作用也越来越丰富。近代又出现了新形式，或者"是"重出，如"老身是孟老相公宅上嬷嬷的便是"（《孟德耀举案齐眉杂剧》），或者表语与主语相同，强调区别或表示让步，如"说是说，笑是笑，不可多吃了"（《红楼梦》）；同时"是"前加副词"不""便""就"、后加语气词"了"置于句末逐渐虚化，如"我离了他家门便是"（《董解元西厢记诸宫调》）、"到明年，我只问你要两个就是了"（《金瓶梅》）。

（二）处置句

处置式上古汉语已有，用介词"以"构成，如"复以弟子一人投河中"（《史记》），六朝以后仍然沿用。与此同时，中古产生了新的处置式结构，用介词"将、把、捉、著、与"构成。"将"本是动词，先秦虚化为介词，用于工具语，汉代开始用于处置式，到唐宋广泛使用；"把"在秦汉时已偶有用于处置式的例子，但广泛应用是在唐代以后；"捉""著""与"用于处置式，不及"将""把"广泛。"捉"始见于六朝，近代作品中仍有出现，"著""与"唐代才出现，明清已没有这种用法了。

唐宋时期，处置式动词前可有各种修饰成分，动词后可带宾语或补语，但也可以是光杆动词，如"料理中堂，将少府安置"（《游仙窟》）；处置式否定式，否定词可以在"将""把"的前面，也可以放在后面，如"从此锦城机杼，把回文休织"（《汉滨诗馀》）。近代汉语仍然存在，如"把这件事不记心了"（《水浒传》）。这些显然不同于现代汉语。

从中古到近代，汉语处置式都用"把（将）"字句来表达，近代汉语里有继承也有发展。"将"和"把"中古既可用于工具语，又可用于处置式，近代汉语仍然如此，不同的是，近代"把"的应用频率比"将"大得多，与此同时，"把（将）"的谓语、宾语越来越复杂，尤值一提的是，出现了三种特别的处置式，一是没有动词相呼应的处置式，如"我把你个大胆的泼猴，怎敢这等欺人"（《西游记》），一是处置式和被动式结合使用，如"如今把俺们也吃他活埋了"（《金瓶梅》），一是不表处置的"把（将）"字句，如"把一个高赞就喜得手舞足蹈"（《醒世恒言》）。

除了"把（将）"字句外，"拿""捉"近代也有用来表示处置的。用"拿"表示的处置式大约产生于明代，清代继续使用，但不普遍；用"捉"表示的处置已见于中古，近代似乎只在吴语方言区的作品里出现，不常见。

（三）疑问句

甲骨卜辞的内容大都是向天神询问各种事情和行为吉凶，问句特别多，揣测问、是非问、选择问、正反问都已出现；周代疑问代词产生后，特指问句也应运而生。上古汉语里各类疑问句都出现了，经中古到近代，选择问句、正反问句的发展尤为显著。

选择问句的发展主要表现在句中连接词以及句中、句末语气词的更替和变换上。句中不用连词、句末也不用语气词的单纯选择问句，中古已见，如："今年男婚多？女嫁多？"（《宋书》）近代汉语继承下来，一直发展到现代。句中用连接词的，中古出现了"为（为当、为复、为是、为复是）、是、定、还（还是）"。"为"字句出现于六朝以至唐代，如："为当欲谋社稷？为复别有情怀？"（《敦煌变文集》）"是"字句产生于六朝，盛行于唐宋，如："阿娘迷闷之间，乃问是男是女？"（《敦煌变文集》）"定"字句产生于唐代，如："不知我与影，为一定为二？"（《夏夜玩月》）"还"字句产生于晚唐五代，如："古人还扶入门？不扶入门？"（《祖堂集》）近代"还是"继续使用，一直保存下来，又出现了"却""却是"，如："你要死却是要活？"（《水浒传》）后期消失。句中有语气助词"那、也那、也、也是"，句末不用语气助词的，近代产生，后期逐渐消失；句中有连词、句末有语气词"那、呢"的，近代才出现，一直保存到现代；句末有语气助词"呢、呀"，句中不用连词的，近代后期才出现，一直保存到现代。

正反问句的发展主要表现在否定词语以及其前语气词的继承和更新上。正反问句在中古尤其唐宋期间大量发展，形式多样，主要有：1."V+不（否、未、无）"式，"寒梅著花未？"（《杂诗三首》）；2."V+以不（已不、已否、以否、也无、也未）"式，"合死以不？"（《魏书》）；3."V+不（未）+V"式，"宣城太守知不知？"（《红线毯》）；4."V+也不+V"式，"识也不识？"（《敦煌变文集》）；5."V+O+不+V（+O）"式，"陛下见之不见？逢之不逢？"（《祖堂集》）此外，正反两项的动词由"有、无（没）"充当，如："打有道理，打无道理？"（《祖堂集》）到了近代，3和5式历久不衰，直到现代；1式得以继承，近代新产生了"不敢、不曾、未曾、没、没有"等否定词语，其中用"不、没有"的句式最有活力，一直延续到现代，用"否"的偶见，其余已消失；2式"以不、以否、已不、已否"消失，"也未、也无"沿用，新产生了"也不曾、也没、也没有"，清代以后全都逐渐消失；4式"也不"沿用，新产生了"那不""也那不""也那是不"，清代逐渐不用，现在完全消失了。此外，上古已有、中古罕见的句末有语气词"哩、呢"的正反问句，近代又复出了，如："知道谁去谁不去呢？"（《儿女英雄传》）元明间用例也不多，大约清代以后才逐渐普遍。

> **思考与练习**
>
> 1. 简述汉语的起源和发展历史。
> 2. 汉语词汇的发展与社会生活发展有何关系？
> 3. 汉语语音、语法的演变历史对现代汉语有哪些主要影响？

第四章　汉语的方言

第一节　汉语方言的历史和语音现状

汉语方言形成的历史悠久而复杂，除了语言的自身演化之外，还包括人口迁徙、山川形势、地理交通、文化传统等因素，其中人口迁徙是语言融合与分化的主要原因。虽然地域分隔不是影响方言形成的主要原因，但我们习惯上按照方言通行的地区命名，如北方方言、吴方言、湘方言、赣方言、粤方言、闽方言。汉语七大方言中，只有客家方言是从人口迁徙的角度来命名的。一般来说，一个方言区内，方言的形成和发展，与移民历史、地域文化心理等总是一致的。

一、北方方言

北方方言是普通话的基础方言，有着悠久的历史形成过程。从上古到近代这一漫长的过程中，从先秦的"雅言"，到汉代扬雄《方言》提到的"通语"、郭璞《方言注》提到的"北方通语"，到隋唐宋《切韵》《广韵》《集韵》等韵书所代表的"正音"，再到元代周德清《中原音韵》的"天下通语"，都属于北方方言。另外，中华民族的历史也是一部多种文化不断融合的历史，大量匈奴、契丹、突厥、鲜卑、蒙古和女真人不断融入北方汉族，在语言自身发展演变和外来语言影响的共同作用下，北方方言一步步演变成我们今天熟悉的状态。

北方方言因其分布地域广、使用人口多，加上悠久的历史文化传统，在各方言中最具优势，使用人口约占汉族总人口的71.4%。

根据内部差异，北方方言又可分为四个次方言：华北、东北方言，西北方言，西南方言和江淮方言。

（一）华北、东北方言

华北、东北方言分布在北京、天津、河北、河南、山东、辽宁、吉林、黑龙江等省市以及内蒙古的部分地区。华北、东北方言共同的特点大致有：[ts][tsʰ][s]与[tʂ] [tʂʰ][ʂ]、[tɕ][tɕʰ][ɕ]不相混；[n][l]不相混；[ən][in]与[əŋ][iŋ]不相混；古入声消失；等等。

在大语言环境的笼罩下，华北、东北方言在不同地域各具特色。

北京话最突出的特征是轻声、儿化音多，"京味儿"十足。例如普通话"买卖"这个词，"卖"读轻声，词义为"交易、生意"；不读轻声，词义为"买和卖"。"破烂"是形容词，"破烂儿"是名词。

东北话中有许多独特的发音。如[ʐ]和零声母[i]不分，将"人"读成"银"，"热"读成"业"，"然而"读成"言而"，"日本"读成"一本"，等等；由韵母[ai][an][au][ɤ][ən]等构成的音节，发音时习惯在它们前面加上声母[n]，如"饿"读成[ne⁵¹]，"棉袄"读成[miɛn³⁵nau²¹⁴]；普通话韵母是[o]的字在东北话中大都被归入韵母[ɤ]中，如"波"读成[pɤ⁵¹]，"坡"读成[pʰɤ⁵¹]，"摸"读成[mɤ⁵¹]。

天津话也有[ʐ]和零声母[i]相混的情况，如"人、热、肉、润"等字，分别读成[in][iɛ][iəu][yn]；而"用、泳、勇"等字，天津话却读为[ʐuŋ]。天津话也习惯于在开口呼音节前加声母[n]，如"熬"读成[nau]，"爱"读成[nai]；另外，普通话[tʂ][tʂʰ][ʂ]声母在天津话里一部分被读成[ts][tsʰ][s]。

山东话的一个突出特点是前鼻音韵母[an][iɛn][yan][en][in][uən][yn]基本上都读成鼻化元音以至纯元音，如把"我们"读成"我[mei]"，"山东人"读成"山东[zuəi]"等（胶东半岛的一些县市除外）。另外，在山东不同区域也有不同特点。如东部地区"还""渴""喝"均读成"含""卡""哈"；临沂、青岛、烟台、威海等地区在发[ʐ]这个音时，均为[i]，而在淄博博山、青州、济南章丘，"人""热"等发音为[lən][lɤ]；济宁、菏泽、聊城、泰安、平邑等地区，[s]音发为[f]。

（二）西北方言

西北方言分布在陕西、山西、甘肃、青海、宁夏以及内蒙古西部地区。除山西话外，古入声几乎都已消失，在西安转读成阴平，在兰州转读为去声。另外，西安、兰州地区把知组合口字[tʂ][tʂʰ][ʂ]声母读成[pf][pfʰ][f]声母，如"书"的声母读成[f]；将古"日、以"母字的声母读成[v]。

（三）西南方言

西南方言分布在四川、重庆、云南、贵州以及湖北、湖南、广西等省份的部分地区。主要特点有：大多数地区没有翘舌音，[tʂ][tʂʰ][ʂ]并作[ts][tsʰ][s]；[n][l]两个声母相混；前鼻音韵母[ən][in]与后鼻音韵母[əŋ][iŋ]相混；大部分地区[xu]并作[fu]，"呼""肤"同音，川东北有少数地方"昏"和"分"也不分；大部分地区入声消失，统一归入阳平调，但乐山、宜宾、泸州、江津、綦江等地保留了入声调类，四川中部的内江、自贡一带入声归并到去声。

（四）江淮方言

江淮方言又称下江官话，分布在安徽长江两岸和江苏中北部的局部地区，入声字的大量保留是下江官话区别于其他方言的一大特色。主要语音特点有：有[ts][tsʰ][s]、[tʂ][tʂʰ][ʂ]和[tɕ][tɕʰ][ɕ]三组塞擦音声母，但部分地区[ts][tɕ]相混，如合肥人把"吉"读成[tɕiəʔ]，"鸡"读成[tsɿ]；部分地区[ts][tʂ]相混，如扬州话只有[ts][tsʰ][s]，没有翘舌音；大都只有[l]声母，没有[n]声母；[ən][in]与[əŋ][iŋ]相混，如"跟"和"升"在合肥话里读作[nə]，在南京话里读作[ŋə]，"金"和"京"在合肥话里读作[in]，在南京话里读作[iŋ]；有的地方没有撮口呼，如江苏六合将"居"读作[tɕi]，"鱼"读作[i]。

二、吴方言

（一）吴方言的形成历史

上古时，吴语区主要为百越的扬越及瓯越人所居。西周时代，周太王的长子泰伯和次子仲雍为了让位于三弟季历，南迁至苏州、无锡一带，带去了最早的北方方言。春秋时代，江苏地区建立了吴国，浙江一带建立了越国。《吕氏春秋·知化》说："夫吴之与越也，接土邻境，壤交通属，习俗同，言语通。"先秦时期的"吴越语"就是现代吴方言的前身。

春秋战国时期，吴、越、楚在交往中，语言的交流融合相当频繁。

吴、越长期臣服于楚，因此长期受到楚国文化和语言的影响，作为华夏语一支的楚语逐渐传入吴越地区。伍子胥和范蠡都是楚国人，他们在吴国和越国各为其主出谋划策，交流上基本不存在语言障碍，相互间的往来更促使了语言的融合。吴语、越语尽管都受楚国方言的影响，但其"底语"（原来的地域语言）不完全一样，发展过程及华夏化的先后也不相同，所以又有所区别。

西汉时，扬雄作《方言》，将吴、越地区的方言合为一个系统。汉代的吴语，成为江南一带的一支重要方言，它异于中原语的特点已渐趋稳固。随着汉朝中央政权的建立，吴语也日益受到中原汉语的影响：既有朝廷派到吴地任职的官吏及其他人士在方言地区传播中原汉语；又有出身于吴地的重要政治人物或名人文士在朝中做官，后来又回到吴地传播中原汉语和中原文化。

自东汉末年至隋朝，中原一直动荡不安。大量人口从中原及西北地区逃到比较安定的吴语区来，吴语的语言结构也因此有所改变。后来西晋政权南迁，建立东晋王朝。东晋政权以从北方来的名门望族为主体，使得吴方言区的上层社会广泛流行中原汉语。

南北朝时期，南京所使用的语言逐渐变为北方方言，而江南地区的语言虽已非三国时之旧貌，但并没有为北方话所代替：它们既有接受中原汉语同化的一面，又有抗拒这种同化的一面。

从汉代至南北朝时期，是吴语变化最大的时期，语言特点已渐趋稳固。有人认为《切韵》反映了吴音，这也说明吴音在唐宋前已成为一支很重要的方言。

北宋末年，金人南侵，宋室南渡，迁至临安（杭州），吴语再一次受到中原汉语的冲击。

宋元时代，吴语的语音系统已经奠定了现代吴音的基础。元代以后，吴语的语音系统和特点已与现代近似，明清时代的吴语与现代吴语基本无二。

（二）吴方言的现状

今天的吴方言主要分布在江苏省南部、上海市、浙江省的大部分地区以及江西省、福建省、安徽省的小部分地区。北端以丹阳、靖江为界，与下江官话接壤；南端的衢县、温州与闽方言为邻。吴方言以上海话和苏州话为代表，使用人口约占汉族总人口的8%，是仅次于北方方言的现代汉语第二大方言。

1. 声母特点

（1）保留了古代全浊塞音、塞擦音和擦音。有[b][d][g][dz][v][z][ɦ]等浊声母，[dz]在吴方言中大都归并为[z]，除了几处郊区零星保留了[dz]声母读音。

（2）吴方言音系比北京音系多一类喉音[ɦ]，这个音主要出现在阳调开合韵。

（3）古知系字与精组字都读为[ts][tsʰ][s]，且精组字在细音前仍读作[ts][tsʰ][s]，如：挤[tsi]、取[tsʰi]、心[sin]，所以[tɕ][tɕʰ][ɕ]几乎全部来自见系细音。但目前有些青年人已经不分尖团了。

2. 韵母特点

（1）与北京音系相比，吴方言复元音韵母少，单元音韵母却很丰富，如苏州话将北京语音的[ai][ei][au][ou]等复元音韵母读成[a][ɛ][æ][ɤ]等单元音韵母。

（2）苏州话中，[ɿ][ʮ]为舌尖元音，只与[ts][tsʰ][s][z]相拼，与精组声母相拼今读[ɿ]，如"资、次、私"，与知系声母相拼今读[ʮ]，如"支、处、书、除"。

（3）吴方言区的鼻音韵尾有不少地区只保留一个[ŋ]，如咸摄"金"，山摄"斤"，梗摄"京"在上海话中都读作[ŋ]，在苏州话中的鼻尾韵[əŋ][iŋ]读成[ən][in]，少数地区的鼻尾韵全部消失，化作鼻化韵母。

（4）古入声韵尾[-p][-t][-k]一律变为喉塞音[-ʔ]，喉部肌肉有轻微的紧张感，如"十"[-p]、"七"[-t]、"百"[-k]上海话读[zəʔ][tsʰiıʔ][paʔ]，"甲"[-p]、"夺"[-t]、"福"[-k]苏州话读[tɕiaʔ][dɤʔ][foʔ]，舌位要比舒声韵里的靠后些，音色要略微暗些。但多音节词语里，前一音节如果是入声，其入声韵尾[-ʔ]的紧张感就消失了。

3. 声调特点

吴方言大体保持了完整的四声：平、上、去、入，并依据声母的清浊分为阴阳。苏州话有七个声调：阴平（44）、阳平（24）、上声（52）、阴去（412）、阳去（31）、阴入（4）、阳入（23）。上海、丹阳、永康只有五至六个声调，表现了不同的简化趋势，松江、吴江、嘉兴多于八个，是另一个发展方向。

三、湘方言

（一）湘方言的形成历史

上古时期，长江流域居住着巴、蛮、百越等少数民族。殷商末期，华夏集团的芈姓部族南下至长江流域，兴起楚政权。南下的华夏文化与当地少数民族文化融合，形成了独特的楚文化：湘北、湘中楚文化为主，越文化居次；湘西则楚、巴、越三种文化犬牙交错；湘南则仍以越文化为主体。北方移民带来了他们的语言，这种语言与楚地少数民族原住民的语言交流融汇，形成一种既不同于北方汉语，又与当地少数民族语言有较大差别的语言——古楚语。古楚语包括湖北、湖南和长江中游南岸一带，可以说是今天湘方言的前身。

春秋战国时期，楚语与中原华夏语有了较大差异。孟子认为许行讲的楚语很难懂，称之为"南蛮鴃舌之人"。《左传·宣公四年》在解释楚国令尹子文的名字时说：

"楚人谓乳穀，谓虎於菟，故命之曰斗穀於菟"。这说明古楚语不仅在语音上与中原汉语有较大的差别，词汇上也有许多独特的地方，这些词应该包含了许多少数民族语言的成分，如《楚辞》中的语辞"兮""些"就可视作古楚语在语法上的特征。

秦汉时期，古楚语有了新的变化。西汉扬雄《方言》中，"楚"多与"陈"并举，而"南楚"多与"湘""江"等并举。"陈楚"指今湖北的大部分地区及河南的部分地区，"南楚"包括今湖南、江西的大部分以及湖北、广东和广西的部分地区。可见，秦汉时期"陈楚"和"南楚"的界限已分明。确切地说，此时湖南境内的"南楚语"是今湘方言的前身。

南楚语形成以后，接受了一次又一次移民语言的洗礼。大概可分为三个时期：

五代以前，湖南的移民多来自北方，移民的原因主要是逃避北方战乱。接受北方移民最多的是湘北地区，其次是湘西地区，导致今天的湘北和湘西地区成为官话区。

五代至明初，湖南人多来自江西，移民的原因一方面是江西地狭人稠，一部分江西人只能外求发展；另一方面是宋元以来湖南等地遭受战争侵害，人口损失过大，需要移民。五代到两宋，江西移民主要到达湖南东北地区和湖北东南的江汉平原一带。明朝初期，移民主要进入今天的岳阳、长沙、株洲、湘潭、衡阳等地区。其中长沙、湘潭是政治经济中心，土著经济优于移民经济，土著人较有心理优势，不愿意采用移民的语言；并且长沙、湘潭处在东西交界处，西部地区较少接纳移民，他们的土著语会逐渐侵入移民语。因此，长沙、湘潭等地虽是人口重建式移民区（移民人数在80%以上），但没有形成新方言，不过仍受到移民语的影响，这种影响渗透在语音、词汇、语法之中。

明代中期以后的迁入原因主要是来湘经商，迁入地主要是经济较发达的地区，且移民祖籍繁杂，这种情况下移民很难形成新的方言，湘方言在这一时期已经稳定。清康熙年间，大量移民从湘南迁往四川。这些移民绝大多数是明洪武或嘉靖年间从江西到湘南的，在永州生活了两三百年后再迁到了四川，但湘南本地的人口迁往四川的很少。据崔荣昌调查，这些移民的后裔至今还说"永州腔"。

（二）湘方言的现状

湘方言主要分布于湖南省的湘水、资水和沅水中游东岸一带，使用人口约占汉族总人口的5%。湘方言内部又有新、老两派的差异，即可分为新湘语和老湘语，分别以长沙话和双峰话为代表。新湘语流行于长沙、株洲等大城市，老湘语主要流行于沅水东南、湘水以西的双峰、衡阳一带。

1. 声母特点

（1）中古全浊声母正逐渐清化

湘方言和吴方言都保留了古全浊声母。但湘方言内部十分复杂，古全浊声母在日趋清化的过程中有不同程度的保留。从地域来看，一些大城市几乎找不到这些浊声母的痕迹了；东南部的湘语浊声母则大多清化成送气清音，接近客赣方言系统；还有的地方浊声母清化不论平仄，大多变成不送气清音。我们习惯按是否保留古全浊声母将其分为以长沙话为代表的新湘语和以双峰话为代表的老湘语，长沙话古全浊声母变清，多不送气，类似闽方言；双峰话古全浊声母基本保存，类似吴方言，但要软一些，除阻时不带浊气流，古入声字的浊塞音声母全部清化。

从内部语音演变规律来看，清化的古全浊声母逢塞音、塞擦音多不送气，同一古全浊声母逢不同声调清化程度不同，平声保留浊声母较多，上声、去声相对较少，入声清化程度最高。

（2）声母根据韵母的条件发生变化

古泥、来母字逢洪音韵母常常相混，逢细音则不相混，读作[n]，古影母逢开口呼今读[ŋ]。长沙话的知系声母遇开口呼大都读作[ts][tsʰ][s]，遇合口呼大都变作[tɕ][tɕʰ][ɕ]。如知母合口字"株"读[tɕy]，彻母合口字"春"读[tɕʰyn]，澄母合口字"帅"读[ɕyai]。

（3）[f]—[x]交错复杂。长沙话中，同为非母字，"夫"读[fu]，"封"却读[xən]，同为匣母字，"怀"读[fai]，"孩"却读[xai]。双峰话没有f声母，将长沙话读f声母的字分别读为[x][ɣ]。如非母字"夫"读[xəu]，奉母字"扶"读[ɣəu]。

（4）双峰话的[t]组声母除了来自古端组字外，部分见组和知、章组三等字也读[t][tʰ][d]声母。如知母三等字"驻"读[ty]，章母三等字"者"读[ta]，澄母三等字"橱"读[dy]；见母三等字"居"读[ty]、溪母三等字"区"读[tʰy]，群母三等字"瞿"读[dy]。

（5）双峰话的知、章组字有[tʂ]声母。

2. 韵母特点

（1）与北京音系相比，中古端组、精组合口字韵母在湘方言中，常由合口呼转化为开口呼。如"度、途、路"分别读为[təu][tʰəu][ləu]。

（2）长沙话中只有前鼻音韵尾，北京音系中的后鼻音韵尾在长沙话中一律变作前鼻音韵母。

（3）北京音系中的前鼻音韵尾，在湘方言中多读作鼻化韵，但如何鼻化，在长沙话和双峰话中存在差异，如"短、盘、船、边、年"几字在长沙话中读为[tõ][põ][tɕyẽ][piẽ][ɲiẽ]，在双峰话中却读为[tuã][bæ̃][duĩ][pĩ][ɲĩ]。

3. 声调特点

长沙话有6个调类：阴平、阳平、上声、阴去、阳去、入声；双峰话有5个调类：阴平、阳平、上声、阴去、阳去。中古平、去二声各分化为阴阳两类，古上声全浊字归阳去，所以上声不分阴阳，只有一类。长沙话保留了入声韵，双峰话的入声韵分别归入阳平和阴去，清塞音和塞擦音声母的入声字多半归入阳平，读阳平的声母多半不送气，读阴去的声母大都送气。

四、粤方言

（一）粤方言的形成历史

上古时代的岭南（今广东、广西地区）住着所谓"南越""骆越"民族，估计主要是古代壮侗民族、苗瑶民族等，其语言即今壮侗语、苗瑶语的祖语。先秦时期，最早与岭南产生语言交流的，是两湖地区的楚人。楚人所接受的中原文化和语言向南扩展，使岭南受到很大的影响。楚方言和当地民族语言融合，粤方言由此萌芽。

秦汉时期，中原多次派兵南征。赵佗在岭南建立南越国，为岭南带来大规模的汉语影响。尽管直到东汉，岭南人口仍是少数民族占多数，但汉文化始终是处于社会上层的文化，原住民接受强势汉文化的同时，也接受了强势的汉语。这时产生了最初的古代岭南汉语。

西晋永嘉之际，中原地区动荡不安，许多人南迁至比较安定的广东地区定居。这就加强了中原汉语对岭南汉语的影响。唐人张籍《永嘉行》云："北人避胡多在南，南人至今能晋语。"说的正是这种情况。

初唐时期，禅宗六祖惠能在韶州传法三十余年，轰动全国。那时，粤北人口虽然较少，但已经是岭南的文化中心之一。唐代南北交通日益便利，岭南汉族居民日益增多。不少文人学士作为被贬谪的官吏来到岭南，他们兴办教育，教授诗文，对传播中原文化和语言起到积极的作用。一部分原住民族汉化，另一部分则被迫迁移到更偏僻的地区。

中国历史上的几次大规模移民潮中，唐后期和南宋末的移民对岭南粤方言影响最大。8世纪中叶的安史之乱和唐代后期的黄巢起义，向南迁移的北方人口数量是之前不能比的。唐代后期，传播到岭南的中原汉语成为强势语言，几乎覆盖了岭南汉语此前的面貌和历史演变痕迹。

到了五代十国时期，情况发生了变化。这一时期的岭南为南汉统治，其疆域基本上就是今天的两广。在南汉统治的七十多年里，岭南内部大致稳定，与一直动荡不安的北方相对隔绝，为岭南汉语提供了合适的社会环境，酝酿出有自己特点、有一定流通范围的方言，并开始抗拒北方方言的同化，与北方方言分道扬镳。早期粤方言大概就是在此时产生的，现代粤语的基本面貌与中古汉语很相像。

南宋时期的粤方言除受通语影响外，还受到其他方言的影响。譬如紧挨梅关北边的江西方言。有学者认为现代粤语里有来自客赣方言的成分，如果材料确凿，则其中可能会有一部分是由宋代江西移民带到当时的粤北，再由粤北居民带到其他地区的粤方言中。

（二）粤方言的现状

粤方言又叫粤语，外地人常称之为"广东话"，本地人则习惯称之为"白话"，主要分布在广东中部和西南部、广西东部和南部以及香港和澳门，使用人口约占汉族总人口的5%。此外，粤方言也是海外华人使用的主要汉语方言之一，在东南亚、南北美洲等地区为大多数的华侨和华裔使用。

1. 声母特点

（1）古见系字无论洪细都读[k][kʰ][h]。舌根擦音[x]读成喉音[h]。

（2）古精组与知系字相混，都读[tʃ][tʃʰ][ʃ]，[tʃ][tʃʰ][ʃ]为舌叶音，不同于北京音[tɕ][tɕʰ][ɕ]。

（3）古全浊声母变清后，送气与否与北京音"平送仄不送"的情况大体相似，但仄声读为送气的占多数。[pʰ][tʰ][kʰ]为送气清塞音，发音时肌肉紧张程度比北京音要硬一些。

（4）[f][x]相混，例如非母字"夫"和晓母字"灰"，以及部分溪母字"科"都读[f]声母。

（5）古代明母和微母字广州话都读[m]。

（6）古代疑母、影母、云母字，今广州话仍保持辅音声母读音。

2. 韵母特点

（1）保留了古代全部鼻音韵尾[m][n][ŋ]和全部塞音韵尾[p][t][k]。

（2）广州方言有长、短元音之分，而且两相对应。[a][ɛ][œ][ɔ][i][u][y]一般读作长元音，[ɐ][e][ø][o][ɪ][ʊ]一般读作短元音，除[a]与[ɐ]对立，[y]有长无短，其他元音都可以长短相配，[ɛ]与[e]、[œ]与[ø]、[ɔ]与[o]、[i]与[ɪ]、[u]与[ʊ]各自互补。

3. 声调特点

（1）粤方言各地调类数目有出入。其中最少的有6个声调（如中山话），最多有10个（如广西博白话），广州话有9个声调，平、上、去三个调类都按声母的清浊分为阴、阳两类声调，古入声分为上阴入、下阴入和阳入3个调类。

（2）长短元音与两个阴入调有严格的配合关系：短元音音节只与上阴入调配合，长元音音节只与下阴入调配合。即使有个别例外，但读长元音的上阴入也略短，读短元音的下阴入也略长。

（3）阴平调有两种读法，有时读成高平而尾音略降，实际调值为553，有时高平而不降，读作55，这两种读法没有区别意义的作用。

五、闽方言

（一）闽方言的形成历史

战国时期，福建的闽越族人归越国统治，越语早就进入福建。秦汉之际，吴越地区居民进入福建的就更多了，使得吴越语在福建广为传播。汉代，闽越一带的统治者都是越国的后代。越语随着越人长期不断地进入福建，在福建及广东东部传播开来，在汉代以后逐渐形成了闽方言。

闽方言是一个层次复杂的综合体，内部可以分为五大片：闽南方言片、闽东方言片、闽北方言片、莆仙方言片、闽中方言片，其形成历经西晋、南朝和唐宋三个阶段。

西晋永嘉之乱，青徐诸州的汉人大量南迁至苏南，又沿太湖流域迁至今日浙江及福建的北部。当时闽北是最早受到汉人影响的地方，新来移民与土著居民在语言文化上不断交融，闽北方言也成为整个闽方言区最早形成和流通的方言。因此，闽方言的形成应该不早于西晋。

中唐，经过几百年的各方面磨合，闽南方言产生并定型。

中唐之后，王室衰微，社会动乱，相对而言，闽地还算风平浪静。到了北宋初年，闽中31县总户数达46万多，较唐元和年间翻了6倍，主要定居地在福州一带，闽东方言形成于该时期。

莆田、仙游二县本属泉州，自宋代起就脱离泉州的管辖，经济上自成一体。从地理上看，它们更接近省城福州，与福州的交往更多。莆仙方言原本与泉州方言同类，后受到福州闽东方言的影响，逐渐演变成为一种混合变种的闽方言，即莆仙方言。

唐以前，福建的人口都主要集中在闽北，最早形成的闽北方言应包括闽江上游的各支流地区，这种情况一直维持到两宋时期。沙县、三明、永安一带，由于特殊的地理环境和自然条件，逐渐脱离闽北中心区，与当地土著居民相融合，元明以后，这一带的语言逐渐脱离闽北方言，分化成闽中方言。

据周振鹤先生分析，造成闽方言分化变异的原因有以下几个：首先是移民越走越远，与中心区的来往越来越少，方言也就越来越隔阂，这在交通不便的古代是很自然的；其次，移民带来的方言难免要与土著方言接触，并且吸收土著方言的成分，这也增加了方言的变异；最后，一种方言的两头受邻区方言的影响，歧异也因此增加。莆仙方言的形成与第三个原因有关，而闽中方言的形成则与一二两个原因有关。

（二）闽方言的现状

闽方言使用人数约占汉族总人口的4.2%，其分布既有集中，也有分散，福建省南部厦门、漳州、泉州三市和龙溪、晋江、龙岩（一部分）等地区是使用闽方言的"大本营"，使用人口约有两千万；此外还分布在台湾、海南以及广东的潮汕地区和雷州半岛；浙江省温州的一部分地区。闽方言中的闽南话是海外华人使用的主要汉语方言，以菲律宾、新加坡、印度尼西亚等地的华侨使用人口为大多数，约四百万人。尽管闽方言内部分歧较大，但在语音上还是存在许多共同特点。

1.声母特点

（1）就声母发音部位来说，闽方言是汉语各方言中最少的一种，只有四组：双唇、舌尖前、舌尖中、舌根。

（2）古代全浊声母变成清声母，无论平仄大都不送气。

（3）古知系中，知组字大都读作[t][tʰ]；古章组字及部分庄组字读[ts][tsʰ][s]。

（4）古见系字无论洪、细都读[k][kʰ][h]。

（5）厦门话中保留了全浊声母[b][g]，但发音部位接触轻，破裂弱，柔软类似鼻音，跟吴方言中的浊音气流有显著差别。

2. 韵母特点

（1）厦门话中完整保留了全部入声字的塞音韵尾[p][t][k]，福州话则全部转化为一个喉塞音[ʔ]。

（2）厦门话中完整保留了三个鼻音韵尾[m][n][ŋ]，福州话中却只有[ŋ]。

（3）厦门话中的鼻化韵为纯鼻韵，鼻化成分贯穿整个韵母。

（4）北京音中的撮口呼在厦门话中都读作开口呼。

3. 声调特点

闽方言中的厦门话和福州话都有7个声调：阴平、阳平、上声、阴去、阳去、阴入、阳入。入声有塞音韵尾。

六、赣方言

（一）赣方言的形成历史

赣方言主要分布在江西省中部和北部。夏商之时，江西主要是苗族的生活地区。春秋战国时期，江西先后被吴越楚三国管辖，当时居民使用的语言应属古越语和楚语系统。

秦朝，秦始皇组织了一系列强制性人口迁移行动，《淮南子·人间训》："（秦皇）发卒五十万，为五军……一军结余干之水。"余干即今江西余干县。中原汉族人民南迁江西地区的序幕就此拉开。

汉朝，汉武帝曾分徙汝南上蔡（今河南新蔡县）人于建城（今江西高安、上高两县）。西汉末年的新莽时期，东汉末年和三国时期，黄河中下游一带的居民饱受天灾人祸之苦，纷纷南迁，择安全之地而居，江西接纳移民甚多。底层先民的语言与北方语言的融合，奠定了现代江西话的最深层基础，赣方言开始萌芽。

两晋南北朝历时270多年，西晋永嘉之乱后，移民南下浪潮持续了100多年，先后出现过七次高潮。中原汉族人民在带来先进生产技术的同时，也带来了晋时汉族北方方言。他们的语言与土著居民的语言融合成一种新的汉语方言——赣方言的前身。

唐末安史之乱，再度使百姓背井离乡。北方移民的大量涌入，使江南得到大规模开发，经济文化逐渐发展、繁荣起来。此时，晋末以来形成的赣方言前身，受到这股巨大移民浪潮带来的北方汉语的强烈冲击，加速了形成步伐，进一步向北方方言靠拢。唐末至五代，江西地区北部、中部的开发程度已经很高，转向邻省湖南输出移民。这为湖南方言赣语片的形成奠定了最初的基础。可见，赣方言在唐末五代已基本形成。

两宋是江西历史上最辉煌的时期，赣方言完全形成。由于江西的地理位置及其地貌特征，各地区相邻方言各异，移民来源不同，赣方言同时进行着自身内部的发展变化和外来移民影响的发展变化。

北宋末年，金人大规模南侵，造成"靖康之难"，北宋被灭后，南宋与金对峙。这段动荡岁月促成了中国历史上第二次最突出的人口大迁移，规模大，持续时间长。由于当时江西经济文化繁荣发达，人口众多，这些移民基本上融合于江西先前的移民和土著居民中，并被当地同化。移民语言也给当时已经形成的赣方言带来了影响，使得赣方言同北方方言尤其是江淮一带的方言关系更为密切。

明清的"棚民流徙"自明中叶开始，一直延续到清嘉庆年间，闽、粤两地移民潮所带来的客家方言在江西南部乃至中部（如遂川）、西北部（如铜鼓）等，同化并取代了当地赣方言，在江西其他地方，则因客家话与赣方言的交互影响，使得两种方言在同一区域内产生了一些新的变化。

因此，今天内部比较复杂的赣方言是在历次移民浪潮的冲击下，中原汉语与最初接近吴语、楚语的土语不断融合而形成的。

（二）赣方言的现状

今天的赣方言分布在江西省大部分地区（东北沿长江地带和南部除外），以及湖北省东南角，使用人数约占汉族总人口的2.4%。由于长期受到周围方言的影响，它与邻近方言的界限不够清楚，把南昌话作为赣方言的代表是比较合适的。

1.声母特点

（1）古全浊塞音、塞擦音声母变成清声母的规律是不论平仄，一律变成送气清声母。但有些地方全浊并入次清后又发生了浊化的音变，如平江、都昌、赤壁等地。

（2）赣方言不分尖团是主流。

（3）部分知系合口字读[tɕ][tɕʰ][ɕ]，这一特点与西边的湘方言相似。

（4）多数方言古影母字逢开口呼韵母今读[ŋ]。

（5）赣方言今读擦音声母的古晓匣母合口字多数方言读为唇齿音[f]。

2. 韵母特点

（1）前鼻音韵母[ən][in]与后鼻音韵母[əŋ][iŋ]相混，都读作[ən][in]。

（2）部分读合口呼的韵母字读作了撮口呼，这一点与湘方言相似。

（3）与邻近的客家话相比，南昌话没有[m]韵尾。

（4）有入声韵，但只有[t][k]两个塞音韵尾，把粤客家方言的[p]韵尾字读成了[t]韵尾。

3. 声调特点

南昌方言共有6个声调，除上声、入声外，平声、去声按古声母清浊分为阴、阳两类，全浊上声读阳去。

七、客家方言

（一）客家方言的形成历史

客家先民本是生活在中原一带的汉族，客家话的形成和分布是在特殊历史背景下发生的。

西晋永嘉之乱至唐末黄巢起义是客家人第一次大迁徙。这些客家人大约来自今天的陕西、河南、山西、河北、甘肃等地，迁徙到长江中下游一带。东晋政权在长江南北设置了许多侨州、侨郡、侨县以安置移民，名称均沿用移民原籍旧名。这些措施对保存移民祖居地方言具有特殊作用。在晋代之前，长江中下游的语言（现在称为下江官话或江淮官话）因为在地理上处于吴头楚尾，所以它的基础方言应是吴语和楚语。"晋室南渡"之后，由于大量北人的迁入，而且迁入者坚持使用原乡方言，因此原有的楚语、吴语逐渐削弱，最终成为一个特殊的方言区。客家方言就在这个特殊的方言区里孕育起来。

客家人的第二次大迁徙是从晚唐黄巢起义到两宋。一部分是先前迁入长江中下游的北方移民后裔,他们从江西中部、北部,以及安徽南部,进入赣南闽西;另一部分则是从河南、安徽直接渡江进入赣闽。当时的江西和福建因人口较少、战乱波及不大,成为北方难民寻觅的世外桃源。这一带人口急剧增长,后来者"反客为主",原住民倒成了"少数"。在两宋时期,居住在赣南闽西的南下移民使用的语言已和中原汉语产生了很大分歧,形成了新的方言——客家方言。

客家人的第三次大迁徙开始于南宋末年:金人南下,元人入侵,高宗南渡,造成社会大动荡。江西、福建成为宋元双方厮杀的战场,居住在赣南闽西的部分客家人又向广东北部和东部转移,从此赣闽粤三角地带逐渐成为客家人的大本营,客家方言也得到了发展,且影响力不断扩大,直至明清时期成熟起来。

赣南、闽西从唐宋至元明一直是中原汉人的避难居所,而这两地形成的客家方言又有着各自的演变;主要受到邻近方言的影响和后来者携带的北方官话的冲击,闽西与粤东的客家方言也出现了差异;明嘉靖之后的"棚民流徙"中,闽粤两省的客家人大量迁至江西南部乃至中部、西北部等,覆盖了当地赣方言,形成了客家方言另一支——江西客家话;在江西其他地方则因客家话与赣方言的交互影响,使两方言在同一区域内产生一些新的变化;康熙中叶到乾嘉之际,客家人口繁衍生息,而客家山多田少,因此客家人又从粤北、粤东、赣南,辗转迁移到四川、湖南、粤东、粤西和广西等地。清末,因土客械斗,地方当局协助一批客家人向外迁徙,近者主要从粤中到达粤西,远者到达海南岛。

客家方言的形成主要是社会历史原因:客家人多是集团式迁徙,在移民过程中以血缘、地缘为纽带;南迁后居住相对集中,多定居在闭塞山地,不易受到外来影响,由强宗大族或德高望重者担任领袖。强烈的宗族观念和固守传统的思想使他们保持固有的文化礼俗,在语言上保持了独立系统,形成今天全国各地的"客家方言岛"。

(二)客家方言的现状

"客家"是相对"土著"而言,是外来的,客家方言又叫客家话、客话,不同于其他现代汉语各大方言区均以方言流行的地区为依据命名。今天的客家方言分布在福建、江西、广东、广西、台湾、海南、湖南、四川、重庆等的两百多个市县,以广东境内的梅县话为代表。客家方言的使用人口约占汉族总人口的4%。尽管分布于许多省份,但在语音上仍有许多共同特点。普遍见于客家方言的特点有:

1. 声母特点

（1）古全浊声母变成清声母后，无论平、仄大都读为送气音，这一点与赣方言相似。

（2）分尖团。古见系字无论洪细，都读作[k][kʰ][h]，古精组、部分章组、庄组无论洪细都读作[ts][tsʰ][s]。

（3）古非敷奉三母字在梅州、连城等地的白读层里，保留了重唇的读法，如梅州话中"飞"读作[pi]，"分"读作[pun]，"肥"读作[pʰi]，"浮"读作[pʰau]。

（4）古晓母、匣母部分字逢合口今读[f]。

（5）古微母和匣、影、云三母的合口字今读[v]声母。

2. 韵母特点

（1）没有撮口呼韵母，将北京音系中的撮口呼韵母读作齐齿呼。

（2）保留了中古汉语全部鼻音韵尾[m][n][ŋ]和全部塞音韵尾[p][t][k]。

3. 声调特点

有6个声调。除古上声、去声外，古平声、入声都按声母清、浊分成阴、阳两类。全浊上声读作去声，部分次浊上声字读作阴平。

第二节　汉语方言和汉民族共同语

一、方言和共同语的源流关系

普通话是在北方方言的基础上形成的汉民族共同语的标准语。北方方言作为普通话的基础方言，同全国其他各地方方言一样，都是在一定区域内使用，为当地群众交际服务，同属古代汉语的变体和分支。从方言和普通话的形成历史来看，它们同属古代汉语，后经历史的变迁、空间的阻隔，似乎"面目全非"，又"万变不离其宗"，终究归属于汉语的语言体系。但经过长期的历史演变，普通话在汉语中占据了主导地位，它有比较明确的规范标准，又不断吸收各地方言养分来丰富发展自己，可以说是从所有方言中抽象出来的一个融合体。作为共同语，北方方言影响最大，使用人口最多，使用范围最广。因此，我们可以说普通话源于方言，又高于方言，但必须明确，它们"同出一源，同祖同宗"。

二、国家的普通话推广政策与方言保护政策

（一）国家推广普通话的方针政策

建国以来，我国一直非常重视推广普通话。1957年，国家确定了"大力提倡、重点推行、逐步普及"的工作方针。1986年，为了适应改革开放、经济建设和社会发展的需要，国家把推广普通话列为新时期语言文字工作的首要任务。1992年把推广普通话工作方针调整为"大力推行、积极普及、逐步提高"，在强化政府行为、扩大普及范围、提高全民普通话应用水平方面提出了更高的要求。1994年公布的《普通话水平等级标准》，使普通话的水平有了较为科学的、可以操作的量化手段和衡量尺度。1997年召开的第二次全国语言文字工作会议提出，"2010年以前，普通话在全国范围内初步普及，交际中的方言隔阂基本消除"。

党的十八大以来，我国提出了到2020年的普通话普及目标。《国家中长期语言文字事业改革和发展规划纲要（2012—2020年）》和《国家语言文字事业"十三五"发展规划》指出，到2020年，全国范围内普通话基本普及，语言障碍基本消除；农村普通话水平显著提高，民族地区国家通用语言文字普及程度大幅度提高。《国家通用语言文字普及攻坚工程实施方案》指出："本工程的总体目标是确保'到2020年，在全国范围内基本普及国家通用语言文字'，具体设定为全国普通话普及率平均达到80%以上。"

（二）中国保护方言的政策

《中华人民共和国国家通用语言文字法》（2000）为我国首部语言政策相关法案。

教育部在解释该法案时指出，方言是客观存在的，有其自身的使用价值。国家推广全国通用的普通话，并不是要消灭方言，而是要求方言区的人在会说自己方言的基础上，再学会国家通用的普通话，以便在公众交际场合使用。

2013年1月教育部国家语言文字工作委员会印发《国家中长期语言文字事业改革和发展规划纲要（2012—2020年）》明确了"保护方言"的必要性，指出要"建立和完善语言资源库，探索方言使用和保护的科学途径"。

2015年教育部、国家语委下发《关于启动中国语言资源保护工程的通知》，利用现代化技术手段，收集记录汉语方言、少数民族语言和口头语言文化的实态语料，通过科学整理加工，建成大规模、可持续增长的多媒体语言资源库，形成系统

的基础性成果，进而推进深度开发应用。

2016年教育部、国家语委印发《国家语言文字事业"十三五"发展规划》，其中"弘扬传播中华优秀语言文化"被列为"主要任务"之一，提出要开展"中华优秀语言文化传承与保护工程"，特别指出要"实施中国语言资源保护工程，收集整理汉语方言、少数民族语言和民间口头文化的实态语料和网络语料"。

2017年，中共中央办公厅、国务院办公厅发布《关于实施中华优秀传统文化传承发展工程的意见》。该文件在"重点任务"一节中提出要"大力推广和规范使用国家通用语言文字，保护传承方言文化"。

2018年，中国政府与联合国教科文组织向世界各国倡议："保护和促进语言多样性有助于提高濒危语言、少数民族语言、土著语言、非官方语言以及方言母语者的潜力、行动力和主动性"；"增加濒危语言、少数民族语言、土著语言、非官方语言以及方言母语者平等和优质就业的机会，以此推动可持续的经济增长"；"寻求濒危语言、少数民族语言、土著语言、非官方语言以及方言保护传承的新途径"[①]。

2020年6月2日，教育部新闻发布会上，教育部语言文字应用管理司司长徐晓萍表示："国家通用语言文字法规范的是公共领域的用词用语，对个人在非公共领域使用语言文字没有做任何的限制，并且即使在公共领域国家通用语言文字法对使用方言也留有了空间，例如在执行公务、播音、戏曲影视等艺术形式出版教学研究等，确需使用方言的时候是可以使用方言的。"[②]

三、推广普通话与方言抢救保护之间的关系

（一）支持"保护方言"的主要观点和依据

1. 方言承载着大量的历史和地域文化。

方言是在古代交通闭塞的条件下形成的，具有时间性和空间性，是某一地域民俗、习惯、文化和传统的积淀。许多方言都存留了大量的古代历史文化信息，同时又有许多鲜活的地域特色，如闽方言中的"吾""弄""厝""箸""鼎""行""人"等都是对古代汉语词汇的保留，民间文化中许多精妙之处往往只有通过方言这种形式才能得到充分的展示。

[①] 联合国教育、科学及文化组织(2018)，《保护和促进世界语言多样性岳麓宣言》。
[②] https://news.eol.cn/meeting/202008/t20200831_2005070.shtml，访问时间2023-10-13。

2. 方言为普通话提供了丰富的养料。

普通话一直源源不断地从方言中吸收各种词汇，使其表达更为生动。诸如北京话的"哥们儿""倍儿"，吴语的"欢喜侬"，山东话的"拉呱儿"，粤语的"买单""打的"，东北话的"忽悠""咋整"，四川话的"走过场""雄起"，等等，都进入普通话中，使人们的日常表达更为传神。方言是普通话的基础和发展的主要源泉，如果它枯竭了，普通话也会萎缩。

3. 方言具备普通话所没有的一些音素，可以方便第二语言的学习。

吴方言中声母清音和浊音的对立、粤方言中舌叶音，是学习英语的有利因素；粤方言、闽方言、客家话中入声的塞音韵尾，对学习日语和韩语具有促进作用。方言的音素比普通话丰富得多，在第二语言的学习中，具有普通话所不具备的优势。

4. "无方言族"越来越多，大脑语码转换的机制得不到开发使用，语言能力会逐渐退化。

目前社会上有一种新的语言群体——"无方言族"，他们不会说任何一种地道的方言，只会说普通话。这些人一般在外地人比例较高的一些大城市、大单位或部队大院中长大。在"推广普通话"的大趋势下，有的父母不让孩子说当地的方言，切断了习得家乡话的途径，这就使儿童大脑中语码转换的机制缺少"启动"的机会，语言能力缺乏锻炼，不利于孩子的智力成长。没有方言基础，他们的语言知识和语言变体不如既懂方言又会说普通话的人掌握得多，语言表达也没有那么丰富生动，富于变化。

5. "把根留住"从保护方言开始，将"保护方言"上升为对故土的一种情感归属。

刘半农在《瓦釜集》中说道："我们作文作诗，我们所摆脱不了，而且是能运用到最高等最真挚的一步的，便是我们抱在我们母亲膝下时所学的语言。"如今，有不少地区在加强地方传统文化、戏剧曲艺进校园、非遗进校园等活动力度，并将方言学习纳入拓展性课程教学内容，建立中小学生对乡音、家乡、历史的尊重与认同。无论时代如何发展，人们的生产生活方式如何变化，"乡音无改鬓毛衰"一直是人们心中不变的自豪和感动，"无方言族"可能就会缺少这种情感上的归属感。

（二）支持"推广普通话"的主要观点和依据

1. 推广共同语和标准语，有利于社会交际和工作生活。

各个国家都有自己的通用标准语。我国自古就有"雅言""通语""官话"和"国语"等标准语，它们在各个历史时期起着共同语的作用。新中国成立后，普通话的推广对经济发展、地区间的联系、国民语言文化水平的提高、各民族各地区之间的相互了解和学习起到了关键性作用。

2. 不推广普通话可能引起社会交际受阻，造成语言的分裂。

历史上语言的联合和分裂，是人群联合和分裂的重要因素。历史上德语和荷兰语都是原始日耳曼语的支系，在德国和荷兰边境，使用不同语言的人们不存在交际障碍，其语言上的差异也不及普通话和汉语方言之间的差异大，但却分裂为两种语言。如果每一种方言都建立一套标准音和一套独立的文字，不同地区人群的认同感就会被削弱，汉语也可能会分裂成不同的语言。

3. 普通话是通过"物竞天择"从而"适者生存"的共同语，保护方言不必"小题大做"。

语言每时每刻都在发生变化，方言在长期演变过程中，不适应社会需要的会逐渐成为弱势方言，有的会濒亡、消逝，但这是一个极其缓慢、长久的过程，受社会、经济、文化等兴衰变化的影响，几十年就从社会语言生活中消失的方言很罕见。因此推广普通话不会让方言立刻消失，"保护方言"只是少数语言学家的工作，对于普通老百姓不必兴师动众，小题大做。

4. 由于推广普通话不彻底而产生的各种"普通话变体"。

我国方言情况复杂，不同地域的民众受教育情况参差不齐，普通话与方言以及方言之间的语音系统差异较大，以致现今普通话出现了许多不同变种，产生了各种地方普通话。这不是汉语的新方言，而是一种过去称作"蓝青官话""洋泾浜"的普通话变体，其实就是不标准的普通话，这些地方普通话极大地影响了我国标准普通话的"形象"，甚至造成交际障碍，所以应提倡多讲普通话，少说方言。

（三）对待方言和普通话的态度

自推广普通话以来，普通话和方言的矛盾冲突始终存在，且随时间的发展日益突出。2001年1月1日起施行的《中华人民共和国国家通用语言文字法》明确了普通话作为国家通用语言的地位。与此同时，非物质文化遗产的抢救和保护也是当今世界的共识。结合方言与普通话之间的关系，综合专家学者的意见和国家政策，主要有以下对待方言和普通话的态度和策略。

1. 注意应用场合的互补。

普通话和方言在功能上各有所长。普通话更多地在正式场合使用，如广播、电视、电影、书刊、报纸、各方言区人们的相互沟通以及对外交流等。而方言更多是在日常生活交际中发挥影响作用，反映民间细微的生活情感。当方言的交际功能方面存在一定局限时，或者人们在社会交流中感到种种不便时，这时便需要普通话来解决交际障碍问题。普通话可以打破各个方言区的封闭状态，给不同方言区的相互交际、思想沟通带来便利，使人们的社会生活交往进入更加广阔的空间。因此，普通话和方言的应用是互为依存、相互补充的。

2. 对象不同，要求不同。

2001年1月1日起施行的《国家通用语言文字法》第十九条规定："凡以普通话作为工作语言的岗位，其工作人员应当具备说普通话的能力。"对不同地区、不同对象、不同行业的普通话水平有不同的要求。如电台或电视台的播音员、主持人、话剧演员等要求达到普通话一级水平，起到宣传推广普通话的作用；学校教师，尤其是师范院校师生必须达到普通话二级标准，为培养合格人才打好基础；其余则要求讲三级标准普通话，旨在打破方言之间的隔阂，消除交际障碍。

语言学家有责任和义务保护、抢救和研究地方方言。各地语委应组织专家学者，选拔各地的方言发音人，真实记录各地方言的面貌及其发展演变历史，深入挖掘地域文化，录制方言发音人的对话，进行系统整理，借助现代科技手段录音、录像并成立专门的博物馆进行保存。

3. 使用共同语的书面语。

汉字历来是汉语各方言之间最主要的维系物，在语音暂时无法统一的时代，这种认同主要体现在"书同文"方面。如果标准语和标准语的主要承载体——文字系统——发生分裂，语言就可能会发生分裂，如原始的日耳曼语因有不同的书面语载体，分化为现在的德语、荷兰语、丹麦语、瑞典语等，虽然分化后的各语种之间的差异较小，但仍是各自独立的语言文字系统。所以，方言只能停留在口头上，活跃于广播或影视传媒中，但不宜提倡方言文字系统存在于老百姓的日常交际中。至于其文字系统中的学术价值，则还须语言学家进行专门的研究。

4. 在特殊文学艺术形式中，保留和开发方言。

每一个地方都有自己独特的方言，它传承千年，有着丰厚的文化底蕴：没有了山东话，就没有了山东快板；没有了粤语，就没有了粤剧；没有了陕西话，就没有了秦腔；没有了东北话，也就没有了二人转。还有越剧、黄梅戏、沪剧、评弹等民族艺术形式，都与方言密不可分，血脉相连。近年来，教育部门在大力推广和规范使用国家通用语言文字的同时，也十分注重保护和传承方言文化，提倡鼓励学校和教师积极探索富有地方特色、传统文化的教学资源，将保护方言作为一个课题进行研究，把保护方言纳入校本课程，加大地方传统文化、戏剧曲艺进校园，非遗进校园等活动力度。

5. 普通话的主体化与方言的多样化应在大众传播中并行不悖。

根据《国家通用语言文字法》第十二条："广播电台、电视台以普通话为基本播音用语。"普通话作为国家通用语言，承载着传播主流文化的重任，在大众传媒中占有主体性地位。方言区的人民应该开放自己的语言系统，让普通话走进来，使它成为"人手一份、必不可少的日用工具"，通过这一工具可以开阔视野，获取各种信息。

根据《国家通用语言文字法》第十六条规定了可以使用方言的情形："（一）国家机关的工作人员执行公务时确需使用的；（二）经国务院广播电视部门或省级广播电视部门批准的播音用语；（三）戏曲、影视等艺术形式中需要可以使用方言；（四）出版、教学、研究中确需使用的。"方言有着广泛的群众基础，为人民大众所喜闻乐见，且一旦有了传播的途径，便具有极强的生命力。

因此，推广普通话要达到的一种理想状态是，保持普通话的主导性地位，同时伴随着各种生动丰富的方言并存，实现各地区语言主体性和多样性的动态平衡。

6. 对待方言和普通话的政策应多些弹性。

在推广普通话过程中，有些地方的口号和措施存在片面性，把普通话和方言对立起来了。《国家通用语言文字法》第十三条规定："提倡公共服务行业以普通话为服务用语。"但在实际生活中，有人把"提倡"理解成"禁止"，譬如一些学校规定小学生课间不准说方言，一些商店要求营业员不能用方言接待顾客，这些强硬手段都过分限制了方言和方言文化的发展空间。

粤方言的生存环境比较稳定，有粤语的广播、广告、电视节目、电影电视片等,但在粤方言区,几乎绝大多数人同时还会讲普通话和英语。这给我们一个启示:太强调规范,语言易僵死;语言环境宽松,语言反而得以鲜活发展。因此,我们支持拥护推广普通话,同时也强调保护方言。

方言与普通话承担着不同的社会功能,它们互相影响、互相吸收有益的成分,二者相济互补,让不同地域的不同文化气质得到延续与发展,让中华文明更加异彩纷呈。对待方言与普通话正确的态度并符合实际的做法应该是推广普通话,善待方言。

> **思考与练习**
>
> 1. 简述现代汉语方言的分布情况。
> 2. 谈谈汉语方言的历史文化价值。
> 3. 谈谈如何正确处理汉语方言与普通话的关系。

第五章　汉语和其他语言

从历史来看，汉语是在与其他语言的交流、碰撞与融合中不断发展、变化和演进，从而成为今天这个样子的；从现实来看，随着科学技术的发展和商品经济的发达，不同文化间的交流日益频繁，汉语与其他语言的交流和碰撞比历史上任何时代都更深刻和复杂。这就决定了我们对于汉语的认识和研究决不能画地为牢，故步自封。

比较是语言学习和语言研究的基本方法。学过外语的人都会有这样的认识：要学好一门外语，就必须了解这门外语的特点；要了解这门外语的特点，最好的办法就是拿它跟自己的母语进行比较。汉语的学习和研究同样如此。将汉语与其他语言比较，可以从多个角度、多个方面展开。在这一章里，我们首先简要介绍汉语在历史发展过程中与其他语言的接触、交流和融合情况，然后将汉语与英语进行比较，通过比较来认识和把握汉语的特点。

第一节　汉语与其他语言的交流和融合

民族之间在政治、经济、军事、文化等方面的交流必然伴随着语言的接触。世界上没有哪一种语言是不受其他语言影响的完全"纯洁"的语言，汉语也不例外。拿英语来说，英语在历史上曾经与拉丁语、希腊语、法语、德语、凯尔特语、西班牙语、荷兰语、俄语、匈牙利语、波兰语、斯堪的那维亚语、汉语、日语等语言发生过接触。在接触过程中，各种语言都受到英语的影响，它们从英语中吸收了大量的词语；英语也受到了这些语言的影响，从中吸收大量的词语。据统计，现代英语中外来词已占词语总量的50%以上。据英国媒体的报道，2005年，英语新增单词约两万条，其中来自中国的有四千多条。此外还有不少词来自西班牙、日本、印度等国语言。

历史上，汉民族曾经与多个民族有过交流和融合。从来源上看，华夏族和汉语可能都是民族融合的产物。据史学家研究，商周时期，商人和周人的语言是有不小差别的。商人原是东夷民族集团的一支，其活动范围在今山东、河南、安徽北部和河北一带，周人则是生活在渭水流域"戎狄之间"的一个部族。在很长的历史时期内，周人和商人一个居东，一个居西，各自创造自己的文化，说的语言也很有可能是不一样的。周人入主中原以前并没有留下文献，因此我们无法知道周的语言是什么样子。周人入主中原以后，由于商人的文化比周人要发达得多，周人虽然是军事上的胜利者，但是在文化上却要向商人学习。周人大量吸收商人的文化，其语言也必然受到商人语言的强烈影响，因而，西周时周人留下的文献已非周人语言的本来面目。拿西周的文献和商代的甲骨文比较，也能看出不少差异。由此可以推断，周人的母语与商人的语言确实是有不小差别的。在汉语形成的过程中，这两种语言一定发生过激烈的交流、碰撞与融合。

先秦时期，汉语就存在着方言差异。屈原用楚语写作的骚体诗无论是在语音、词汇还是在语法上都与其他地区的文献如《论语》《孟子》《左传》等有很大差别。《孟子·滕文公上》记载孟子讥讽楚人许行说话带有方音，说他是"南蛮鴃舌之人"，用今天的话来说，就是说他说话叽叽喳喳如同鸟语。《荀子·儒效篇》所谓"居楚而楚，居越而越，居夏而夏……"也透露出先秦时期各地方言的不同。北齐学者颜之推《颜氏家训·音辞篇》说："夫九州之人，言语不同，生民以来，固常然矣。"据东汉应劭《风俗通义》记述，周秦时期，朝廷常常派遣使者，乘着轻便的车子（輶轩）到全国各地去搜集方言词语，并略加编纂，藏于密室。西汉时期的扬雄继续做这项工作，写成了《輶轩使者绝代语释别国方言》（简称《方言》）一书。古汉语方言之间的差异必然也会对当时的共同语产生影响。

秦汉以降，汉语与其他语言的接触更为广泛和深远。一部汉语的发展史就是一部华夏族的同化异化史，也是一部东亚民族诸语言的接触互动史。历史上，曾经与汉语发生过接触的语言主要有匈奴语、突厥语、鲜卑语、波斯语、梵语、蒙古语、维吾尔语、藏语、契丹语、满语、朝鲜语、壮语、马来语、阿拉伯语、英语、法语、俄语、德语、日语、越南语等。汉语与这些语言的接触和交流是双向的，汉语受外族语的影响，不断地从外族语吸收新的成分；汉语也不断地对外族语施加影响，在外族语言中打上自己的烙印。

一、汉语对其他语言的影响

汉语对其他语言的影响，突出表现在一些汉民族特有的文化词上面。它们常常伴随着汉民族文化的传播而进入别的语言。在中外文化交流史上，"丝绸之路"闻名于世，丝绸之路输出了中国的物品，也输出了汉语的词语，其中最著名的是"茶"和"丝"。

《史记·补三皇本纪》载："神农尝百草，一日遇七十毒，得茶而解。"茶不仅可以作为饮料，还可以清热解毒，原材料也极易得，深受中国人的欢迎。茶传到西方以后，也受到西方人的欢迎，因此传播的速度很快，范围也很广。"茶"字在现代北方话中读[tṣʰa]，这个音在近代读[tʃʰa]（根据杨耐思的构拟）；在南方方言中，"茶"读[te]（如厦门话、潮州话），这个音大概是古音的残留。"茶"的这两个音（[tʃʰa]和[te]）都被借到了国外。北方话的音经过陆路传到朝鲜、蒙古国、俄罗斯、波兰、意大利、希腊等地，在这些民族的语言中，都有类似[tʃʰa]的词；南方话的音则经过海路传到荷兰、英国、德国、法国等地，这些民族的语言中都有类似[te]的词（如英语的"tea"）。

除"茶"以外，汉语还输出了"丝"这个词。欧洲很多国家语言中表示"丝"的意思的词都是用"s"开头的，例如：

希腊语：sēres，sērica

拉丁语：sericum，sericus

盎格鲁-撒克逊语：seolc，seoloc（这个词后来发展为中古英语的 silk 和 selk，即现代英语 silk 的前身）

古斯堪的纳维亚语：silki

这些语言中的"丝"的读音与现代北方话的"丝"的读音有一定距离，这是因为这些语言借入汉语的"丝"可能经过了古波斯语或阿拉伯语的中介，而古波斯语或阿拉伯语所借入的词又有可能来源于另一种西域语言。汉语的"丝"这个词几经辗转传入欧洲，经过了好几个民族语言的传递，各个语言都可能对之进行了适当的改造以适应本民族的发音习惯，但有一个共同的特征得以保留，即它们都是以"s"开头的。

除了词汇的借用之外，汉语对周边民族的影响，更主要是通过其他民族借用汉语书面语这个途径。汉字本是用来记录汉语的，是汉语的书写工具，但是汉字却常常被借用到其他民族的语言中,用来记录他们的语言,汉语的书面语也随着这种文字的借用输送到其他民族的语言中。在中国境内,很多少数民族都曾经借用过汉字来记录他们的语言。在国外,过去使用过或现在仍然使用汉字的国家主要有越南、日本、朝鲜、韩国和新加坡。越南在1世纪左右引入汉字,13世纪创造了越南形声字,叫作"喃字"。"喃字"一直与汉字平行使用,19世纪起才开始采用拉丁化新文字。日本在3—4世纪引入汉字。不久,日本把汉字当成记音的字母来记录日本语言,后来又把记音字母的汉字笔画简化,创造出"假名"。到了7世纪,出现了汉字夹用"假名"的日文。现在,汉字在日文中只是当作"定型字"来使用,如果有写不出的汉字,也可以直接写假名。一般日本人使用的日文,是以假名为主,夹用一部分汉字。朝鲜半岛在2世纪左右引入汉字,此后一直使用。1444年,朝鲜颁布推行《训民正音》,采用笔画式字母,叫"正音字"(即谚文),夹在汉字中间使用。由于朝鲜半岛使用汉字的历史非常悠久,因此,即使在"训民正音"发明以后,汉字仍在使用。朝鲜王朝宫廷文书的书写、历史典籍的记录等都有汉字夹在其中。1945年8月15日朝鲜半岛光复后,分裂为半岛北方和南方,即今天的朝鲜和韩国。1948年,朝鲜民主主义人民共和国成立,废除汉字,采用纯谚文的拼音文字。韩国在同一年颁布法令,禁止公开使用汉字。但汉字在朝鲜半岛的使用却一直没有完全停止,无论是学校的语文教育还是国民的文字书写,夹杂使用汉字是长期存在的现象。

最近几十年来,随着中国对外开放的日益发展,汉语与其他语言之间的接触、交流和融合超过了之前的任何时代,汉语对其他语言的影响也日益深化。例如,英语中出现越来越多的"中式英语"就是汉语对英语产生影响的极好例证。中式英语是指带有明显的汉语语音、词汇或语法特色的英语。这种英语是中国人在使用英语时,因受汉语思维方式或文化影响而拼造出的不符合英语表达习惯、具有中国特征的英语。这是中国人在学习英语过程中出现的一种特殊语言现象。例如:

Drink tea 喝茶

Add oil 加油

Paper tiger 纸老虎

Lose face 丢面子

Give face 给面子

Long time no see. 好久不见。

Good good study, day day up. 好好学习，天天向上。

We two who and who？咱俩谁跟谁？

No wind，no waves. 无风不起浪。

If you want money，I have no. If you want life，I have one. 要钱没有，要命一条。

中式英语俏皮幽默，丰富了英语的表现手段，因此非但没有受到外国人的排斥，反而受到欢迎。这些中式英语词，根据汉语的意思翻译而成，有的（如"long time no see"）已经被收录到了柯林斯（Harper Collins Pocket Chinese Dictionary）、牛津（Oxford English Dictionary）、梅里亚姆-韦伯斯特（Meriam-Webster）等辞典中，成为"地道"英语的一部分。

二、其他语言对汉语的影响

在不同历史时期，汉民族与外族接触的情况不同，语言接触的来源、广度和深度也不一样。最能反映汉语受其他语言影响的是汉语从各种语言中借入的借词。

借词是指音和义都借自其他语言的词。秦汉时期，汉语的借词主要来自北方和西域的少数民族语言。如来自匈奴语的有"骆驼""猩猩""葡萄""胭脂""琵琶""单于"等，来自古伊兰语的"苜蓿""安石榴（后省作'石榴'）"等，来自梵语的"琉璃"，来自突厥语或古波斯语的"琥珀"等。在诸多来自西域的借词中，对汉语产生较大影响的是"胡"。"胡"原是北方匈奴的自称，后来逐渐演变为对匈奴的通称。在汉语中，"胡"字成了构词能力很强的语素。《后汉书·志第十三》说："灵帝好胡服、胡帐、胡床、胡坐、胡饭、胡空侯、胡笛、胡舞……"很多来自西域的物品都被冠以"胡"字，如"胡桃""胡麻（芝麻）""胡豆""胡瓜（黄瓜）""胡桐""胡羊（绵羊）""胡椒"等。直到今天，"胡"还是现代汉语中的基本语素。"胡"字又由外族、异族的意思引申出不讲道理、乱来的意思，从而构成"胡来""胡闹""胡扯""胡作非为""胡搅蛮缠""胡言乱语""胡说八道"等词语。

佛教自汉代开始传入中国，这是中国文化史上的一件大事。在其后的一千多年中，佛教渗入社会生活的各个领域，对汉民族的文化传统产生了重大的影响。随着佛教的传入和渗透，佛经翻译开始盛行，伴随而来的是数以千计的外来词。这些外来词数量惊人，影响深远，从对汉语的影响来说，其广度和深度都大大超过前代。这些外来词可以分为如下三类。

第一类是只通行于佛教之中的，如"禅（义为'静虑'）、偈（义为'颂'）、般若（义为'智慧'）、菩提（义为'觉'）、悉檀（义为'成就'）、阇梨（义为'规范'）、摩尼（义为'宝珠'）、摩诃（义为'大'或'多'等）、优婆塞（义为'信士'）、优婆夷（义为'信女'）"等。

第二类是从佛教用语进入全民语言的，如"佛、塔、僧、尼、和尚、菩萨、罗汉、阎罗、地狱"等。

第三类是一些意译的佛教词语。这些词语融入汉语中，现代人已经很难觉察它们的身份，如"现在、过去、未来、因果、结果、庄严、法宝、圆满"等。还有一些佛教词语与汉语词结合成词，如"念书"的"念"来自"念佛""念经"的"念"，"缘分""因缘"和"姻缘"的"缘"也来自佛经的意译。

以上所举仅限于词汇的借入。研究发现，汉译佛经对汉语的影响可能并不局限于词汇层面，在语法层面，汉语也受到来自原典语言（梵文或巴利文）的影响。如有学者认为，现代汉语中助词"了"的产生以及处置式（表示对某人或某物进行处置的句子，如"把"字句、"将"字句）等的产生和发展都有可能与翻译佛经的影响有关。

元代，蒙古人入主中原，造成了汉语历史上又一次大规模的语言接触。汉语从蒙古语中借入大量的词语。随着时间的流逝，这些词语大多从汉语中消失了，留存至今的大概只有"胡同""蘑菇""站（表示车站的意思）"等少数词语。

近代，由于西方传教士和商人陆续来到中国，汉语中出现了一批来自西洋语言的词语。五四运动以来，西方文化、哲学、社会科学思潮以及科学技术等，越来越多地为中国社会所吸收，汉语与其他语言之间的接触日益广泛和密切，大量借词涌入汉语中。如来自英语的"咖啡""可可""白兰地""威士忌""沙发""吉普（车）""的确良"，来自俄语的"苏维埃""布尔什维克""喀秋莎"，来自法语的"沙龙""香槟""芭蕾""蒙太奇"，来自德语的"纳粹"，等等。19世纪下半叶至20世纪上半叶，大批日源外来词开始进入汉语。日本明治维新以后开始向西方学习，他们往往借用汉语的借词，或者用汉语的构词材料构成新词，来翻译西方的新事物和新概念。日语中反映西方新事物和新概念的词语，也适合中国社会的需要，而且由于是汉语本来固有的词，或者虽然不是汉语固有的词，但是用汉语的构词材料构成的，因此中国人看起来特别亲切，于是就直接成批从日语中借了回来。例如"资本""政治""政府""思想""封建""卫生""具体""演绎""想象""范畴""悲观""乐观""储蓄""自由""警察""选举""选民""民法""交涉""间谍""列车""理论""学士""硕士""博士"等是汉语原有的词，"哲学""政党""共产""方针""谈判""阵线""领土""反动""资料""学位""体操"等是用汉语构词材料构成的新词，它们都被汉语借用回来。今天，我们已经很难意识到这些词语的外来语身份了。

文化交流是促进人类社会进步的主要动力之一。在文化交流的过程中，必然伴随着语言的接触和交流。西方当代语言学理论认为，借用是促进语言演变的动因之一，这种由借用带来的语言演变不仅表现在词汇上，而且深入渗透到语音、语义、语法等诸多领域。汉语在形成和发展的漫长历史过程中，与很多语言都发生过或长或短或深或浅的接触与融合。从历史发展及当代现实情况来看，这种接触和融合一刻也没有停止过。这个事实给我们以深刻的启示：在外来词语不断涌入汉语的当今社会，对于外来词语，我们是抗拒、排斥，还是包容、接纳？

第二节　英汉语言对比

英汉语言对比研究可以从多个角度来进行，方法也是多种多样的。语音方面，可以从语调、声调、音位（音位的数目、划分、英汉元音的近似与空缺等）、重音、音步、节奏等方面展开；词汇方面，可以从构词法、形态特征、词的界定、虚词、新词、外来词等方面展开；语义方面，可以从语义场、词化程度、词语搭配、词汇的理据性、词汇的民族特色等方面展开；语法方面，可以从语序、虚词、衔接、搭配、时、体、态、人称、数、格、式等方面展开。

在英汉的诸多相异之处中，以下是比较重要的几个方面。

一、声调突出与语调突出

语音方面，汉语与英语的最大差别是：汉语是一种声调突出型语言，英语是一种语调突出型语言。

在语音的音质、音高、音强、音长四个要素中,音质是各个语言都重视的,只是各种语言选择的音位不相同,其他三个要素在语言中的作用就有高低之分了。汉语中,音高的作用特别重要,汉语对音高的变化特别敏感。音高的高低变化首先表现为声调的不同。汉语的每一个单字都有声调,声调具有区别意义的作用。同样的辅音和元音组合,如果声调不一样,意义就不一样。如"ma"这个音节,可以带上不同的声调表示不同的语义(妈、麻、马、骂)。不仅如此,汉语还可以利用不同的音高模式组成语调,表示语法意义或说话人的态度、感情等(如用升调表示疑问的语法意义)。汉语的字调和语调之间是一种叠加关系,语调是字调(声调)和句调的复合体。声调在汉语中如此重要,以至于有时候掌握声调的正确发音比掌握声韵母的正确发音还要重要,还要难。有过对外汉语教学经验的人都知道,外国人学汉语,声调是一大难点。当我们形容外国人的汉语说得不地道的时候,常常会说他讲的话"洋腔洋调",这种"洋腔洋调"的汉语,最主要的特征就是对汉语的声调掌握得不好。这个事实说明,声调在汉语中具有特别重要的作用,汉语是一种声调突出型语言。

英语中虽然也有音高的变化,但这种变化并不具有区别意义的作用。音高这一要素在英语中是不重要的。

除声调以外,汉语中的语气词也是表情达意的重要手段。汉语有丰富的语气词,这是汉语和英语的一个重大区别。这些语气词能够表达丰富多彩的语气。同样的一句话,使用不同的语气词,会有不同的表达效果。例如,以下各句中的语气词就表达了不同的语气色彩:

今天的天气真好啊!(语气词"啊"表示感叹语气)

她真的来了吗?(语气词"吗"表示疑问语气)

今天不会下雨吧?("吧"表示揣测语气)

他到底去了哪里了呢?("呢"表示探究的语气)

英语没有语气词,表情达意主要靠语调。汉语由于有声调在音韵系统中发挥重要作用,语调与声调叠加,所以语调的作用不太突出。而英语的词没有固定声调,但句子必须有语调,英语的语调与汉语的声调一样,具有举足轻重的作用。英语中,不同的语调还可以标示不同的句子类型。如"Don't you like him"这个句子,如果用升调来读的话,就是表示疑问:"你不喜欢他吗?"如果用降调来读的话,就是表示感叹："你怎么会不喜欢他！"汉语则主要通过词汇手段及语气词来体现这两种不同意思。

二、孤立语与屈折语

形态变化、语序和虚词是各种语言表达语法关系的三大手段。这三大语法手段在各种语言中各有侧重，从而形成了孤立语与屈折语的对立。屈折语的特征是用形态变化来表示语法关系，语序和虚词并不重要。孤立语的特征是不用形态变化而用语序和虚词来表示语法关系。汉语是典型的孤立语。古英语是屈折语，现代英语从古英语发展而来，保留了某些屈折语的特征，但不是典型的屈折语。现代英语的特点介于孤立语与屈折语之间。

所谓的形态变化即词的形式变化。举例来说，在以下各例中，英语单词"give"随着主语人称及时态的不同而采用不同的形式（give/gives/gave/has given/ have been given）：

I give him a book.

He gives me a book.

I gave him a book.

His mother has given me three books.

Three books have been given to me by him.

这种形式的变化可以表达各种不同的语法意义（人称、时、体、态等），这种表达语法意义的词形变化叫作构形形态，是形态变化的一种。在这个句子中，book也有形态的变化（book表示单数，books表示复数）；he也有形态的变化（he表示主格，him表示宾格，his表示所有格），这些形式的变化也属于构形形态。很明显，汉语没有此类形式变化，汉语的"给"不论是在现在时还是在过去时中，不论是在进行体还是在完成体或经历体中都是"给"，不会改变形式。

在典型的屈折语，如古英语、拉丁语或梵语中，词的形态变化更为丰富和发达。例如，现代英语的名词没有格的变化（如上例的three books不论是做主语还是做宾语，都是同样的形式），只有代词（如上例的he）还保留格的变化。但在梵语中，一个名词就有八种变格（包括主格、宾格、具格、为格、从格、属格、依格和呼格）。梵语的词形变化比起英语来，更加丰富和发达。由于有丰富的形态变化，每个词在句中的语法地位可以通过语法形式清楚标明,因此,在梵语这种典型的屈折语中,语序和虚词并不重要。相反,在没有词形变化或者词形变化不丰富的语言(如汉语)中,语序和虚词就很重要。句中词语的语法地位往往要借助语序和虚词来标明:如在现代汉语中,位于动词前的一般是主语、位于动词后的一般是宾语;一个名词可以通过与不同的介词组成介宾结构来表示时间、处所、方式、来源、工具等语法意义。

英语虽然不是典型的屈折语,但是它保留了一些屈折语的特征。英语的形态变化有严格的规则,往往带有强制性。汉语也有类似于屈折语中词性变化的成分,如汉语的"们"可以表示复数,类似英语的复数后缀"-s",汉语的"着""了""过"可以表示动词的体,结构助词"的""地""得"可以表示定语、状语和补语。对于这些虚词是否可以看成是形态变化,目前学术界还存在争议,主要是因为这些成分的使用在汉语里缺乏普遍性,有的场合要用,有的场合不用,有的场合必须用,有的场合又不能用。例如,汉语的"们"表示的是复数,但是,在某些明明是复数的场合,"们"字却不能出现,可以说"学生们""老师们",但是却不能说"三个学生们""五个老师们",而英语在这些地方都要加上复数标记"-s"。因此,对于汉语的形态变化,更为恰当的表述应当是:

  汉语是典型的孤立语,缺乏严格意义的形态变化,靠语序和虚词来表达语法关系。

这是汉语在语法结构上的一个重要特征,汉语的很多其他特征归根结底都与汉语的这个特征有关。

三、形合与意合

所谓形合,指的是词语和分句之间的连接依靠语言形式手段(如关联词),这些语言形式手段除了起连接词语和分句的作用之外,还起着表达语法意义和逻辑关系的作用。所谓意合,指的是词语和分句之间的连接并不需要语言形式手段,其间的语法和逻辑关系的表达靠的是分句和词语本身的含义。形合与意合是连接语法和语义单位的两种不同手段,不同语言在对形合与意合的选择上会有不同倾向。在注重形合的语言中,关联词的作用特别重要,必不可少;在注重意合的语言中,关联词的地位和作用就不那么突出。一般认为，英语是注重形合的语言，汉语是注重意合的语言。

语言学家很早就注意到了这个问题。王力（1984：141）指出：

> 西洋语的结构好像连环，虽则环与环都联络起来，毕竟有联络的痕迹；中国语的结构好像无缝的天衣，只是一块一块的硬凑，凑起来还不让它有痕迹。西洋语法是硬的，没有弹性的；中国语法是软的，富于弹性的。惟其是硬的，所以西洋语法有许多呆板的要求，如每一个 clause 里必须有一个主语；惟其是软的，所以中国语法只以达意为主……相关的两件事可以硬凑在一起，不用任何的 connective word。

与汉语相比，英语中的连接词和分句的语言形式不仅数量大、种类多，而且用得十分频繁，包括关系代词、关系副词、连接代词、连接副词、并列连词、从属连词以及各种介词等。在英译汉的过程中，这些连接手段往往需要被省略或替换为别的词汇形式。例如：

（1）When I try to understand what is that prevents so many Americans from being as happy as one might expect, it seems to me that there are two causes, of which one goes much deeper than the other.

在上例中，连接词包括 when、what、that、as...as、which 等，借助于这些连接词，句子显得紧凑而有条理，逻辑关系非常清楚。当这个句子被译成汉语的时候，这些连接词要尽量少用或者不用，句子的逻辑关系靠句子意思来体现：

> 为什么如此多的美国人不如想象中那样幸福呢？我认为原因有二，而二者之间又有深浅之分。

又如：

（2）The many colors of a rainbow range from red on the outside to violet on the inside.

这句话可译为："彩虹有多种颜色，外圈红，内圈紫。"原文的介词 of、from...to、on 等全部被替换成了词汇形式。

把汉语译成英语的时候，情况恰好相反：汉语中用意合方式表达的语义和逻辑关系在译成英语时需要用显性的方式——连接词来表示。例如：

(3) 聪明一世，糊涂一时。Smart as a rule, but this time a fool. （增译but以表达原文的转折关系）

(4) 物极必反。Once a certain limit is reached, a change in the opposite direction is inevitable. （增译once以表达原文的条件关系）

四、主语突出与话题突出

英语的句子有严谨的主谓结构。这个结构通常由名词性词语和动词性词语构成：名词或名词性短语充当句子的主语，动词或动词性短语充当句子的谓语。主语不可或缺，谓语是句子的中心，两者协调一致，提纲挈领。英语以"主语—谓语"作为句子的结构框架，它要求一个句子必须有一个由名词或名词性短语充任的主语，但也只允许有一个主语；必须有由一个动词或动词性短语充任的谓语，但也只允许有一个谓语；如果在语义上找不到谓语的主语，也得在形式上造一个主语出来，例如it和there（It is cold. There is a dog in the garden）。英语句子成分之间必须在人称、数等方面保持协调一致。这种协调一致的关系使句子结构受形态约束，因而严谨、规范、整齐。在英语句子中，主语不可或缺。王力（1984：52）就说："西洋的语法通则是需求每一个句子有一个主语的，没有主语就是例外，是省略。"

在主语的有无问题上，汉语与英语有很大的不同。"中国的语法通则是，凡主语显然可知时，以不用为常，故没有主语却是常例，是隐去，不是省略。"（王力1984：52）不仅如此，汉语主语在形式上也比英语多样：它可以是施事，也可以是受事；可以用名词，也可以用动词或形容词；可以是表示事物，也可以是表示时间或地点。汉语语段里各个分句的主语还可以隐含承接，或隐或现。试看下面的句子：

她有个儿子，（　）在上海工作，（　）已经打电话去了，（　）听说明天就能回来。（变换主语并隐含）

翻译成英语时，这些隐含的主语一定要补出来，否则句子不合语法：

She has a son, who works in Shanghai, someone has phoned him and it is said that he will be back tomorrow.

汉语的谓语也比英语的谓语要复杂多样，吕叔湘、朱德熙（1979：13）说：

"汉语句子的谓语不一定要有一个动词,这是和西欧语言不同的。谓语的主要成分可能是一个动词,也可能是一个名词或是一个形容词。"试看例子:

花红柳绿。(形容词作谓语)

老师推开门走进教室。(连动式谓语)

我派他去取书。(兼语式谓语)

三天时间就把重庆市走了个遍。("把"字式谓语)

不到长城非好汉。(紧缩式谓语)

这本书你要认真看。(主谓式谓语)

总而言之,汉语的主语和谓语都比英语要丰富多样,主谓之间的关系比较松散,不像英语那样有主谓一致关系来控制。很多语言学家都认为,大多数汉语句子的主语和谓语之间的关系不是真正的主谓关系,而是话题和说明的关系。

叶蜚声、徐通锵(2010:151)对话题是这样定义的:"在语言交际的过程中,说话者向受话者说话,一定是要向他传达一定的信息,这个信息一定是关于某个实体(包括特定时间、空间)的信息,可称作'信息的基点'。一个句子中句义信息所关涉的那个实体是句子的'话题',针对话题展开的句子其他部分是'说明'。"赵元任认为,汉语的主语都应当看作是话题,他举过这样一些例子:

他是个日本女人。(意思是他的佣人是个日本女人)

她是一个美国丈夫。(意思是她的丈夫是一个美国人)

你也破了。(意思是你的鞋也破了)

我比你尖。(意思是我的铅笔比你的铅笔尖)

你要死了找我。(意思是你的小松树要是死了找我)

很明显,这些句子中的所谓"主语"(他、她、你、我、你)是作为言谈的起点而存在的,不是真正的主语,而是话题。

汉语中所谓主语的隐含及主语和谓语的复杂性等特征都与汉语句子主语的话题性有关。可以说,汉语是一种话题突出的语言,而英语是一种主语突出的语言。

五、其他

除了上述差别之外,语言学家们经常提到的英汉之间的差异还包括:

1. 汉语的音节结构可以分为声、韵、调三个部分，形式整齐，元音占优势，没有复辅音；英语的音节类型比汉语丰富，辅音占优势，有大量的复辅音；汉语的送气音和不送气音具有区别意义的作用，英语的送气音和不送气音没有区别意义的作用；

　　2. 英语词类的功能固定，分工明确：名词作主语、宾语和补语，动词作谓语，形容词作定语和补语；汉语的词类与句法成分之间的对应关系不如英语清晰，如汉语的动词可以自由充当主宾语而不改变形式；

　　3. 英语的词、短语、句子之间的界限分明；汉语的各级语法单位之间的界限是模糊的；

　　4. 英语被动句的数量远远多于汉语；

　　5. 汉语的短语和句子共用一套结构规则，短语加上语调就能构成一个句子；英语的句子和短语的结构规则不一致，短语进入句子时还有一个"融入"的过程。

> **思考与练习**
> 　　1. 举例谈谈汉语对其他语言的影响情况。
> 　　2. 举例谈谈其他语言对汉语的影响情况。
> 　　3. 英语和汉语的区别主要体现在哪些方面？

第六章 世界文字概况

文字作为语言的书写符号系统,其产生的历史比语言的历史要短得多。今天可以看到的最早的、成体系的文字是5 000多年前西亚两河流域苏美尔人的"丁头字"。丁头字在随后的3 000多年历史中,作为一种国际通用文字流通于西亚和北非。这种显赫一时的文字最终淹没于历史的尘埃中,今天只能从遗留下来的一些泥版、铭文中一睹其风采。像丁头字一样,在人类文明进展的历程中,有不少文字曾经在不同民族、不同国家的交流中扮演了重要角色,但由于政治、经济、宗教等多方面的原因,最终退出了历史的舞台。

到了近现代,全世界有5种最重要的文字系统:汉字、拉丁字母、斯拉夫字母、阿拉伯字母、印度字母。除了汉字是表意文字外,其他4种都是表音文字。这5种文字在其长期发展、传播的过程中,形成了五大文字流通圈。汉字主要流通于东亚;拉丁字母是目前分布最广的文字体系,流通于美洲、大洋洲的全部,欧洲、非洲的大部分,亚洲的一小部分;阿拉伯字母主要流通于北非、西亚的阿拉伯国家;斯拉夫字母主要流通于俄罗斯、白俄罗斯、乌克兰、保加利亚、塞尔维亚等国家;印度字母主要流通于南亚和东南亚。

第一节 汉字流通圈

汉字早在公元前就已经传播到其他民族地区和周边国家,并长期为各民族和国家所使用。下面从汉字传播路线的角度分别进行介绍。

一、向南传播史

汉字向南传播的历史可以追溯到秦汉时代。公元前214年,秦将任嚣、赵佗征服百越地区,秦始皇遂置桂林、南海、象郡三郡,将岭南置于中央政府的统治之下。汉字也随之传入岭南,百越民族开始接触汉字。壮族是百越民族的一支,随着中原汉人的陆续迁入，汉、壮民族在经济、文化各方面得到进一步交流，壮族人逐渐熟悉并掌握了汉语。当时很多壮族知识分子都可以掌握汉字并阅读汉文经典，汉字成为壮族地区普遍使用的书面交际工具。但是，壮族人并没有满足于借用汉字记录其语言，他们还需要有一种文字可以书写本民族的语言。随着对汉字认识的加深，他们当中一些知识分子开始用增减汉字笔画或用偏旁重组的方式创造新字，这些字被称为"方块壮字"，简称"壮字"，又称"生字""土俗字"。目前可以看到的最早的壮文文献是唐初永淳元年（682），澄州壮族大首领韦敬办刻于上林的《六合坚固大宅颂碑》。这块碑虽是用汉字刻写，但其中夹杂了不少"壮字"。唐宋时期，壮字得到进一步的发展，不仅被壮族人民用来写信、记账、写契约，更为常见的是民间艺人用来记录山歌、民间故事或进行神话、戏剧的创作。目前保留下来的壮文资料中最著名的是《刘三姐歌本》，另外还有以汉族民间故事为题材的长篇唱本《董永》《梁山伯与祝英台》《何文秀》等。

公元前111年，汉武帝平定南越国，今天的越南北部和中部成为汉朝的交趾、九真和日南三郡。汉字随政权的南下进入越南，汉字在越南又称为"儒字"，即儒家的文字。汉字被用来书写政治文件和文学作品，在相当长时间内是越南的官方文字。在汉字的影响下，出现了仿照汉字书写越南语的"喃字"。考古发掘可以证明"喃字"至少在越南的陈朝（1225—1400）以前就已经出现，这时候距汉字传入越南已经有1 000多年的历史了。但"喃字"在历史上只有在胡朝（1400—1407）和西山阮朝（1778—1802）作为越南的官方文字，其他时期只通行于民间。

水族是我国古老的少数民族之一，现主要分布于贵州省黔南布依苗族自治州的三都水族自治县以及荔波、都匀、独山、榕江、丹寨等县市。水族使用的古老文字——水书的形成，也受到汉字的极大影响。水书是水族巫师用于占卜、巫祝等场合的文字，在日常生活中并不通用。水族人民从出行营造到婚嫁丧葬，都要请巫师（水书先生）依据各种水书进行占卜，以便择吉避凶。从用途上看，水书又分为普通水书和秘传水书两类。普通水书用于一般的占卜，例如出行、择日、婚嫁、丧葬等，此类水书存世较多，尤以丧葬用书为最。秘传水书主要用于放鬼、拒鬼、收鬼等场合，掌握此类水书的人较少，存世的相关文献也不多。

女书起源并流行于湖南省江永县东北部潇江两岸，是世界上唯一的女性文字。女书的使用范围仅限于当地妇女，是她们之间传递信息、交流感情的一种工具，当地男子不学也不认,所以被称为"女书"。这种文字脱胎于方块汉字,是方块汉字的变异,其记录的语言属于汉语湘南方言中的一种土话。女书的内容多用于描写当地女性的生活,也用于宗教祭祀、书信往来、诉苦写传、记事记史等其他方面。女书作品的载体也较有特色,一般写在精心制作的布面、扇面上,或者织绣在巾帕、锦带上。可惜的是,当地妇女去世后,其生前书写的女书往往被焚化殉葬,所以作品大多没有流传下来。

汉字在向南方传播的过程中,还产生了汉字苗文、汉字瑶文、汉字侗文、汉字布依文、汉字哈尼文、傈僳竹书等。

二、向北传播史

10世纪到13世纪,我国北方的契丹、党项、女真三个民族,分别建立了辽、西夏、金三个国家,并且都在汉字的影响下,创立了本民族的汉字式文字。

契丹是我国东北地区的一个古老民族。907年,契丹迭剌部的首领耶律阿保机统一各部,成为契丹可汗。916年,耶律阿保机去可汗号,称皇帝,创建契丹国,即辽国。920年,辽太祖耶律阿保机授意大臣参照汉字,设计了一套文字,用来记录属于阿尔泰语系蒙古语族的契丹语,即契丹大字。契丹大字作为辽国的官方文字,是一种表意的汉字式词符文字,但其使用似乎不如汉字广泛。有关契丹大字的文献流传下来的很少,受资料所限,目前学术界对这种文字的解读尚未取得突破性进展。

西夏是党项族在我国古代西北建立的政权。1038年,其首领李元昊正式建国,共传10主,历时189年。党项族长期没有记录本民族语言的文字。由于西夏早在立国之前就与中原汉民族有密切交往,1036年,大臣野利仁荣以汉字为蓝本,创造了被尊为"国字"的汉字型西夏文。西夏文像汉字一样,也有点、横、竖、撇、捺等笔画,但从不完全照搬任何现成的单字或偏旁,全部形体都从头创造。所以,西夏文乍看像汉字,仔细观察后,却发现一个字都不认识。西夏文文献数目庞大,流传至今的资料有数百万字。

北宋末年,完颜部首领完颜阿骨打统一女真各部,于1115年称帝,国号大金,历10帝共119年。女真族原无文字,受契丹文化和汉文化的影响,在相当长的时间内使用契丹文和汉文。金建国之初,太祖完颜阿骨打诏令完颜希尹和叶鲁仿照汉文、契丹文创制女真文,并于1119年颁布施行。今天可以看到的女真文传世文献,是明朝永乐年间四夷馆中女真馆编写的《女真译语》，这部书一直是研究女真文字最重要的参考资料。

三、向东传播史

汉字向东首先传播到朝鲜半岛，然后经朝鲜半岛传播到日本。汉字传入朝鲜半岛，最早可以追溯到战国时期，经考古发掘，朝鲜半岛出土的大量战国时期的钱币上，刻有汉字铭文。公元前108年，汉武帝平定古朝鲜国，在朝鲜半岛设真番、临屯、玄菟、乐浪四郡，朝鲜半岛与汉民族的交流更加密切。2世纪至3世纪，朝鲜半岛引入中原儒学，开始正规的汉文教育。676年，新罗统一朝鲜半岛之后，全面引进唐朝的教育考试制度，以儒家经典《周易》《尚书》《毛诗》《论语》等作为教育贵族子弟的科目。这一政策进一步加深了汉字在朝鲜社会、特别是在知识分子中的影响，同时也极大地促进了朝鲜社会和文化的发展。但汉字毕竟是书写汉语的文字，由于朝鲜语和汉语在语言结构上有较大差别，汉字在书写朝鲜语时遇到了很大的困难。1444年，在借鉴其他民族文字实践经验的基础上，朝鲜公布了自己的文字——谚文，刊印于《训民正音》一书中并颁布施行。但谚文在相当长的时间内并未受到主流社会的重视，直到19世纪末20世纪初，汉字和谚文的混合体才取代汉字成为朝鲜的正式文字。

日本与中国隔海相望，自古以来就与我国有密切的联系。1784年，福冈志贺岛出土了汉光武帝赐给倭奴国的金印，这是两国建立外交关系的重要史料。3—4世纪，汉字传入日本。4世纪，日本发动侵朝战争，大批懂汉文的朝鲜人到了日本，大大推动了汉字在日本的传播。6世纪，随着隋唐文化的空前繁荣，中日文化的交流达到顶峰。日本派遣大量遣隋使、遣唐使、留学生进入中国，全面学习中国的各项制度，汉字在日本的传播面更加广泛。8世纪，日本全面引入唐朝的教学体系，读书人阅读儒家经典，只有通过相关考试，才有资格选拔为官吏。9世纪，考试项目中又增加了汉诗一科。从此以后，汉文通过官方推行，深入影响日本社会的方方面面。汉文在日本影响深远，但其使用仅限于以贵族和知识分子为主体的社会上层，再加上汉字难写、难认，创制一种能够书写日语的文字成为新的要求。汉字传入日本后就有人开始借用汉字作为音符，书写日语，并最终形成了"假名"。

第二节 阿拉伯字母流通圈

阿拉伯字母源于古代的阿拉米字母。古代阿拉米人主要分布在今天西亚的两河流域到地中海东岸一带。公元前12世纪，阿拉米人建立了许多小王国，大马士革是其中最有势力的一个。这座城池由于地势适中，成为地中海与东方贸易的重要枢纽。公元前732年，随着亚述人的崛起，大马士革被亚述所灭。

由于阿拉米人善于经商，其足迹遍布整个新月地带，即使在失去政治独立后，阿拉米人的文化影响仍然继续扩展，阿拉米语也随之传播到了邻族。到公元前7世纪末，阿拉米语成为叙利亚和两河流域的通用语言，还一度作为波斯帝国的官方语言之一，是埃及经小亚细亚到达印度这条漫长的国际商路上的通用语言。

随着波斯帝国的瓦解，各地的阿拉米字母开始分化。在其后1 000多年的时间内，它在广大地区演变成为多种字母。阿拉米字母的后裔主要分为两类：一类是各种闪米特语的字母，另一类是各种非闪米特语的字母。在闪米特语字母中，希伯来字母、阿拉伯字母、叙利亚字母这三支是阿拉米字母的主要后裔。在非闪米特语字母中，粟特字母、早期突厥字母、早期匈牙利字母、回纥字母等是其主要后裔。阿拉米字母的众多子孙中，到现在还起国际流通作用的只有阿拉伯字母。

阿拉伯字母的诞生要追溯到公元前2世纪。居住在约旦、迦南南部和阿拉伯北部的纳巴泰人，把他们讲的阿拉伯语用阿拉米字母写成文字，并最终进化成当代阿拉伯文字。

伊斯兰教的《古兰经》是用阿拉伯文字书写的，伴随着阿拉伯帝国版图的扩张，阿拉伯语成为从印度经北非到西班牙这一广袤土地上的通用语。但阿拉伯字母的传播范围比阿拉伯语更加广泛。阿拉伯字母跟随阿拉伯人的足迹传播到巴尔干半岛，俄罗斯南部，亚洲西部、中部、东南部，以及非洲撒哈拉沙漠以南的大部分地区。除了阿拉伯语以外，阿拉伯字母还记录了许多不同的语言和方言，有波斯语、印度斯坦语、突厥语、希伯来语、普希图语、斯拉夫语、西班牙语等，其流通地域仅次于拉丁字母。

第三节　印度字母流通圈

一、古印度河文字

"印度"这个名称源于印度古代文明的发祥地之一——印度河。从地理概念上看，古代印度指今天的整个南亚次大陆，包括今天的印度、巴基斯坦、孟加拉国等国家和地区。古印度与古埃及、古巴比伦、古代中国并称为"四大文明古国"。在这片广袤的土地上，居住着众多的民族，他们讲着不同的语言，书写不同的文字。

印度远古文明的遗址1922年才发现，由于它首先在哈拉巴地区（现属巴基斯坦）发掘出土，所以被称为哈拉巴文化。除了哈拉巴遗址外，一位叫拉·巴涅尔吉的考古学家在印度河下游又发现了同属哈拉巴文化的摩亨佐·达罗古城。这两处遗址的发现，将古代印度文明至少提前了1 000年的时间。

从这两处遗址中出土了2 000多枚石头、象牙等制成的印章，上面刻着文字符号，有象形的，也有几何图案。这种印章上的文字被统称为"印度河文字"，但这种文字目前还没有得到破译。

二、婆罗米文与佉卢文

由于"印度河文字"还是一个谜团，今天可以追溯到的印度古代最重要的、使用最广的字母是婆罗米字母。公元前7世纪到公元前6世纪，印度的雅利安人创造了早期的婆罗米文。公元前5世纪前后，这种文字逐渐推广开来。与此同时，在印度次大陆的西北部，形成了一种与婆罗米文并存的早期印度字母——佉卢文，但这种文字在印度并没有演变成其他字母。印度各种字母的祖先都是婆罗米文。孔雀王朝的阿育王（约公元前264—前227）时期遗留下来35件碑铭，这些碑铭除西北边境的两种使用佉卢字母以外，其余的都是使用婆罗米字母的某一变体书写而成。

婆罗米字母和佉卢字母的起源目前还没有定论，比较可信的推测是，这两种字母都起源于阿拉米字母，但却各自独立。

三、天城体与梵语

到了笈多王朝时期（4—5世纪），婆罗米文发展成为笈多字体，笈多字体又演变为悉达字母。7世纪，悉达字母演变成为天城体字母，天城体字母后来又演变成多种印度教和佛教国家的字母。天城体字母是印度字母中最重要的文字之一，被用来书写梵语。梵语是古印度的标准书面语，但今天梵语已不再是人们的日常生活用语，只在宗教、文学作品等特殊场合使用。

四、印度字母的传播

印度字母随着宗教和文化的传播，从印度大陆扩展开来，向南传播到斯里兰卡岛和马尔代夫群岛，向北传播到中国的西藏和新疆，向东传播到现在的中南半岛、印尼群岛和菲律宾群岛。在其他一些国家和地区，由印度字母演变而成的文字有僧伽罗文、尼泊尔文、藏文、八思巴蒙古文、龟兹文、焉耆文、和田文、孟加拉文、缅甸文、泰文、老挝文、柬埔寨文等。如果把历史上的文字都算进去，印度字母一共有60种以上的变体。

五、印度独立后的法定文字

从公元1000年以后，信仰伊斯兰教的外族人不断侵入南亚次大陆，同时也将伊斯兰教传入此地。伊斯兰教与印度教成为古代印度的两大宗教，佛教与耆那教日渐式微。随着伊斯兰教的传入，阿拉伯字母进入了印度，破坏了书面语梵文的统治地位，印度各地的口语又重新被文字记录下来。伊斯兰教徒使用阿拉伯字母书写各地的语言和方言，印度教徒则使用天城体字母或其他变体字母书写各地的语言和方言。

莫卧儿王朝征服印度以后，将德里及其周边城市的方言命名为"印度斯坦语"。随着印度和伊斯兰两种文化的接触，印度斯坦语吸收了大量的波斯语、阿拉伯语和突厥语词汇，之后随着莫卧儿帝国的进一步扩张，该语言成为大半个印度的通用语言。伊斯兰教徒用阿拉伯字母书写印度斯坦语，写出来的文字叫"乌尔都文"。印度教徒用天城体字母书写印度斯坦语，写出来的文字叫"印地文"。

印度的语言一直处于不统一状态，是世界上语言种类最为繁多的国家，共有150多种。英国殖民者统治时期，印度以英文作为行政和教育的文字。印度共和国独立后，由于历史原因，全国通用的法定文字有梵文、乌尔都文、印地文。除此外，印度还有11种邦用法定文字。

第四节 斯拉夫字母流通圈

一、格拉哥里字母和西里尔字母

斯拉夫人发源于今波兰东南部维斯杜拉河上游一带。有关斯拉夫人的记载始见于1世纪末2世纪初的古罗马文献。意大利作家普林尼所著的《自然史》在介绍一些欧洲古代民族时，称斯拉夫人为维内德人。1—2世纪曾分布在西起奥得河、东抵第聂伯河、南至喀尔巴阡山、北濒波罗的海的广大地区。由于民族大迁徙的冲击，斯拉夫人逐步分化为3大支系：东斯拉夫人，包括俄罗斯人、乌克兰人和白俄罗斯人；西斯拉夫人，包括波兰人、捷克人和斯洛伐克人；南斯拉夫人，包括保加利亚人、塞尔维亚人、克罗地亚人、斯洛文尼亚人和马其顿人。

7—12世纪，斯拉夫人开始建立国家。一般认为，最早的国家出现于西斯拉夫人地区，即由创建者萨摩而得名的萨摩公国（623—658）。公国以摩拉维亚为中心，由斯洛伐克、摩拉维亚和波希米亚等不同民族组成。公国的建立是为了抵抗外来民族的侵略，公元623年，萨摩领导西斯拉夫人打败阿伐尔人，631年又战胜法兰克人。但由于多民族之间没有共同的思想文化基础，658年，随着萨摩大公的去世，公国随即瓦解。

830年，摩拉维亚首领莫伊米尔建立大摩拉维亚公国（830—906），建都于摩拉维亚南部的韦莱赫拉德，成为第一个包括捷克族、斯洛伐克族和其他斯拉夫族的在政治上联合聚居的国家。莫伊米尔去世后，其侄子罗斯蒂斯拉夫即位。为巩固封建统治，抵御日耳曼封建主的入侵，罗斯蒂斯拉夫加强了与拜占庭帝国的交往。862年，罗斯蒂斯拉夫派遣使团来到拜占庭，请求派遣能够用摩拉维亚人懂得的语言进行传教的传教士，以期能够代替天主教教会人士所用的拉丁语。

拜占庭方面早就想把自己的势力扩张到西部斯拉夫人那里，皇帝米哈伊尔和总主教福季非常乐意地接受了罗斯蒂斯拉夫的请求。863年，拜占庭教会派遣传教士西里尔和美多迪乌斯到摩拉维亚传教，二人随后创建了独立于德意志教会的斯拉夫教会。为了传教方便，西里尔先后制订了两种斯拉夫字母。第一种叫格拉哥里字母,以希腊草书为范本。第二种叫西里尔字母,以希腊楷书为范本。

格拉哥里字母后来流传到保加利亚、克罗地亚和门的内哥罗等地区。格拉哥里字母分早晚期两种字体,早期的又叫保加利亚字体,后来随着第一保加利亚王国的衰亡,格拉哥里字母逐渐退出历史舞台。晚期的叫克罗地亚字体,形成于14世纪,在十六七世纪曾一度风行,后来也逐渐不用了。随着格拉哥里字母的消亡,西里尔字母成为唯一的斯拉夫字母。

二、斯拉夫字母的传播

目前使用西里尔字母的文字多是斯拉夫语族的语言,包括俄语、乌克兰语、卢森尼亚语、白俄罗斯语、保加利亚语、塞尔维亚语、马其顿语等。但同属斯拉夫语族西斯拉夫语支的索布语、波兰语、捷克语和斯洛伐克语等则用拉丁字母书写。这是由于各斯拉夫民族信奉的宗教派别不同,他们使用的字母也就不同。斯拉夫人的宗教信仰,传统上主要分为两个集团:一是东正教徒,如俄罗斯人、乌克兰人、保加利亚人、塞尔维亚人;另一是天主教徒,包括波兰人、捷克人、斯洛伐克人、克罗地亚人、斯洛文尼亚人等。前者使用西里尔字母,后者使用拉丁字母。

1921—1932年间,苏联在少数民族中进行拉丁化文字运动,把各种使用阿拉伯字母的民族文字改为拉丁字母;同时也为原来没有文字的民族创制了拉丁化新文字。但是,从1937年开始,苏联调整政策,开始放弃拉丁化,改为斯拉夫化,向俄文看齐。现在俄罗斯境内的许多民族文字都是使用西里尔字母,其中使用人口较多的语言有哈萨克语、塔吉克语、吉尔吉斯语、巴什基尔语、楚瓦什语、车臣语、卡巴尔达语、马里语、阿瓦尔语、乌德穆尔特语等。俄罗斯少数民族文字的斯拉夫化,是斯拉夫字母历史上的一次巨大扩展。

第五节 拉丁字母流通圈

一、 拉丁字母的形成

拉丁字母是书写拉丁文的字母,是古罗马的文字,又称为罗马字母。过去一般认为拉丁字母直接来源于希腊字母,但有证据表明,从希腊字母到拉丁字母,中间还有埃特鲁斯坎字母作媒介。公元前7—前6世纪,古代埃特鲁斯坎人的社会繁荣达到顶峰，他们以北部托斯卡纳为中心，不仅征服了罗马城，而且占据了科西嘉岛。埃特鲁斯坎人初期采用希腊字母，于公元前8世纪发展成为埃特鲁斯坎字母。

拉丁语本是意大利半岛中部台伯河下游一个小部落的方言，后来，发源于此的罗马人逐渐强大起来。罗马人借鉴埃特鲁斯坎字母，于公元前7世纪形成了拉丁字母。

二、拉丁字母的传播

公元前1世纪拉丁文成为意大利半岛的官方文字，随着罗马人军事和政治势力的扩张，拉丁语言作为行政语言传播到西地中海的岛屿、伊比利亚半岛和高卢，直至多瑙河流域的达齐亚。

基督教在1—2世纪传入罗马，到4世纪成为国教。《圣经》在3世纪从希伯来文译成希腊文，公元383年开始从希腊文译成拉丁文。《圣经》的拉丁文译文是欧洲古代和中世纪的主要读物，甚至是唯一读物，是最具权威的教科书，对拉丁字母的传播起了决定性的作用。即使罗马帝国灭亡之后，长达1 000多年的时间里，西欧各民族大都学习跟自己口语完全不同的拉丁文，没有自己本民族的文字。到了文艺复兴时期，西欧很多民族才开始采用拉丁字母创造自己的民族文字。随着新大陆和新航线的开辟，拉丁字母传播到拉美、亚、非各个殖民地。加上拉丁字母形体简单清楚，便于认读书写，目前已经成为世界上使用最广泛的一种字母文字系统。已经采用拉丁字母的语言有：

罗曼诸语言：意大利文、法文、西班牙文、葡萄牙文、罗马尼亚文等。

日耳曼诸语言：英文、德文、荷兰文、丹麦文、挪威文、瑞典文、冰岛文等。

斯拉夫诸语言：波兰文、捷克文、斯洛伐克文、克罗地亚文、斯洛文尼亚文等。

其他欧洲语言：爱尔兰文、立陶宛文、拉脱维亚文、爱沙尼亚文、匈牙利文、芬兰文、阿尔巴尼亚文等。

美洲和大洋洲的语言全部采用拉丁字母。

在非洲，北非阿拉伯诸国用阿拉伯字母，漠南非洲的国家全部都采用拉丁字母。

亚洲地区的拉丁化：土耳其文、印度尼西亚文、马来西亚文、文莱文、菲律宾文、越南文等。

第六节 中国境内的文字

汉族是中华民族大家庭的一员，汉字不但是汉民族使用的文字，也是全国各少数民族通用的文字，是在国际活动中代表中国的法定文字。除上文介绍过的受汉字影响产生和发展的一些借源文字之外，有的少数民族创造了本民族的自源文字，例如东巴文。

东巴文是由位于我国西南边陲的纳西族创制，且至今仍在使用的一种古老文字。东巴文在纳西语中称"森究鲁究"，意思是见木画木，见石画石。这种文字带有浓厚的图画意味，其文字形态甚至比甲骨文还要原始，属于文字的早期发展阶段，素有原始文字的"活化石"之称。东巴文主要由纳西族的经师东巴掌握，用来书写东巴经文，也有少数纳西族人用来记事、记账、写信等。由东巴文书写的东巴经卷帙浩繁，内容丰富。据学者统计，国内外收藏的东巴经约有4万册，1 400种。东巴经记载了纳西族的政治、经济、宗教、战争、道德、生活、民俗等各个方面的信息，被誉为纳西族的"百科全书"。

中国境内文字的使用情况较为复杂，下面从文字产生和使用时间以及发生学的角度分类介绍。

一、从产生和使用时间的角度分类

1. 历史上使用过，但后来停止使用的文字：突厥文、回鹘文、察合台文、于阗文、焉耆-龟兹文、粟特文、八思巴文、佉卢文、契丹大字、契丹小字、西夏文、女真文等。

2. 历史上使用并沿用至今的文字：藏文、彝文、蒙古文、东巴文、傣文、朝鲜文等。

3. 19世纪末以来由西方传教士设计的文字：载瓦文、景颇文、拉祜文、撒拉文、傈僳文等。

4. 中华人民共和国成立后，政府为一些少数民族语言制订的以拉丁字母为基础的拼音文字。为了与传教士设计的文字相区别，人们习惯将这种拼音文字称为"少数民族新文字",如壮文、布依文、黔东苗文、湘西苗文、川黔滇苗文、滇东北苗文、傈僳文、哈尼文、佤文、拉祜文、纳西文、景颇文、载瓦文、侗文、土文等。维吾尔文、哈萨克文也曾采用拉丁字母方案,1982年决定恢复老文字。

二、从发生学的角度分类

1. 汉文字体系:壮文、白文、侗文、布依文、苗文、瑶文、哈尼文、水书、西夏文、契丹大字、契丹小字、女真文等。

2. 印度文字体系:佉卢文、于阗文、焉耆-龟兹文、藏文、八思巴字等。

3. 粟特文字体系:粟特文、回鹘文、蒙古文、满文、锡伯文等。

4. 阿拉伯文字体系:察合台文、维吾尔文、哈萨克文、柯尔克孜文等。

5. 拉丁文字体系:包括19世纪末以来由西方传教士设计的文字、中华人民共和国成立后政府为一些少数民族语言制订的以拉丁字母为基础的拼音文字。

思考与练习

1. 简述汉字在历史上的传播线路。

2. 简述中国境内文字的分类情况。

3. 尝试结合世界主要文字的传播情况,谈谈未来汉字的传播问题。

第七章 汉字的历史与现状

第一节 汉字发展简史

东汉许慎《说文解字》:"黄帝之史仓颉见鸟兽蹄迒之迹,知分理之可相别异也,初造书契。"意思是说,黄帝的史官仓颉根据大自然中鸟兽足迹创造了文字。古书上还说,仓颉"四目重瞳",长着四只眼睛,有着超乎寻常的洞察力,所以才能遍观万物,创制文字。这当然是神话。人类对自己远古时代的回忆,总是要把重要的历史过程和历史事件具体化到一个人身上。如果说仓颉确有其人,那他很可能是文字的整理者。

文字的产生,是人类文明发展史上的重大进步,人类的文明化进程大大加速,人类适应自然的能力得以增强。传说仓颉把汉字创制出来以后,"天雨粟,鬼夜哭"。神话的背后实际上反映了一个事实:文字出现以后,人类的文明程度大大提高,不再完全受制于自然,不再事事乞助于鬼神,对大自然也不再那么敬畏。人类从蛮荒岁月转向文明时代。

目前所能见到的最早的汉字是3 000多年前的甲骨文。但甲骨文不是最早的汉字,因为甲骨文已经相当成熟,可以用来表达很复杂的内容,一种文字不可能从一开始就形成这么完备的体系。在甲骨文之前,汉字一定有一个更为漫长的产生和演变阶段。不过由于条件所限,我们现在还看不到那些更为古老的文字,或者即使看到了,也还不能确定他们到底是什么字。

判断一种符号是否已经具有文字性质,根本的依据在于这种符号是否已经和语言中的基本要素(语音、语义)建立了稳固的联系,而不在于这种符号的象形程度有多高。这也是文字和图画的根本区别。

清朝光绪年间,国子监祭酒王懿荣得了疟疾,就到宣武门外的达仁堂买中药煎服,其中一味药材"龙骨"引起了他的注意,上面隐隐约约似乎有某种图形。他进一步观察,结果在其他"龙骨"上看到了更多似字似画的图案。王懿荣本来就是金石学家,他把药店里所有龙骨都买下来,把这些图形画下来进行研究。王懿荣认识到这是一种文字,而且比较成熟。通过查阅史料典籍,根据《周礼·春官》和《史记·龟策列传》的记载,王懿荣确信这是一种秦汉之前的古代文字。

长期被当作药材低价出售的"龙骨"的价值被认识后,很快成为学者和古董商人争相猎取的对象。据说王懿荣共得到1 500片左右,可惜尚未来得及进行认真研究,即在1900年7月八国联军攻占北京时自杀殉国。就在甲骨引起学者重视的同时,古董商人也嗅到了财富的气息,并且故意隐瞒甲骨出土地,以垄断货源,获取暴利。王懿荣的好友刘鹗等派人到河南打探,被告知甲骨来自河南汤阴。后来著名金石学家、古文字学家罗振玉经过多方查询,终于确定甲骨出土地在河南安阳洹河之滨的小屯村。

河南安阳小屯村曾经是殷商后期都城所在地,故称"殷墟"。"墟"是废墟、旧址的意思。这些甲骨大多是商王朝统治者的占卜记录。占卜术实际上是古人在科技知识不发达的情况下认识世界、预测未来的一种方式。例如关于"一旬(十天)之内会不会有灾祸""打猎时天会不会下雨""某年农作物收成怎么样""打仗能不能取胜""应该对哪些鬼神或祖先进行何种祭祀"等事情都要事先进行占卜,以预测吉凶。

占卜所用材料主要是龟的腹甲、背甲和牛的肩胛骨。占卜的具体程序今天已经无从详知了。根据出土甲骨推测,大概是先在准备用来占卜的甲骨(包括背甲和腹甲)背面挖出或钻出一些小坑,这种小坑甲骨学家称之为"钻凿"。占卜时就用燃烧的枝条抵在这些小坑上,使甲骨受热破裂,这种裂痕叫作"兆"。从事占卜的专职人员(贞人)根据卜兆的形状判断吉凶,这种预测的行为称为"占"。由于时代久远,这些贞人到底是以什么为依据来判断"兆"所提示的内容的,今天已经无法确知了。

卜 甲骨文中的"卜",用两画代表甲骨上的裂纹——"兆"。这是一个象形字,从字形可以直接体现出"卜"的本义。在现代汉语中,"卜"还有预测、占卜的意思,如"未卜先知""生死未卜""卜卦""占卜"等。

占 甲骨文中的"占",上半部就是"卜",下半部的"口"字表示用话语来解释龟甲上的裂纹所体现的含义,这种行为称为"占",现代汉语读"zhān"。读为

"zhàn"的"占"意思是"占据""占有",是繁体字"佔"的简化,与"占卜"这一意义没有关系。

在已发现的殷商甲骨文里,出现的单字数量有4 500个左右。其中有大量象形字、指事字和会意字,也有很多形声字。甲骨文和现代文字,在外形上有显著差异,但在文字体系和构字方法上,两者大体相同,属同一体系的文字。

甲骨文"艺"字。"艺"是简化字,繁体字作"蓺""藝"。这是一个会意字,字形像人蹲在地上伸出双手种植禾苗或树木,人蹲坐的样子和苗木的形状刻画得惟妙惟肖。它的本义是"种植",所以古书上有"树艺五谷"的说法。在农耕时代,种植技术大概是人们需要掌握的最重要的技能。但种植技术作为一门专业的技术,并不是每个人都能轻而易举掌握得了的,因此又引申出"技能""才能"的意思,如古人所谓的"六艺"——礼(礼仪)、乐(音乐)、射(射箭)、御(驾车)、书(书法)、数(算数),就是需要经过专门训练才能掌握的本领。再后来又引申出"艺术"的意思。"艺"字表种植这一意义在现代汉语中还有保留,如"园艺"就是种植花卉、果树的技术。

甲骨文"为(wéi)"字,由两部分组成,左上部是一只手,右部是一头大象,整个结构像一只手牵着一头大象。殷墟所在的中原地区,几千年前气候温暖,草木茂盛,是大象生长的理想环境,大象也就成了和牛、马同样重要而常见的劳动工具。现在一些热带地区仍然把大象当作劳动助手。甲骨文的"为"就是用"手牵象"这一日常生活中的常见行为来体现"做事""作为"等意义。"为"的繁体作"爲",上面的"爪"是手,甲骨文构形依稀可见,简化字写成了"为",本来的意义在字形上就看不出来了。

《韩非子·解老》:"人希见生象也,而得死象之骨,案其图以想其生也,故诸人之所以意想者,皆谓之象也。"这段古文的意思是说,中原地区气候变冷,大象逐渐消失或南迁,人们就很少见到大象,但是又十分怀念它(因为曾经是人类最重要的劳动伙伴),于是人们在看到死象骨头的时候,就根据骨架形状来回忆它们活着的样子。至今河南简称"豫",右边从"象"字,是不是也暗示了这里曾经是温暖湿润、群象出没的地方呢?

甲骨文"监"字,繁体字作"監"。这是一个会意字。一个人跪坐在地上,低头向装满水的器皿中"照脸"。人的眼睛画得很大,那是为了突出"看"的动作。在铜镜（即"鉴"）出现之前，人们把装满水的器皿当作镜子去看自己的样子。《尚书·酒诰》说："人无于水监，当于民监。"意思是说统治者不要只从水中去照自己，还要从民众中反观自己。这说明人们在日常生活中就是通过水照映自己的。这就是"监"的本义。后来铜镜出现了，人们还是习惯叫它"jiàn"，不过在字形上稍加改变写成"鉴"，以显示这是一种金属用具。现代汉语中以"监"作为语素的词很多还有"看""照"一类的意思，如"明鉴""监视""监察"等。

值得一提的是，甲骨文虽然是目前看到的最早的成熟文字，但并不是说当时人们写字都是用刀子一笔一笔刻在龟甲兽骨上的。甲骨文是国王和贵族占卜活动的记录，不是日常生活中使用的文字。在公元前4 000多年前的山西陶寺文化遗址（属新石器时代）中，就发现了用毛笔书写的文字。《尚书·周书》明确记载："惟殷先人，有册有典。"意思是说殷商的先人们已经有用书简书写的"册"和"典"了。可以肯定，殷商时代的主要书写工具已经是毛笔和竹木简，而不是刀子和龟甲。

甲骨文"册"字，竖画像一根根的竹简或木简，横画像编连竹木简的丝绳。

甲骨文"典"字，上面是"册"，下面有两只手把"册"捧起来，说明"典"是重要的"册"。

金文是铸刻在青铜器上的文字，绝大多数属商周时代。商周青铜器中以礼器、乐器居多。礼器以鼎为代表，乐器以钟为代表，所以金文又称为"钟鼎文"。金文盛行的年代，上自商代早期，下至秦灭六国，1 200多年。

金文"册"字，和甲骨文"册"构形全同。

金文"奉"字，像两手捧物。

金文"臣"字，像一只竖起来的眼睛。"臣"本指奴隶，对主子低眉顺眼。

金文中的"眉"，象形字，下为"目"，上象眉毛形。

金文中的"射"字。左边为弓和箭，右边为手，整个字像弯弓搭箭形。后来左边的演变成了"身"。

铜器上铭文的内容大多是颂扬祖先及王侯们的功绩，同时也记录了一些重大历史事件。如著名的毛公鼎有32行499字，记事涉及面很宽，反映了当时的社会生活，记录了祀典、赐命、诏书、征战、围猎、盟约等活动或事件。相对于甲骨文的纤细、方折，金文以笔道肥粗和团块状为主要特点。

利簋1976年出土于陕西临潼零口乡西段村，簋腹内底刻有铭文。铭文的大意是说："武王征伐商国。甲子日清早，岁星（木星）正当其位（利于征伐），所以能从前一天晚上到次日清晨一夜之间占领商国。辛未日（甲子日后第八天），武王的军队在阑地驻扎，赏赐给一名叫"利"的史官一些黄铜。""利"深感荣幸，就用武王赏赐的这些黄铜做了一件宝器来纪念这件事，同时用以祭祀祖先檀公。

秦始皇在公元前221年统一中国后，做了一件对中国历史影响深远的大事——"书同文"。"书同文"就是让天下写同样的文字，具体工作由宰相李斯负责，先将秦国原来使用的"大篆"进行规范，规范之后的文字称为"小篆"；进而以行政命令的方式用小篆取代其他六国的文字，统一了汉字的书写形式。

秦帝国存在的时间很短，但经秦统一后的汉字却一直沿用下来，对中华文明产生了深远影响。秦之后的汉字尽管又经历了从小篆到古隶、从古隶到今隶、从今隶到楷书的变化，但这些演变都是在小篆的基础上进行的，篆、隶、楷之间的血脉一直没有断裂。今天使用的汉字就是来源于秦系小篆，这也是我们今天还能够认识小篆乃至更古老汉字的根本原因。

小篆虽然已经是体系完备的标准字体，但这种文字由线条组成，曲线多，写起来多多少少有点儿像画画，写一手漂亮的小篆不是一件容易的事。秦代法律苛细，文书繁多，而秦代的官员都是按军功提拔，文化素养普遍不高。所以在统一六国之前，秦国就通行一种小篆的"俗体"——早期隶书。早期的隶书称秦隶，又称"古隶"，是在遵循标准小篆字体结构的前提下，对纤细圆转的线条型笔画稍加改造。"古隶"基本上没有破坏小篆的字体结构。

作为书写者，在不影响表意的情况下，总是追求最大程度的简便。小篆向隶书的简化随着王朝的改换加速进行，汉朝建立者刘邦等人多为秦国基层官吏出身，正是秦代隶书的使用者，相比于小篆，他们更擅长隶书，隶书在汉代登上大雅之堂是再自然不过的事情。

从小篆到隶书的演进过程被称为"隶变"，是汉字发展史上最重要的阶段。"隶变"把汉字分成了两个阶段：古文字和今文字。隶变前的汉字称为"古文字"，隶变后的汉字称为"今文字"。古文字阶段的汉字具有明显的象形特点，即使是小篆，也还在很大程度上坚持"画成其物，随体诘诎"原则。到了隶书，就不再顾及象形的特点，甚至连原先的构形理据都完全打破，把汉字变成由横、竖、撇、捺、点、钩等几个固定笔画构成的方块字。

当文字出现在书籍、公文、碑刻等载体上时，人们希望它呈现的是一种严谨、庄重的姿态，因为读者需要准确获取其中的信息。而当文字出现在个人手稿、书信中时，写字的人可能就不再那么认真，开始追求书写的速度与便捷。古人云："存字之梗概，损隶之规矩，纵任奔逸，赴俗急就，因草创之义，谓之'草书'。"草书是为书写便捷而产生的一种书体。"草"的意思是"潦草""草率"。每一个时代的文字，只要写得潦草，其实都可以叫作"草书"的。不过，后来"草书"成了一种特定书体的名称。《说文解字》说"汉兴，有草书"，那么"草书"作为一种书法范式，当始于汉初。

有一种草书叫"章草"，"章"是章法、规矩的意思。章草，就是笔画省变有章法可循的草书，是早期的草书。汉代就出现了章草，而汉代通行的是隶书，所以章草是由草写的隶书演变而来的。唐张怀瓘《书断》称"章草即隶书之捷"，就是说章草来自隶书的简捷写法，是隶书的草化。章草保留了隶书笔法的形迹，上下字独立而不连写。

还有一种草书叫"今草"，出现于汉末，是对章草的进一步革新。今草的笔画连绵回绕，文字之间有连写，书写更为简约方便。东晋王羲之将"今草"发扬完善。"（王）献之尝白父云：'古之章草，未能宏逸，顿异真体。合穷伪略之理，极草纵之致，不若稿行之间，于往法固殊，大人宜改体。'"（唐张怀瓘《书断》）

草书中的"狂草"，是草书中最放纵的一种，笔势相连圆转，字形狂放多变，在今草的基础上将点画连绵书写，形成"一笔书"，在章法上与今草一脉相承。狂草在书写时几乎没有章法，难以辨认，所以几乎没有实用价值。

楷书也叫正楷、真书、正书，从隶书逐渐演变而来，更趋简化，字形由扁改方，笔画横平竖直。《辞海》说楷书"形体方正，笔画平直，可作楷模"。始于汉末，通行至今。楷书的产生，紧扣汉隶的规矩法度，是对汉字形体美的进一步发展。

行书是在楷书的基础上发展起来的、介于楷书和草书之间的一种字体，是为了弥补楷书的书写速度慢和草书的难于辨认而产生的。"行"是"行走"的意思，它不像草书那样潦草，也不像楷书那样端正，实质上是楷书的草化或草书的楷化。楷法多于草法的叫"行楷"，草法多于楷法的叫"行草"。

第二节　汉字的结构

　　汉字经常被说成是表意文字。我们熟悉的英语用的是拼音文字。拼音文字的特点是音形合一，用少量的表音符号记录一种语言的语音系统，看到书写形式根据发音规则就可以读出来。而汉字却基本不是这样，我们看到一个字，很难根据字形去准确判断该字的读音。如果相对于拼音文字，把汉字说成是表意文字倒也未尝不可。但是，如果对汉字有了一定了解，就会发现用表意文字去概括汉字其实是远远不够的。例如汉字中十个数字：

　　一 二 三 四 五 六 七 八 九 十

　　不可否认，"一""二""三"这几个字的字形有较明显的表意作用。但从"四"到"十"这七个字，我们却很难解释清楚他们的字形和所代表的数目字之间到底有什么关系，说不清楚这几个字到底是如何表意的。

　　其实，也有部分汉字，其结构本身是有一定程度表音作用的。如"绍、邵、劭、䂞"都以"召"为声符，都读 shào，"凰、隍、湟、遑、喤、徨、惶、媓、瑝、煌、锽、蝗、篁、艎、鰉"都以"皇"为声符，都读"huáng"。

　　但是，汉字声符的表音作用很有限，"读字读半边"往往会读错。声旁的读音和该字读音的关系比较松散，声旁常常只是和形声字的读音接近，有提示语音的作用。有时候两者之间的差别还很大。如同从"圭（guī）"声的一组字：闺、鲑、硅 guī；奎 kuí；跬 kuǐ；鞋 xié；桂 guì；街 jiē；挂、卦、诖 guà；畦 qí；佳 jiā；娃 wá；洼、哇、蛙 wā。

　　传统文字学讲汉字，总是离不开"六书"理论。"六书"有几种说法，最早的见于《汉书·艺文志》：

　　　　古者八岁入小学，故周官保氏掌养国子，教之六书，谓象形、象事、象意、象声、转注、假借，造字之本也。

东汉许慎《说文解字》则完整论述了"六书"理论：

> 《周礼》八岁入小学，保氏教国子，先以六书。一曰指事。指事者，视而可识，察而可见，上、下是也。二曰象形。象形者，画成其物，随体诘诎，日、月是也。三曰形声。形声者，以事为名，取譬相成，江、河是也。四曰会意。会意者，比类合谊，以见指撝，武、信是也。五曰转注。转注者，建类一首，同意相受，考、老是也。六曰假借。假借者，本无其字，依声托事，令、长是也。

所谓"画成其物，随体诘诎"，就是通过比照事物的形体，描画事物的形状写出的字，典型的例子是"日"和"月"。请看：

甲骨文：⊡ ⊙　　金文：○ ⊙ ⊙

甲骨文：☽) 𝔻　　金文：𝔻 𝔻

"日"字的甲骨文和金文形体都是描摹出一个像太阳形的圆圈（中间往往还要加上一点），"月"字的形状就是描摹出月牙形来代表月亮。再如：

⿱ （贝）　　⿱ （燕）　　⿱ （门）　　⿱ （火）　　⿱ （首）

⿱ （雨）　　⿱ （牛）　　⿱ （羊）　　⿱ （车）　　⿱ （舟）

所谓"视而可识，察而可见"，是说该字由抽象符号组成，或者在象形符号上加上点、横等提示性的符号。典型的例子是"上"和"下"。请看：

甲骨文：⌒、⫶　　金文：⫶、⫶

甲骨文：⌣、⌒　　金文：⎯

古文字"上"和"下"是通过一短一横两条线的上下位置关系体现"上"和"下"这一相对抽象的概念：短横在上代表"上"，短横在下代表"下"。"指事"和"象形"的主要区别在于："指事"这一造字方式比"象形"更抽象，"象形"是直接描画实物的形状，而"指事"不是直接描画，而是以一种较为间接的方式去体现。例如上举"⌒""⌣"，一短一长两个线条都不代表具体实物，而是体现一种位置关系，这就是"指事"。

有一种说法认为"指事"字代表的都是较为抽象的概念，其实不然。例如甲骨文"刃"字作 ⟩、⟩、⟩ 等形。刀刃当然不是抽象事物，但这一事物很难通过具体描摹的方式来表达，于是就先写一个"刀"形，再在刃部加上"o""丨"等提示性符号，以体现该字是用来表达"刀子的刃部"这一意义的。所以，"指事"与"象形"的区别不在于表达的意义更抽象，而在于表达的方式更抽象，这种方式没有"象形"来得直接。其他如 ⚅（至）、🚶（亦）都是指事字。

所谓"以事为名，取譬相成"，就是一个表意成分和一个表音成分合起来组成新字，典型的例子是"江"字和"河"字。"以事为名"指意符，意符多代表跟字义有关的事类；"取譬相成"指声符，声符跟字音相同或相近。形声字在现代汉字中所占比例最大。

所谓"比类合谊，以见指撝"，"谊"意同"义"，"指撝"就是"义之所指"。整句话的意思是说会意字就是用两个或两个以上的文字合在一起，组成新字。典型的例子是"武"和"信"。据说古人有一种观念，能够平息战争就叫"武"，所以用"止"和"戈"造出"武"字来体现这一内涵。人讲话要有信用，所以用"人"和"言"以构成"信"字。不过"止戈为武"的说法太过理想化了，甲骨文中的"武"字写成" "，更像是人拿着一支戈的形象，体现的就是威武、武力一类意思，和"止戈为武"的说法正好相反。又如：

　　 （藝）　　 （北）　　 （益）　　 （及）
　　 （休）　　 （取）　　 （明）　　 （涉）

所谓"本无其字，依声托事"，实际上是文字使用中一种常见的现象。人类掌握了一定数量的文字后，在为一些比较抽象的词配备文字时，就采用一种更为简洁的方式——直接写一个同音的"白字"，这种方式就叫"假借"。例如文言文中有一个常用虚词"其"，就是通过"假借"的方式来配备文字的。甲骨文中有一个" "，像一个簸箕的形状，是一个象形字（今天写成了"箕"）。同时，古汉语中有一个虚词表示所属关系、语气等语法意义，读音正好和"箕"相同或相近。当需要用文字来记录这个虚词的时候，人们采用了一种简便的方式，就是用一个读音相同的" "字来代表这个虚词，这种方法就叫"假借"。

"建类一首，同意相受"，则给后人留下了不少疑问，对其含义有过很多种说法，但没有哪一种完全被人接受。一般认为，"转注"与"假借"一样，也是一种用字法。

"六书"本来是古代学童初入学时要学习的一项基本知识，内容当然不会太深奥。用"六书"来研究分析汉字，在中国传统文字学中有悠久的历史，是了解中国文字首先要学习的内容。

第三节　汉字改革

纵观古今，简化是汉字形体发展演变的总趋势。今天，我们在进行汉字改革和整理时，必须研究汉字的发展历史，总结汉字的发展规律，发现汉字应用中存在的问题，进而作为当前汉字规范和汉字改革的参照。例如考察汉字历史的时候，我们会发现每一个时代的文字都是繁体和简体并存，而且最终往往是简体取代繁体。

繁体	简体		
𠀾	¥ 金文		（牛）
𧰼	¥ 金文	¥ 甲骨文	（羊）
𤝸	𤘓 金文	𤘓 甲骨文	（犬）
𤴓	𤴓 金文	𤴓 甲骨文	（何）

钱玄同《减省现行汉字的笔画案》一文中说：

> 从龟甲、钟鼎、《说文》以来，时时发现笔画多的字，时时有人将它的笔画减省。殷周之古篆减为秦篆，秦篆减为汉隶，汉隶减为汉草，汉草减为晋唐之草；汉隶的体势变为楷书，楷书减为行书；宋元以来，又简省楷书，参取行草，变成一种简体。……总而言之，数千年来，汉字的字体是时时刻刻在那儿被减省的。从殷周之古篆到宋元简体，时时刻刻向着简易的方面进行，可说是没有间断。

《昭代名人尺牍·黄氏手札》中说，清代大学者黄宗羲在写书信时，"議"字"言"旁加"义"，"難"字左边作"又"，"當"字作"当"。他的朋友吕留良说他"喜用俗字抄书，云可省工夫一半"。

其实，长期以来，汉字都有两种使用形式：正体和俗体。正体是出现在文告、书籍等正式场合下的汉字，俗体则是流行于大众之中、未经过整理和改进的形体较简易的字体。俗字有广泛的群众基础，但不具有法定性。现在所谓的"简化字"，就是在俗字的基础上，经过整理和规范，并由政府主管部门公布的法定字体。文字改革实际上是将本来就通行于民间的俗字加以整理并通过行政命令的方式使之合法化，并不是人为地造新字。

文字改革是一种历史趋势，很早就有人倡导。清末有人提出将简体字（俗体字）当作正统文字使用，说："今之雅，古之俗也；今之俗，后之雅也。与其雅而不达事情，孰若俗而洞中肯綮乎？""夫字，士人之利器，以愈利为愈妙。""盖字者，要重之器也，器惟求于适用。"

1909年，陆费逵在《教育杂志》创刊号上发表了《普通教育应当采用俗体字》一文，提出几个重要论点：

  1. 最便而最易行者，莫如采用俗体字。此种字笔画简单，易习易记，其便利一也。

  2. 此种字除公牍考试外，无不用之。若采用于普通教育，事顺而易行，其便利二也。

  3. 余素主张此议，以为有利无害，不惟省学者脑力，添识字之人数，即写字刻字，亦较便也。

1922年，钱玄同在国语统一筹备委员会上提出《减省现行汉字的笔画案》，这是简化字运动的真正开始：

  这种通行于平民社会的简体字，在明清以降，今日以前，都是用在账簿、当票、药方、小说、唱本……上面，所谓"不登大雅之堂"者。我们现在应该将它竭力推行，正式应用于教育上、文艺上、以及一切学术上、政治上。我们不认它是现行汉字的破体，认它为现行汉字的改良之体。正如我们对于白话文学一样，不认它是比古文浅薄的通俗文学，认它是比古文进化的优美文学。……先选出手头常用的三百个字来作为第一期推行的字汇，以后再逐渐加添，直到"手头字"跟印刷体一样为止。

1935年8月南京国民政府颁布了《第一批简体字表》，即选择社会上通行的简体字，予以采用。例如：粮、灵、庙、毡、庄、穷、双、虽、办、柜、远。

随即颁布《各省市教育行政机关推行部颁简体字办法》，规定自1936年7月起："凡新编之小学课本，短期小学课本及民众学校课本，不用部颁简体字者，不予审定；凡重印课本，均应采用部颁简体字；新编或重印之儿童或民众读物，不用部颁简体字者，各校不得采用；各学校考试答案，部颁简体字，得一律适用。"

但是，《第一批简体字表》和《各省市教育行政机关推行部颁简体字办法》公布后，立刻遭到"中央要人""省主席""名流"的强烈反对，甚至出现了"为汉字存亡请命"而下跪的事件。香港等地出现反对简体字的"存文会"，要求"勿强制推行简体字"。1936年2月《第一批简体字表》被废止。

1956年，中华人民共和国国务院公布《汉字简化方案》。这是我国汉字简化运动的高潮，其本质是以行政命令的方式使千百年来流行于民间的俗体字取得合法地位。《汉字简化方案》共分为三个字表。《汉字简化第一表》为已经大部分报刊试用、公布后即可使用的230个简化字。《汉字简化第二表》为先试用两个月，经过修正后再正式推广的285个简化字。《汉字偏旁简化表》为先试用两个月，经过修正后再正式推行的54个可以类推的简化偏旁。和《汉字简化方案》同时公布的还有《关于公布〈汉字简化方案〉的决议》，明确规定了简化字的适用范围："从1956年2月1日起在全国印刷和书写的文件上一律通用；除翻印古籍和有其他特殊原因的以外，原来的繁体字应该在印刷物上停止使用。""特殊原因"主要指文物古迹、书法艺术等。另外，专门向港澳台地区发行的出版物，经国家有关部门批准，也可以使用繁体字。

《汉字简化方案》在推行过程中发现了一些不完善的地方。1962年中国文字改革委员会着手修订。1964年，编辑出版了《简化字总表》。《简化字总表》包括三个字表。第一表所收的是352个不作偏旁用的简化字。第二表有两个部分：132个可作偏旁用的简化字和14个简化偏旁。第三表收的是根据第二表的简化字和简化偏旁类推出来的简化字，共1 754个（1986年重新发表《简化字总表》时调整为1 753个）。

1977年12月公布《第二次汉字简化方案（草案）》。事实证明，这是一次失败的文字改革。《方案》中出现了很多缺乏群众基础的"新造字"，如"道"改为"辺"，"赛"改为"宜"，"餐"改为"歺"。1986年6月国务院发出了《批转国家语言文字工作委员会〈关于废止第二次汉字简化方案（草案）〉和纠正社会用字混乱现象的请示的通知》，决定废止"《二简》草案"。并且指出："今后，对汉字的简化应持谨慎态度，使汉字形体在一个时期内保持相对稳定，以利社会应用。"

我们说汉字简化从大趋势上看符合汉字的发展潮流，但实际上，简化和繁化两种现象在汉字发展过程中一直同时存在。简化是为了书写方便，而繁化是为了表意精确。例如第一次公布的《汉字简化方案》将"徹""澈"都简化成了"彻"，准确说是"徹底"的"徹"和"清澈"的"澈"都写成"彻"，字形简化了，但"彻"字就有了"徹底"和"清澈"两个意义，并且"彻"字表"清澈"义在字形上缺乏理据，所以后来作了修改，只把"徹"简化为"彻"，"澈"予以保留。所以说，文字改革的内容并不仅限于简化，更重要的是规范化。

简化字问题近年来引发过不少讨论，反对简化字的人不是完全没有理由的。单从字形上来说，某些简化形体代替的偏旁过多，如动（動）、运（運）、坛（壇）、昙（曇）、层（層）、酝（醞），偏旁"云"代替了括号里繁体字的六个原本不同的偏旁，对汉字构形理据破坏太大。又如难（難）、鸡（雞）、对（對）、邓（鄧）、观（觀）、叹（歎）等字，本来各有理据的偏旁一律变成了"又"。这种现象常为人所诟病。

简化字还有一个问题，就是为了简化字形，采取了"同音代替"的方法。"同音代替"对于熟悉汉字历史的人来说，有些似乎很难容忍。如简化字"谷"可以组成"稻谷"和"山谷"等词，但历史上表示农作物的"谷"一直写成"穀"，表示"山谷"的"谷"一直写成"谷"，两者各有构形理据，用"稻谷"表示农作物更像写错别字。

繁体字和简化字之间绝不是简单的字体繁复与简省的关系，有时候还涉及词义之间的复杂对应关系。单纯的字体繁简问题相对容易把握，如下面这组字：

简体：爱 罢 达 籴 乱 书 昼 画 尽 碍 拟 虑 卢 应
繁体：愛 罷 達 糴 亂 書 晝 畫 盡 礙 擬 慮 盧 應

但是，很多情况下简体字和繁体字之间并不是严格的一一对应关系，而是呈现"一对多"的情形。下面举例说明。

如常用简化字"干"，在现代汉语中可以组成"干粮""干涉""干支""干湿""干燥""不相干""豆腐干""干仗""干线""干部""不干了"等词和短语。如果将以上这些词和短语中的"干"写成繁体字，情况就比较复杂了。因为从历史来源上看，上述"干"代表了好几个不同的语素（或词），这些不同的语素（或词）在繁体字通用时期本来是用不同的汉字来书写的。具体地说：

① 表示"没有水分或水分少"（"湿"的反义词）这一类意义时，"干"对应于繁体字"乾"（gān）。如：

简体：干粮　豆腐干　干杯　干着急
繁体：乾糧　豆腐乾　乾杯　乾着急

② 表示"事物的主体部分和重要部分"等意义时，"干"对应于繁体字"幹"（gàn）。如：

简体：树干　躯干　干线　干部　干练　干事
繁体：樹幹　軀幹　幹線　幹部　幹練　幹事

③ 表示"关联""冒犯""盾牌""天干"等意义时，"干"无所谓繁体和简体，古今一律写成"干"（gān）。如：

简体：干犯　干涉　相干　干戈　干支
繁体：干犯　干涉　相干　干戈　干支

再举"台"的例子：

简化字"台"在现代汉语中可以组成"讲台""兄台""一台机器""柜台""台风""港台"等词或短语。如果将这些词或短语用繁体字书写，必须对其中的"台"字作具体分析，因为简化字"台"实际上替代了几个意义不同的繁体字。

① 表示"高而平的建筑物"、量词、"台湾地区"等意义时，简化字"台"对应于繁体字"臺"。如：

简体：讲台　楼阁亭台　一台机器　台湾
繁体：講臺　樓閣亭臺　一臺機器　臺灣

② 表示"桌案"等意义时，"台"对应的繁体字为"檯"①。如：

简体：柜台
繁体：櫃檯

---

① 这一意义也可以写成"臺"。

③ 表示"台风"的"台"时,对应的繁体字是"颱"。如:

简体:台风

繁体:颱風

④ 表示"兄台"的"台",无所谓繁体和简体,一律写成"台"。

简化字同音归并没有贯彻读音完全相同的原则。读 gān 的"乾"和读 gàn 的"幹"一起合并入读 gān 的"干",为实际应用造成麻烦。"剋"有 kè 和 kēi 两个音,合并入"克",本来读 kēi 的"挨剋""剋架",写成"克",读成"挨 kè""kè 架",则不知所云。

关于简化字和繁体字孰优孰劣的问题,讨论很多。不过,一味讨论到底哪种字体更合理,进而提出孰存孰废的问题,其实并没有多大意义。因为从历史上看,简化字并不是在短时间内被创制出来并强迫人们使用的,几乎每一个简化字都是来自曾被人们使用过的"俗体字",因而它的存在具有历史的合理性。简化字本质上是被赋予了合法地位的"俗体字"。从现实看,目前大陆地区的人都在使用简化字,如果简化字被废止,宣布繁体字为唯一合法的字体,那么相当多的一部分人就会成为文盲,必须重新培养读写能力。所以,简化字是不能被废止的。

有人提出"识繁用简"的观点,也就是提倡人们在日常生活中使用简化字,同时又要能够认识(不一定能写)繁体字。这一观点逐渐被越来越多的人所认可。

其实,即使在简化字通用的地区,繁体字也是无法完全取代的,这一点集中体现在古籍文献的研究和整理方面。涉及文言文的正规出版物都倾向于用繁体字印刷,否则很容易造成作品原貌的失真,甚至还会造成错误。所以,从事古籍整理研究的人,必须全面掌握繁体字。如《论语·阳货》中有一段话:

子曰:"礼云礼云,玉帛云乎哉?乐云乐云,钟鼓云乎哉?"

如果将这段话用 Microsoft Word 进行繁简转换,就会得到下面的形式:

子曰:"禮雲禮雲,玉帛雲乎哉?樂雲樂雲,鐘鼓雲乎哉?"

这种转换的结果可谓不伦不类,让人哭笑不得,使得文献原貌完全失真。因为"云"和"雲"在古籍中的用法是有严格区别的。表示"说"这一用法的"云"(如"人云亦云")是绝对不能写成"雲"的,而表示"云彩""乌云"等意义时要写成"雲"。

再如《史记·孝景本纪》中的一段话：

孝文在代时，前后有三男，及窦太后得幸，前后死，及三子更死，故孝景得立。

同样用Microsoft Word进行繁简转换，就会得到下面的形式：

孝文在代時，前後有三男，及竇太後得幸，前後死，及三子更死，故孝景得立。

以上转换后的文字，最大的问题在于"后"和"後"的混同。其实，"后"和"後"是完全不同的两个字。"后"本义是君王，也可以指君王的配偶。"前""先"的反义词只能写成"後"，不能写成"后"。上举《史记》中"前后"的意思是"先前的皇后"，而不是表示位置或时间的"前后"，所以不能写成"前後"。

1956年1月国务院《关于公布〈汉字简化方案〉的决议》之前，1955年12月由文化部和中国文字改革委员会公布了《第一批异体字整理表》（下文简称《一异表》）。

《一异表》包含810组，从中选出810个作为正体，淘汰了1 055个异体字。

异体字整理，本应该是只淘汰意思相等、能够互相代替的字，1957年6月4日中国文字改革委员会常务会议明确异体字为"音义完全相等只有形体分别的字"，如"朵朶""够夠""嫩嫰""雁鴈""葬塟"等。实际上《一异表》里有一部分字义包含或者交叉的字。如：

"托"的基本意思是与手有关的动作及其引申义，"託"的意思是委托、寄托。"託"合并于"托"，不完全合适。这类字在《一异表》里不是个别的。

"閑（闲）"和"閒"只在读xián，即空闲意思上相等，"閒"更多时候读jiān或jiàn，跟"間（间）"相当。把"閒"作为异体字合并于"闲"，于是本来为了阐明疑惑的《墨子閒詁》写成《墨子闲诂》，就可能误会为闲话《墨子》了，由繁转简，这类错常常出现。

"熔"只有熔化金属义，"鎔"则有熔化并且加以铸造等义。1993年9月3日国家语委给中国信息处理协会文字处理分会的《关于"鎔"字的使用问题的批示》指出："'鎔'表示熔化以外的意思时，'鎔'不是'熔'的异体字，可继续使用，并按照偏旁类推简化原则，'镕'简化为'镕'。"

  2000年10月颁布的《中华人民共和国国家通用语言文字法》规定，"国家推广普通话，推行规范汉字"，明确了"国家机关以普通话和规范汉字为公务用语用字"，"学校及其他教育机构通过汉语文课程教授普通话和规范汉字。使用的汉语文教材，应当符合国家通用语言文字的规范和标准"，"公共服务行业以规范汉字为基本的服务用字"。这一法律的颁行，使汉字规范进入了法律层面。2013年由国务院公布的《通用规范汉字表》就是《中华人民共和国国家通用语言文字法》的配套规范，使国家通用语言文字法所指称的"规范汉字"在一般社会通用层面落到了实处。

思考与练习

1. 简述汉字发展历史。
2. 举例说明汉字"六书"理论。
3. 举例分析简化字与繁体字的关系。

第八章 汉字与汉文化

第一节 汉字造字与汉文化

许慎《说文解字·序》:"古者庖牺氏之王天下也,仰则观象于天,俯则观法于地,视鸟兽之文与地之宜,近取诸身,远取诸物。"这里的"身"指人类自身,"物"指人类周围的客观事物。古人对自身和客观事物进行观察,然后用图画画出,并最终在图画的基础上形成了文字。汉字的造字法,前人总结为"象形""指事""会意""形声"四种。用何种造字法来体现作为观察对象的事物,反映了先民的认知模式、思想观念、生活方式、审美情趣等。

一、象形造字法的文化意义

象形造字法的特点是采用简单的线条、抓住客观事物最显著的特征来描摹,使人一看便能将客观事物与字形相联系,知道字形所代表的事物。这种方法展示了先民的智慧,并透露出相关的文化信息。

首先,古人认识事物常以人为观察中心,汉字描摹的对象是"近取诸身"。"人",甲骨文字形作𠆢,是人侧立的形状,露出一只手臂和一条腿;"目(⊘)"是人的一只眼睛,连眼珠也画了出来;面部五官中最引人注目者是"目",因此汉字以"目"来彰显"面(⊙)";"耳(✑)"是人的一只耳朵;"口(⊌)"是人嘴张大的样子;"欠(𠂉)"是人跪着张大嘴哈气的样子;"手",金文字形作⚹,描摹的是人手的五个手指头;"又(𠂇)"描摹的是人右手三指;"止(⌄)"是脚后跟和脚趾头的形状;"身(⚲)"突出人鼓起的腹部;"子",金文字形作⚹,是大头、两臂摇晃、走路不稳的小孩模样。这些字既有正面形状,如"目""手""口"等;也有侧面之形,如"人""耳"等。既可是整体形状,如"欠""手",也可以部分代整体,如"又""止"。汉字从不同角度对人体部位进行了充分的描摹和摹写。李土生(2009:53)曾对《新华字典》201个部首做过统计分析,其中直接由人体图形或人体部位图形来表意的字,占总字数的三分之一以上,甚至连人没有的"尾(🐾)"也是在人臀部处挂着一条长长的尾巴来表示。这充分体现了汉民族的人本位意识,也反映出古人对人类自身观察的细致。

　　从人出发,"远取诸物","仰则观象于天,俯则观法于地",眼所观、耳所闻、鼻所嗅、舌所尝、手所触、心所感、身所倚、人所用,一切事物都纳入人的视野之中,成为人观察的对象,也成为造字描摹的对象。如:"牛、羊、马、犬、豕"是人饲养的家畜;"鸟、燕、象、鹿、虎、它(蛇)、虫、龟、鱼"是人狩猎的对象或大自然中生活的动物;"禾、栗、桑、瓜、果"是人食用的粮食、蔬果;"衣、丝"是人蔽体的衣物;"鼎、鬲、壶、皿、豆、酉"是人煮食盛物的器具;"刀、戈、斤、弓、矢"是人保卫家园的武器;"床、宀、广、门、户"是人住宿、生活的场所;"车、舟"是人出行的工具;"泉、日、月、雨、云、水、火、木"等是人身边的自然现象;"龙、凤"则是人所崇敬的对象。这些汉字,其造字或正面描摹,如:"燕(🐦)、刀(🔪)、鼎(🍲)、鬲(🏺)、壶(🏺)"等。或侧面描摹,如"鸟(🐦)、象(🐘)、弓(🏹)"等。或描摹整体轮廓,如"舟(⛵)、车(🚗)、门(🚪)、矢(🏹)"等。或突出部分特征,如"牛(🐂)"长面、角直而向外,"羊(🐑)"三角面、角弯而向内;"犬(🐕)"和"豕(🐖)"也形近,但"犬"尾长、腹瘦,"豕"尾短、腹肥;"虎(🐅)"突出其巨口,"龙(🐉)"是大口长身。

二、指事造字法的文化意义

　　指事造字法主要用象征性符号或在象形字的基础上添加提示性符号来造字。用象征性符号造字,体现了汉字摆脱具象走向抽象的过程,也反映出古人抽象思维和空间思维能力的发展。如"小(⼩)"是三条短小的竖线、"少(⼩)"是四条短小的竖线,此外还如"上(⼆)、下(⼆)"等。

　　在象形字的基础上添加提示性符号造字,体现了古人以人为观察中心的认知方式。首先是跟人体部位有关的指事字:"寸(小篆字形作彐)"在"又"上加一短横,表示人的寸口所在。成年人两臂伸长为八尺,即"寻",可见古代度量衡的发展与人的身体密不可分。在现代社会中,一些颇有经验的裁缝仍然通过张开拇指和中指或伸直手臂的方式来测量布料。"甘（ㅂ）"是人"口"里有甘甜的东西；"亦（夾）"在正立人形的腋部加点表示腋窝所在位置；"厷（小篆字形作㥯）"是人的手臂，以厶来表明手臂上的肌肉；"爪（金文字形作㕚）"就是人的指甲。其次是跟古代汉民族生活密不可分的指事字：如"至（至）"是箭向下跌落到地面的样子，这可看出古代战争对百姓生活的影响。这种利用具象的方式来体现抽象的概念，反映了先民抽象思维和具象思维的综合发展。"血（血）"字是在"皿"中加点而成，表示古代杀牲取血后是用器皿来盛的。杀牲是为了祭祀，说明古代祭祀在先民生活中颇为重要。

三、会意造字法的文化意义

会意造字法把两个或几个象形字或指事字（统称部件）组合在一起，并融合构字意义为新字的意义。较之指事，它在抽象方面进一步发展，部件的选择、部件与整个形体的关系展示了先民生活中某些复杂的概念和思维。

异体会意字（由两个或两个以上不同部件构成）如："弃（棄）"，表示双手持箕，推弃箕中的㐰。㐰为直立孩子形，脚在下。这个字反映出先民的一种思想观念：出生时脚先出来的婴儿被视为是不孝子，是不吉祥的征兆，是要被抛弃的。《左传·隐公元年》载："庄公寤生，惊姜氏，故名寤生，遂恶之。爱共叔段，欲立之。""寤生"就是倒着生。庄公的母亲姜氏因为庄公是倒着出生的，就对他产生了厌恶之情，想废除其太子之位，另立庄公之弟为太子，并且帮助后者谋反。后来庄公打败其弟，软禁其母，"置姜氏于城颍，而誓之曰：'不及黄泉，无相见也。'"先民思想观念由此可见一斑。

再如由"手"的各种变形构成的会意字：以手抓鸟为"隻（獲，㢃）"、以手抓人为"及（㕘，表示追赶上）"、以手抓子为"孚（㝈）"、以手持耳为"取（㕠）"、以手持肉为"祭（祭）"、手持一把禾为"秉（秉）"、手持两把禾即为"兼（金文字形作兼）"、手持牛尾而跳为"舞（舞）"、手从臼中取东西为"舀（舀）"、以手持棍为"攴（小篆字形作攴）"、以手持锤为"殳（殳）"、以手持械进屋袭人为"寇（金文字形作寇）"、以手执戈砍人头为"伐（伐）"、以手搭矢于弓为"射（金文字形作射）"、两手持戈为"戒（戒）"、两手相搏为"鬥（斗，

)"、两手持玉为"弄（ ）"、两手传舟为"受（ ）"、两手同举一鼎为"共（金文字形作 ）"、四手共举一物为"舁（ ）"、皿中以水洗手为"盥（金文字形作 ）"。古人靠手制造和使用工具并改造自然，手的重要性不言而喻，所以用手作为构字部件的字非常多。

以人体作为构字部件的会意字还有：以眼观木为"相（ ）"、母亲生孩子为"毓（ ）"、人在家卧席为"宿（ ）"、人掉陷阱为"臽（小篆字形作 ）"、人相离而为"北（ ）"、二人夹辅一人为"夹（ ）"、人就食为"即（ ）"、人食讫为"既（ ）"、人相向而食为"卿（ ）"、二止隔水为"涉（ ）"、二止错开为"步（ ）"、三止加甩手为"奔（金文字形作 ）"。除此外，与古人生活密切相关的字如：用斤剖木为"析（ ）"、用刀刮册为"删（小篆字形作 ）"、日在木上为"杲（ ）"、日在木下为"杳（小篆字形作 ）"、日在木中为"東（东， ）"。

除了大量异体会意字，古人还利用相同的部件构造了一批同体会意字，如：二木成"林"、二人为"从"、二火为"炎"、三口为"品"、三草为"卉"、三虫（huǐ）为"蟲（即'虫'字）"、三耳为"聶（即'聂'字）"、三直为"矗"、三金为"鑫"、三犬为"猋"（biāo）、三木成"森"、三火为"焱（yàn）"、三水为"淼"、三石为"磊"、三车为"轟（即'轰'字）"、三鱼为"鱻（即'鲜'字）"、三羊为"羴（即'膻'字）"、三牛为"犇（即'奔'字）"等。这些同体会意字，特别是三个相同部件构成的品字形字，视觉上疏密得当、重心平稳、完整对称。

四、形声造字法的文化意义

形声字由形旁和声旁组成。古人如何选取形旁，同样从一个侧面反映了其日常生活、认识水平和思想观念等。形旁大都是象形字，这些象形字与人们的日常生活关系密切，使用频率很高，其造出的一个类属的字也很多。

试看现在做形旁的象形字如"手（扌）、口、目、页、首、耳、肉、心、身、又、血、止、人、儿、大、女、子、门、户、衣、宀、广、木、日、月、风、雨、水、火、山、石、鱼、虫、鸟、牛、羊、犬、马、金、贝"等。以这些象形字作为形旁的字非常多。如《说文解字》释"贝"为:"贝,海介虫也。古者货贝而宝龟,周而有泉,至秦废贝行钱。""贝"指贝壳,古代是以贝壳作为货币使用,把龟甲当作宝贝一般对待的。古代表示经济活动的汉字,如贷、货、财、贵、赏、贡、赁、购等基本都以贝为构字部件,这些字勾勒出的就是古汉民族曾以贝作为流通货币的历史画面。

形旁的选择还可以体现出造字之初先人认识水平的有限。如"蛾""虹""蛟"都使用了"虫(huǐ)"字。"虫"本是一种毒蛇;"蛾"乃一种昆虫;"虹"是自然现象,只是状似蛇;"蛟"乃一种龙。三者不属同一个义类,却使用了同一个偏旁。

郭宝钧曾对甲骨文字所代表事物的类别进行分类和分量统计,其中跟人有关的字占20%以上,有关动物的字占17%,有关植物、生产类的占15%,其他如天象、地理、战争、居住等占1.7%—7%不等。"看这些字代表的原来事物的多少,可以推知当时人的意识状态及生活重点。各类字所代表的以人类和人体的为最多,可知人类对自己及自己周围的人们最为关心,故意象最深,制字亦多。……这从各类字义的比数多寡,可看出当时生活的背景有这些启示。"(郭宝钧1963:242)

第二节 汉字承载的汉文化

陈寅恪先生曾说过:"凡解释一字即是作一部文化史。"(转引自沈兼士,1986:202)因为每一个汉字都产生于具体而深厚的社会背景中,记录了各朝各代使用者的欢乐和血泪,承载着历史悠久的华夏文化,所以能解释出一部文化史来。这一节将从汉字与传统思想观念、汉字与饮食两个方面来展示汉字背后的汉文化。

一、汉字与传统思想观念

(一)君贵民轻

先民认为:"溥天之下,莫非王土;率土之滨,莫非王臣。"(《诗经·小雅·北山》)君权神授,君王是天下的统治者,享有至高无上的权利,对一切人都可以生杀予夺。先民将这些观念融入到汉字之中,试看:

"王":甲骨文 ⟁ 和金文 王,都象横置的"不纳柲之斧钺"(于省吾,1996:

3276），即无柄、横放、刃向下的大斧①。吴其昌认为"王之本义，斧也……盖古之王者皆以威力征服天下。故引申之，凡征服天下者称王"（于省吾，1996：3271）。钺在远古时代特别是商代，是很常见的武器，有大小两种。大钺因其体形庞大、力量沉重而成为权威的象征，象征军事统率权的权杖，也主掌刑法杀戮。（马承源，2007：56）关于此，古代典籍中有明确记载，如《诗经·商颂·长发》："武王载斾，有虔秉钺。"《尚书·牧誓》："王左杖黄钺，右秉白旄以麾。"历史上出土的斧钺如：山东益都苏埠屯墓的酗亚钺、甘肃省武威市雷台汉墓的东汉铜斧车（在车厢中竖立大斧标志权威）、四川出土的东汉斧车画像砖等。此外，为了彰显王权，还要将白黑相间的斧形花纹绣在屏风上，即"绘斧于扆，以表示王者。唯王者可设斧扆"（于省吾，1996：3271）。

奴隶制时期，表示统治者的字还有"君"。"君"，《说文》释为"尊也"，并认为这是一个会意字，构字部件为"尹"和"口"。而关于"尹"，《说文》释云："尹，治也……握事者也。"握事者，即执政之人。在殷商时期，"君"只表示一般的行政长官；大约在周初，开始有"天子"之意。春秋时期，"君"广泛用于称呼诸侯国国君。战国时期，各诸侯国国君纷纷称王，封其宗族为君，如信陵君、孟尝君、华阳君等。《仪礼·乡饮酒礼》："君子，国中有盛德者。"可见，"君"为社会中的显贵者。

"帝"，关于甲骨文中的 形，学者有多种意见。于省吾（1996：1086）认为："卜辞帝指天帝，并非王天下之号。至于帝乙、帝甲、文武帝之帝，乃人王死后之尊称，所谓德配彼天。……人王而生称帝，当自晚周时始。"即是说，虽然甲骨卜辞中屡见"帝"字，但实际指的是居于天空的自然神，商代称人王为"帝"也只是一种尊称而已。最高统治者自称"帝"是奴隶社会向封建社会发展时，即从周代晚期开始的。《史记·秦始皇本纪》："秦故王国，始皇君天下，故称帝。"秦本是诸侯国，没有资格称"王"，秦始皇"君天下"以后，为了区别僭称的"王"，改称"帝"。（何九盈等，1995：181）进入封建社会，最高统治者的称呼还有"皇"。"皇"字在甲骨文中少见，但是在金文中常有。其字形 为"土"上加似冕冠之物，这是祭祀时戴的一种冠。《诗经·周颂·桓》："於昭于天，皇以间之。"郑玄笺：

---

① 严格来说，斧钺其实是两种不同的器具。斧多用于农业和手工业中，是砍伐工具。钺多作为刑具和军事统帅权代表。统称则为斧。

"皇,君也。"

与地位高贵的君王相对的,是"臣"和"民"。《说文》释"臣"为:"牵也。事君也,象屈服之形。""臣(𦥑)",字形为一竖目之形。郭沫若解释为:"(甲金文)均象一竖目之形,人首俯则目竖所以象'屈服之形'者,殆以此也。"(于省吾,1996:692)意谓人臣对天子俯首屈服,所以用竖目表示。"民",金文字形为𠄏,《说文》释"民"为"众萌也",解释较为含混。郭沫若则认为象"一左目而有刃物以刺之。……其字均作左目,而以之为奴隶之总称,且疑民人之制实始于周人。周人初以囚为民时,乃盲其左目以奴征"。从形体看,"民"就是被刺瞎的一只左眼。郭沫若还进一步解释了"臣""民"的区别。他认为,上古时期,兼并战争之后,整个氏族或国家的人都成为俘虏,变为奴隶。奴隶主们会在众奴隶中挑选有才干且性格柔顺的俘虏,放在身边听候差遣,将他们驯服为"臣",并让"臣"监督、统率其他奴隶。汉语里的"俯首称臣""臣服"等词语即为明证。作为奴隶的臣成为奴隶主的帮手,地位渐渐提升,进入封建社会后,臣就演变为地位较高的统治阶层。而性格乖戾的俘虏就被刺目,沦为"民",其地位十分低下。最初作为祭祀品,称为"人牲";后来随着生产力的提高,奴隶主为了防止其逃跑或反抗,就刺瞎他们的眼睛。古代,能和"民"字搭配的多是不好的字眼,搭配后的意义也多表贬义,如佞民、凶民、暴民、刁民、顽民、庸民、奸民等。可见,"臣""民"在产生之初,地位都比较低下,是统治者驱使、奴役的对象。

"宰(𡧑)",屋内有一把刑刀之形。《说文》:"宰,罪人在屋下执事者。从宀从辛。辛,罪也。"我国古代要在奴隶身上施刑,以标志其人为奴隶。所以"宰"最初是指在奴隶主家做苦役的有罪之人,与"臣""民"一样同为奴隶。此外还如"童"字。金文中的𥎊,字形下部是重字,作声符,上部是一只大大的眼睛和刑刀。《说文》释为:"男有罪曰奴,奴曰童。"

(二)男尊女卑

男尊女卑的观念并不是从一开始就有的。在母系氏族社会,女性地位较高,如"姓"字,《说文》:"姓,人所生也。古之神圣母,感天而生子,故称天子。《春秋传》曰:'天子因生以赐姓。'"如神农就以"姜"为姓,黄帝则以"姬"为姓。

到了父系氏族社会,女性渐渐沦为社会最底层的人,地位变得低下。甲骨文的

"女（⿳）""象一敛着两手跪坐着的人"（裘锡圭，2013：118）。虽然学者们对于"女"字形体的解释，有多种说法，存在不同意见①。但从一些以"女"为部首的字来看，在男权社会里，女性的地位确实是比较低贱的。如"妻（⿳）"是手抓一长发女子形，"上古有掳掠妇女以为配偶之俗，甲骨文妻字即此掠夺婚姻之反映"（徐中舒，1989：1303）。女性在古代是弱者，是被抢掠的对象。甲骨文的"妾（⿳）"是女子头上有一把刑刀的模样。《说文》："妾，有罪女子，给事之得接于君者。"表明妾为女性奴隶。女性奴隶负责君王身边的众多事务，如制酒、洗衣、祭祀、裁衣、做饭、制弓弩箭矢等。《说文》"女"部中表示女性奴隶的字有"奴、婢、媛"等。《说文》："奴、婢皆古之罪人也。""媛，女隶也"。此外，旧时歧视妇女，把一批恶德的字如"婪""妓""婊""嫌""嫉""妒""奸（姦）""妄""媮（偷）""嬾（懒）"等都用上了"女"旁。

　　中国的姓氏名字，也反映了男尊女卑观念。母系社会发展到父系社会，子孙繁衍更多，各自独立之后，就以"氏"来区别各自的分支。因此"氏"是在姓的基础上发展起来的，是父系社会的产物。在先秦社会，"姓别婚姻，氏别贵贱"，男子称氏，女子称姓。男子是社会舞台的主角，所以都称氏，表明自己的身份和地位。而女子无权参加社会活动，她们主要是作为传宗接代的工具而存在，因此为了不让同姓结婚的禁忌出现，女子就只能称"姓"。再看名字，古代男子有名有字，男子生下来三个月由父亲取名，二十岁举行成人礼，由尊者命字。名一般用于长辈对自己的称呼，字一般用于平辈朋友间的称呼。而女性虽然也有名有字，但几乎不为外人所知。先秦女子未嫁时，一般是排行加姓，如孟姜女，就是姓姜、排行老大的女子；出嫁后，一般在母姓前加上丈夫的国名、谥号或自己所出国的国名等，如赵姬（晋文公女，赵衰妻）、武姜（申侯女，郑武公妻）、齐姜（齐桓公女，晋文公妻）等。历史上真正流传下来的古代女性名字很少，由此可窥见女性在古时的卑微地位。

---

① 如李孝定就认为："夫男女之别，于文字之形体上殊难表示，故就男女工作上之差异以为区别。女盖象踞而两手有所操作之形，女红之事多在室内也。男则以力田会意。男耕女织，各有专司，故制字于以见意也。"（于省吾，1996：444）即认为"女"字的形体并不代表女性地位的低下，而代表分工的不同。徐中舒（2006：1299）亦持此种观点。

二、汉字与传统饮食文化

"民以食为天",饮食是人类生存、繁衍必需的生活要义,同时也是一种文化。据学者考证,早在公元前6000年,中华民族的饮食文化,就已经有了相当程度的发展。因此作为文化载体的汉字,从其产生初,就对中华民族的饮食文化有了系统的记载和反映。

(一) 汉字与食用对象

《礼记·礼运》说,古者"未有火化,食草木之实、鸟兽之肉、饮其血、茹其毛"。人类最早是生食自然界的动植物,后来发现火,才转入熟食。

人类最先吃的食物是草木之实,即植物所结的果实,所以一定会用手去采集。汉字中的"果""采"等字就形象地记录下这些过程。"果",甲骨文作♀形[①]。《说文》:"木实也。从木,象果形在木之上。"这个字形形象描绘了野果长在树上的情形。"采",甲骨文字形作♀。《说文》:"捋取也。从木从爪。"罗振玉先生解释说:"象取果于木之形,故从爪、果,或省果从木。取果为采,引申而为樵采及凡采择。"(于省吾,1996:1366)

古人不仅采食野果,也采食各种野菜。我国第一部诗歌总集《诗经》中有大量描写古代劳动人民采摘活动的诗歌,仅题目以"采"开头的就有《采蘩》《采蘋》《采葛》《采苓》《采薇》《采苢》《采菽》《采绿》等八首。采摘的对象,不仅有可作为食物的葑(fēng,大头菜)、菲(萝卜)、苦(荼菜)、芑(qǐ,苦苋菜)、唐(沙棠,果可食)、莫(野菜,酸迷草)、蓫(xù)、芹、蓫(chù,僻蓝)、葍(fú,蔓草)、茆(mǎo,莼菜)、苓(甘草)、薇(野豌豆苗)、卷耳(苍耳)、荇菜、蕨、葵、瓠(葫芦)叶等数十种;还有可入药的蝱(méng,贝母)、艾(其叶可供药用和针灸用)、芣苢(车前草,其籽可治妇女不孕)等;此外还有用于养蚕的蘩、桑等;用作祭祀的蘋、藻、萧(有香气,祭祀时常杂以油脂点燃,类似后世的香烛);用作制衣、织布的麻、纻(zhù,苎麻)、葛藤;用来染色的蓝、绿(荩草),等等。

先人在食用蔬菜水果之外,还要吃一些动物的肉。先人最重要的肉食来源是禽兽与水产。禽兽类主要有牛、羊、豕、犬等。牛既是肉食来源、农业所用牲畜,也

[①] 关于♀形的解释,学者有不同见解,如郭沫若、裘锡圭等人认为此是古"叶"字,而罗振玉、于省吾等人认为此为"果"字。(具体参见于省吾,1996:1396)

是主要的祭祀品。商周时代以牛、羊、豕为三牲。最隆重的祭祀是三牲俱全，为"太牢"，只用羊、豕不用牛为"少牢"。因为牛在古人生活中充当了多种角色，所以古人对牛的认识很深刻，其毛色、年龄、性别等都分辨得一清二楚。古代很多用"牛"作偏旁的字，本来专指牛，后来泛指一切牲畜（何九盈等，1995：281）。如"犒"本指宰杀牛来慰劳征战军队，后泛指一切形式的慰劳；"牢（🐂）"本指养牛的圈，后泛指关养牲畜的栏圈；"牧（🐂）"，为一人手持木棍驱赶牛，本义为牧牛之人，引申为牧民。可见"牛"对古人生活、思想的深刻影响。

与牛一样，羊可做肉食、也可做祭祀品。古人同样对羊进行了仔细的分辨和描写。如"羔"是羊崽，"羜""羍"是四五个月大的羊，"羠""羍"都指未满一岁的小羊等。羊是作为膳食原料的，所以汉字中很多与膳食有关的字都从"羊"，如"养""羞"。同时"羊""祥"叠韵，表示吉祥美好意，所以"善""美""羡""祥""義（义）"都以"羊"为偏旁。

"豕"，即猪。猪在古代又被称为"彘（🐗）"，此字为箭射猪肚形。可见，先民最先吃的是用箭狩猎而来的野猪，后来将吃不完的野猪豢养、驯服为家猪。《诗经·大雅·公刘》："执豕于牢，酌之用匏。"牢是关养牲畜的栏圈，说明猪在那时已实行圈养。"豢"，《说文》释为："以谷圈养豕也。"其小篆字形🐗即为两手将稻禾扔给猪吃。"家（🏠）"，字形为屋内有猪，更表明猪在古代人类生活中的重要性。

"犬"，商周以后，狗也成为肉食对象之一。《礼记正义·少仪》："犬有三种：一曰守犬，守御宅舍者也；二曰田犬，田猎所用也；三曰食犬，充君子庖厨庶羞用也。"因此先民对狗的认识也是十分细微的，从造字来看，《说文》"犬"部收录83个字，分别对狗的大小、毛色、动作等做了详细描写。

水产类肉食主要是鱼。"鱼"最早见于彩陶纹。甲骨文字形如🐟，与彩陶上的鱼纹相仿。《说文》鱼部收录的字有100余个，大多数为鱼名，可见当时可供人类食用的鱼类种类繁多。与猎取陆地野兽相比，捕鱼的困难和危险都要小得多。因此，作为食用对象，鱼是相当被看重的，它在先民生活中有着特殊意义。如宫廷最隆重的宴会必须有酒有鱼。《诗经·小雅·鱼丽》："鱼丽于罶，鲿鲨。君子有酒，旨且多。鱼丽于罶，鲂鳢。君子有酒，多且旨。"还如《南有嘉鱼》，描写贵族宴会情景，备有各种不同的鱼和美酒。鱼还被古人当作饰物。据考古发现，北京周口店山顶洞人遗址就有涂红、穿孔的草鱼眶上骨出土。

殷商时代，华夏民族已经进入以农业生产为主的社会。《诗经·豳风·七月》是一首农事诗，描写农民一年四季的劳动过程和生活情况，写到古人种植的农作物有："黍稷重穋，禾麻菽麦。"至今俗语中仍有"五谷杂粮"的说法①。再从《说文》中多个相关部首所收字来看，东汉时期，先民的粮食品种已经相当丰富了。

"稷"，《说文》："稷，五谷之长。""稷"指高粱，是所有粮食中最先被种植的，所以称为五谷之长。也正因为此，古代用"稷"指主管农事的官员。《左传·昭公二十九年》："稷，田正也。"杜预注："掌播殖也。"后引申为五谷之神。"社稷"从字面来看是指土谷之神（"社"指土神）。古代君主为了祈求国事太平，五谷丰登，每年都要到郊外祭祀土地神和五谷神。后来人们就用"社稷"代称国家。

"禾（ 𭕄 ）"，罗振玉认为："（此字形）上象穗与叶，下象根与茎。"《说文》："嘉谷也。二月始生，八月而熟，得时之中，故谓之禾。"段玉裁注："嘉谷亦谓禾，民食莫重于禾，故谓之嘉谷……实曰粟，粟之人（仁）曰米，米曰粱，今俗云小米是也……禾穗必下垂。"段玉裁认为"禾"就是粟，并强调了粟穗的下垂状。后又指稻谷。

"黍（ 𭕄 ）"，罗振玉认为"黍为散穗，与稻不同，故作（散开）之状以象之"（于省吾，1996：1441）。于省吾（1996：1442）说："甲骨文黍字最为习见。其他谷类多则数十见，少则数见或一见。因此可知，黍是商代的主要谷类作物，当是平民的主要食粮。"

"稻"，金文字形作 𭕄。从字形看，左边有"禾"，右边上有"手"抓稻谷，下面是舂米的臼。段玉裁注曰："未去穟曰稻。"稻的籽是谷，稻壳非常坚硬，食用时要将谷壳舂开方能煮食其米粒。从这个字可以清楚地看到古人加工稻米的过程。

"麦（ 𭕄 ）"，繁体字为"麥"。古代"麦"和"来"本为一字。"来（ 𭕄 ）"，最初专指小麦，后假借为来去之来。为了区别两字，"来"字下加夂（倒止）成"麦"，专门表示小麦之义，"来"表示来去之义。王襄认为"麦"字下面的"夂"

---

① 五谷，所指不一。《周礼·天官·疾医》："以五味、五谷、五药养其病。"郑玄注："五谷，麻、黍、稷、麦、豆也。"《孟子·滕文公上》："树艺五谷，五谷熟而民人育。"赵岐注："五谷谓稻、黍、稷、麦、菽也。"《楚辞·大招》："五谷六仞。"王逸注："五谷，稻、稷、麦、豆、麻也。"《素问·藏气法时论》："五谷为养。"王冰注："谓粳米、小豆、麦、大豆、黄黍也。"后以五谷为谷物的通称，不一定限于五种。

象小麦的根，和人有脚一样。(于省吾，1996：1458)

（二）汉字与食用方式

古人最初是生食野果、野兽肉，不经过任何加工。古人偶然捡到被自然火烧死、烤熟的动物，发现这种被烧过的动物肉非常好吃，于是就有意识地开始保留火种，并将之运用到饮食的烹饪之中。《说文》“火”部收录了很多跟烹饪有关的字，通过分析这些字，我们发现古人烹饪食物主要有两种方式：直接烹饪和间接烹饪。

直接烹饪：多将兽肉、鱼肉直接放在火上烧烤至熟。如“炙、炮、燔”等字。

“炙（小篆字形作  ）”，《说文》：“炮肉也。从肉在火上。”这是典型的会意字，火在下，肉在上，呈现烤肉的样子。《诗经・小雅・瓠叶》：“有兔斯首，燔之炙之。”孔颖达疏：“以物贯之而举于火上以炙之。”即将一只兔子用叉子叉着放在火上烤。

“炮（小篆字形作  ）”，《说文》：“毛炙肉也。”即将带毛的肉用泥裹住在火上烧烤，烤熟后，把泥剥下来的时候一并剥离动物毛皮。“炮”的异体字为炰（páo），《诗经・鲁颂・閟宫》：“毛炰胾（zì）羹，笾豆大房。”描写的是鲁僖公祭祀画面，用的是去毛的小猪、肉汤，分别盛放在祭祀礼器笾、豆、大房里面。“炰”和“炙”一样为上下结构，火在下，包裹之物在上，清楚地展示了烧烤的方式。

“燔（小篆字形作  ）”，《诗经・大雅・生民》：“取羝以軷（bá），载燔载烈。”毛传：“传火曰燔。”《诗经・小雅・瓠叶》：“有兔斯首，燔之炙之。”毛传：“加火曰燔。”“传火”“加火”是让肉更近地接触火。

对于这三者之间的区别，《礼记・礼运》郑玄注曰：“炮，裹烧之也。燔，加于火上也。炙，贯之火上也。”《诗经・小雅・瓠叶》郑玄笺曰：“凡治兔之宜，鲜者毛炮之，柔者炙之，干者燔之。”结合前面的分析，“炮”强调带毛裹烧；“炙”强调借物串烧，类似于今天的烤羊肉串；而“燔”强调近火烤。

间接烹饪：指不让食物直接接触火焰，用食器将食物和火焰隔开，使食物慢慢变熟。如“蒸、煎、熬”等字。

“蒸（  ）”，《说文》解释为：“火气上行也。”①在《说文・火部》还有两个字“烰”“爂”解释为“蒸”。蒸是利用高温气流向上升腾来使食物变熟。汉语中有一

① 关于“蒸”的本义，孙诒让、罗振玉等认为“火气上行”是“蒸”的引申义，“蒸”的本义为祭祀的一种。(具体参见于省吾，1996：956—957)

个成语叫作"蒸蒸日上",用热气不断上升的样子来比喻生活兴旺和事业发达。

"煎(小篆字形作煎)"和"熬(金文字形作熬)"在《说文》里是互训的,两者意思相同。扬雄《方言》:"凡以火而干五谷之类,自山而东、齐楚以往谓之熬。……凡有汁而干谓之煎。"可见,煎、熬最初是指焙干,后转指用水煮粮食然后收敛汤汁使它成为干饭,用不同的字来表示只是为了区别不同的方言而已。

(三)汉字与食用器具

先民的食用器具种类繁多,如烹饪器具、饮用器具等,从一个侧面反映出中国高度发达的饮食文化。许多出土文物,从早期的石器、陶器到后来的青铜器,都是饮食器具。同时,上古时期,很多饮食器具也是祭祀礼器。早期的象形汉字将很多饮食器具形状保留在汉字的形体中。

首先是烹饪器具:"鼎(鼎)",金文字形作鼎。鼎本是烹饪之器,既用于烹饪,也可盛放食物。有三足圆鼎,也有四足方鼎。最早的鼎是陶制的,后来有了青铜鼎。自从有了禹铸九鼎的传说,鼎就从一般炊器发展为传国重器。国灭则鼎迁,历商至周,都把定都或建立王朝称为"定鼎"。"问鼎"就指图谋王位。战国时,秦、楚皆有兴师到周问鼎之事。鼎被当作传国重器、国家和权力的象征后,"鼎"字也被赋予了"显赫""尊贵""盛大"等意义,如"一言九鼎""大名鼎鼎""鼎盛时期""鼎力相助"等。

"鬲(lì)",甲骨文字形作鬲,金文字形作鬲。鬲与鼎外形相似,属于鼎类,但用途各异。鬲口圆,腹呈袋状,下面有三个锥形足。这种造型是为了加大接触火的面积,使食物更快被烹熟。

"甑(zèng)"与"甗(yǎn)"都是古代的蒸器。甗分为上下两部分,上部为甑,放置食物;下部为鬲,放水。甑与鬲之间有铜箅,箅上有孔,鬲中水加热后,蒸气通过箅孔蒸热甑内食物。甑是不能单用的,必须放在其他器物如釜上,以让蒸汽上行。这两者一般不作为礼器使用。

其次,盛物器具也种类繁多。如:"簋(guǐ)""簠(fǔ)",用于古代祭祀、宴享时盛煮熟的黍、稷、稻、粱。此外还如"豆(豆)"是用于盛放肉酱一类食物的高足器具;"盂",金文字形作盂,是一种大型盛饭器。

古人有大量饮酒器具,如:"尊(尊)",它是酒器的统称,同时也是一种盛酒器,一般为圆形,也有少数方形尊。国之重宝四羊方尊便是方形尊。此外还如"爵

（ 甹 ）""壶（ 壴 ）"等。

本章只选取了两个方面来介绍汉字与汉文化，实际上汉字所承载的汉文化远远不止这些。汉字与衣、住、行，与工、农、商，与兵、法、吏，与动植物，与年号、避讳等文化现象紧密相连；此外，汉字产生以后，围绕着汉字的使用，汉民族还开创性地发展出特有的文化现象，如书法、篆刻、诗词歌赋、对联、字谜等。

思考与练习

1. 举例介绍象形造字法中的文化意义。
2. 举例介绍会意造字法中的文化意义。
3. 举例介绍汉字与传统饮食文化的关系。

第九章　汉字的注音

第一节　古代的注音方法

今天，汉字采用的注音方法是汉语拼音。此前用的是国语注音字母；再往前是反切法，反切注音法延续了一千多年。反切产生之前，给汉字注音曾用过譬况法、读若法、直音法等。

一、譬况法

譬况法是用打比方、作比较、描写说明发音情况的方法给汉字注音。如《淮南子·原道训》"蛟龙水居"高诱注："蛟，读人情性交易之交，缓气言乃得耳。"又如《公羊传》何休注："伐人者为客，读伐，长言之，齐人语也；见伐者为主，读伐，短言之，齐人语也。"

这种注音法的缺点是含糊不清，不够精确，难以把握。

二、读若法

读若法是用读音相同或相近的字为难字注音。意思是"读得像……音"。例如：《说文·玉部》："珣，读若宣。""珛，读若畜牧之畜。"

读若法注音不准确，有的只是近似，而且还与假借相混。

三、直音法

直音法是用同音字给另一个汉字注音，这种方法比读若法、譬况法准确，是一大进步，但缺点是难避生僻字，如颜师古注《汉书》："瑊，音鍼（针）。""瑊"人们不认识，但"鍼"字可能依然不认识。况且，有些字找不到同音字，如"抽""买""丢"。遇到这种情况，就只有用"声调定音法"来给汉字注音。如《九经字样》："抽，丑平。……买，埋上（shǎng）。"

由此可看出，上述注音方法都有自身难以弥补的缺点。清代学者陈澧在《切韵考》中指出："古人音书，但曰读若某，读与某同。然或无同音之字，则其法穷；或虽有同音之字，而隐僻难识者，则其法又穷。"这种客观情况要求新的注音方法出现。

就是在这种情况下，反切诞生了。不过，反切产生后，以前的注音方法并非弃而不用，只是相比较而言，反切用得最普遍。

四、反切法

反切注音法的产生，是古代汉字注音史上的一次大飞跃。

反切法是用两个汉字给另一个汉字注音的双拼方法。即用第一个字的声母加上第二个字的韵母（含调）来拼出另一个字的读音。例如："夲"字，《广韵》注音为"土刀切"。"土"的声母是"t"，"刀"的韵母（含调）是"āo"，把"t"和"āo"拼起来就成了"tāo"。

早期不叫"反切"，只称"××反"或"××翻"，据说后来因为唐朝皇帝忌怕老百姓造反，讳"反"，改称"切"。"反切"由此得名。

反切法比譬况法、读若法、直音法要灵活得多，是很大的进步，得到了广泛应用。历史上的字书和韵书，多半是用反切法辅以直音法给汉字注音的。1915年出版的《辞源》，1936年刊行的《辞海》，都采用反切法注音。

由于反切法自身和语音变化等原因，反切的弊端也逐渐显现，主要表现在：语音的演变导致用当时读音切不出被切字读音。例如："权，巨员切。"按反切法，"巨"的声母"j"与"员"的韵母（含调）"üán"相切，切出来的读音是"juán"，这与现代实际读音quán就不一致。此外，反切法仍然难避生僻字，例如"辨，薄泫切"，如果不认识"辨"的话，那么就更不认识"泫"了，这种反切字不能认识，就等于没有注音。

历代都有人针对反切的弊病进行改良。但无论如何改良，仍有一部分字不能用反切法切出来，或者难以避免用生僻字作反切用字。所以，只有另辟蹊径才是出路。

注音方法的革命，是注音字母。

第二节 注音符号

注音字母,是专门为汉字注音而设定的符号。1913年由中国读音统一会制订,1918年由北洋政府教育部发布。1930年中华民国政府把注音字母改称为"注音符号",正式名称是"国语注音符号第一式"。后台湾地区改称为国音符号。

注音符号目前仍是台湾地区汉字的主要拼读工具,为小学语文教育初期必学内容;大陆地区自1958年推行汉语拼音方案以后停止使用,但在《新华字典》等基础工具书中对汉字注音时继续与拼音同时使用。目前使用的注音符号有37个(声母21个,韵母16个)。注音字母的具体情况见下文《汉语拼音方案》声母表和韵母表。

举例说明:

b
ㄅ 玻

其中"b"是汉语拼音,"ㄅ"是注音符号,"玻"是例字。

注音字母是中国第一套法定的汉字形式的拼音字母,它的最大功绩在于使汉字注音真正走上拼音的道路,实现了注音方式的符号化。注音符号的特点主要有:

(一)字母形体是汉字笔画式,符号选自古代简单的汉字。注音字母是在章太炎的汉字笔画式方案"纽韵文"的基础上,吸取当时各种方案的精华修改而成的。有一定汉字知识,特别是有古汉字知识积累的人,一看就能认识。例如:

ㄅ "包"的本字,音 bāo。　　ㄈ "匚"字,音 fāng。
ㄉ 即"刀"字,音 dāo。　　ㄍ 古"浍"字,音 kuài。

(二)虽然注音字母不是纯音素字母,但它的表音功能比直音法和反切法强多了。注音字母规定不作拼音文字用,只供汉字注音用。

(三)注音字母的拼音法为声、介、韵三拼法,如"标"字拼作ㄅㄧㄠ。这比清末双拼制的切音字进了一步。

虽然注音字母实现了符号化注音,摆脱了沿袭千年的用汉字给汉字注音的方式,但是,注音字母也有缺点,主要是注音字母不是音素字母。普通话中的复元音韵母、带鼻音韵母,注音字母多半只用一个字母表示。如ㄞ表示 ai,ㄤ表示 ang。这样,使用起来就缺少应有的灵活性。有些复合韵母要如实标音就困难了。例如 ong 韵母,注音字母没有特定的字母,只规定用ㄨㄥ两个字母来标写它。而ㄨ是表示 u 的，ㄥ是表示 eng 的，ㄨㄥ写在一起，岂不是 ueng 了吗？

第三节　威妥玛系统

一、威妥玛系统简介

　　威妥玛（1818—1895），英国人，1841年起在英国驻华使馆任职，1871年升为英国驻华公使。1883年回国，1888年任剑桥大学教授，讲授汉语，直至1895年逝世。威妥玛在华任职期间，为便于外国人（主要是使用英语的人）学习和掌握汉语、汉字，先后写成《寻津录》（1859）和《语言自迩集》（1867）两部著作。在这两部著作中，威妥玛使用根据北京读书音制订的拉丁字母拼音方式给汉字注音。1912年，翟理斯出版汉英词典，对威妥玛的方案作了适当修订。此后该方案就称为威妥玛系统，或称"威妥玛拼音"，并被广泛采用，成为中国地名、人名及事物名称外译的译音标准。美国国会图书馆一直使用这一方案，直到2000年10月1日，才改用汉语拼音方案。

　　不过，威妥玛并不是用拉丁字母给汉字注音的第一人。最早用拉丁字母（罗马字）来拼写中文的是意大利传教士利玛窦。1605年利玛窦的《西字奇迹》是汉字的第一个拉丁字母拼音方案。继之者有法国传教士金尼阁1626年所著《西儒耳目资》。

　　威妥玛拼音系统是20世纪前中期中文的主要音译系统。1979年以前，威妥玛拼音更是广泛运用于英文标准参考资料和所有有关中国的书籍当中。1979年，联合国秘书处发出通知，以汉语拼音方案的拼法作为在各种拉丁字母文字中转写中国人名、地名的国际标准。虽然威妥玛拼音被汉语拼音方案取代，但威妥玛拼音并未彻底消失。时至今日，中国台湾的县市名称大多数仍采用威妥玛拼音，如台北（Taipei）、台中（Taichung）、高雄（Kaohsiung）等。即使在汉语拼音完全普及的中国大陆，现实生活中的个别地方还在使用威妥玛拼音。中国城市机场的三字代码，就是以该城市威妥玛拼音的字母缩略而成的。例如：

重庆—CKG—Chungking　　　　青岛—TAO—Tsingtao
天津—TSN—Tientisn　　　　　桂林—KWL—Kweilin
南京—NKG—Nanking　　　　　广州—CAN—Canton
香港—HKG—Hongkong　　　　　北京—PEK—Peking

部分老字号、驰名品牌的英文名称，一直沿用威妥玛式拼音，而且还将继续使用下去。品牌英文名称仍然使用威妥玛式拼音的，如：

青岛啤酒——Tsingtao Beer　　　　贵州茅台酒——Kweichow Moutai

中华牌香烟——Chunghwa　　　　张裕葡萄酒——Changyu

大学英文名称仍然使用威妥玛式拼音的，如：

清华大学——Tsinghua University

北京大学——Peking University

中山大学——Sun Yat-Sen University（孙中山先生号逸仙）

苏州大学——Soochow University

威妥玛式拼音虽然保持了接近英文拼法的一些特点，但并不完全迁就英文的拼写习惯。它的最大缺点是没有充分考虑汉语的语音特点，拘泥于国际习惯，沿袭前人使用送气符号"'"来表示送气音声母的办法。在实际应用中，送气符号常常被省略，因而造成很大的混乱。例如，汉语拼音的b、p，威妥玛式拼音分别标为p、p'，而在实际应用中，送气符号省略后，二者就混在一起了。威妥玛式拼音的另外一个缺点是，j和zh不分，都是ch；q和ch不分，都是ch'。由于送气符号和ü上的两点常常省略，"朱、楚、居、瞿"，拼出来都是chu。

二、威妥玛系统与汉语拼音对照

（一）声母对照

拼音	b	p	m	f	d	t	n	l	g	k	h	j	q	x	zh	ch	sh	r	z	c	s
威妥玛	p	p'	m	f	t	t'	n	l	k	k'	h	ch	ch'	hs	ch	ch'	sh	j	ts	ts'	s
例字	波	坡	摸	佛	的	特	呢	了	哥	科	喝	基	期	希	知	吃	诗	日	资	雌	思

（二）韵母对照

拼音例字	威妥玛	拼音例字	威妥玛	拼音例字	威妥玛	拼音例字	威妥玛
		i 衣	i	u 乌	u	ü 迂	ü
a 啊	a	ia 呀	ia	ua 蛙	ua		

(续表)

拼音例字	威妥玛	拼音例字	威妥玛	拼音例字	威妥玛	拼音例字	威妥玛
o 喔	o			uo 窝	o		
e 鹅	ê	ie 耶	ieh			üe 约	üeh
ai 哀	ai			uai 歪	uai		
ei 欸	ei			uei 威	ui		
ao 熬	ao	iao 腰	iao				
ou 欧	ou	iou 忧	iu				
an 安	an	ian 烟	ien	uan 弯	uan	üan 冤	üan
en 恩	ên	in 因	in	uen 温	un	ün 晕	ün
ang 昂	ang	iang 央	iang	uang 汪	uang		
eng 亨的韵母	êng	ing 英	ing	ueng 翁	uêng		
ong 轰的韵母	ung	iong 雍	ung				
ê 诶	eh						
er 儿	êrh						

第四节　汉语拼音方案

一、《汉语拼音方案》的制订过程

1949年，长期致力于文字改革的活动家开始酝酿制订统一的拼音方案。新中国刚刚成立，就把文字改革作为一件大事提了出来。

1949年8月，吴玉章致信毛泽东，称中国文字应改成拉丁化的拼音文字。毛泽东对此十分重视。在毛泽东的大力支持下，1949年10月10日，中国文字改革协会宣告成立。1951年12月，设立中国文字改革研究委员会。1954年10月，成立中国文字改革委员会（简称"文改会"），1985年12月，更名为国家语言文字工作委员会，仍直属国务院。

制订《汉语拼音方案》在当时并不是一件孤立事件，而是国家整体语言文字工作的组成部分。文改会的工作有三个主要内容：制订《汉语拼音方案》，制订《汉字简化方案》，大力推广普通话。

文改会下设两个研究室，第一研究室以研究汉语拼音方案为中心，第二研究室主要研究汉字简化。研究和制订《汉语拼音方案》是文改会第一研究室的主要任务。

很多人为此贡献智慧。1950年到1955年，文改会收到社会各界包括海外华人共633人提交的汉语拼音方案655种。这些方案中有汉字笔画式的，有外文字母式的，有图案式的，有数码式的，甚至还有速记符号。

制订拼音文字，字母采取什么形式，成为大家关注的焦点。专家们就汉语拼音采用什么字母争论不休。吴玉章主张："中国文字应采取拉丁化的拼音为好，不要注音字母式或日本假名式的拼音。"这一主张得到毛泽东的支持。毛泽东曾指示："文字必须改革，要走世界文字共同的拼音方向。"而且，毛泽东还指示，汉语拼音字母的体势要便于书写，便于连写；笔势基本上要一边倒，不要复杂。

1956年1月，中共中央发出了《关于文字改革工作问题的指示》，其中明确表示"中央认为，汉语拼音方案采用拉丁字母比较适宜"。

1956年2月12日，文改会发表了《汉语拼音方案（草案）》，即《汉语拼音方案》的第一个草案（后来人们把这个草案称为"原草案"）；同时还发表了《关于拟订〈汉语拼音方案（草案）〉的几点说明》。

《草案说明》指出《汉语拼音方案（草案）》的用处是：

可以用来给汉字注音，在字典上用，在教科书上用，在通俗读物上用，在需要注音的生僻字上用，在路牌上用，等等；

可以用来作为普通话的教学工具；

可以用来作为科学上和技术上的符号；

可以用来试验汉语拼音文字，使拼音字母拼写的普通话逐步发展成为完善的拼音文字；

可以用来作为少数民族制订拼音文字的字母基础。"

这个"原草案"明确指出："拟订汉语拼音方案的目的，是要设计一套拼音字母和写法规则，来拼写以北京语音为标准音的普通话。"

"原草案"中对于汉语拼音的制订有非常详尽的考虑和规划。专家们在设计中甚至考虑到，字母在连写、草书时怎样写，会不会彼此混淆。

这说明，"原草案"最初制订时，并非只作为给汉字注音的辅助工具，而是瞄准制订一套"拼音文字"方案设计的，但一下子用拼音文字取代汉字，引起许多人的反对。为了能赶快制订出一套汉字注音系统，以利注音识字和推广普通话，文改会在1956年2月发表"原草案"时删掉了"文字"二字。正式公布时，虽然没有使用原题目《汉语拼音文字方案（草案）》，以免被认为是个"文字方案"，但大家都明白，这个方案并不只是一套注音系统，它还有远大目标——成为拼音文字。

正是出于这个原因，"原草案"公布之日起，就引起了社会各界极大的关注和争论。为此，周恩来总理专门指示审订委员会：汉语拼音方案还不是文字方案，它是给汉字注音，帮助扫盲，帮助推广普通话的，它还不能代替汉字，因此现在不能废除汉字。至于汉字将来是否要用拼音文字代替，这个问题需要从长计议，现在不做决定。有了周总理的指示，一些赋予《汉语拼音方案》过多功能的争论才得以平息。1957年11月1日，国务院全体会议第六十次会议通过了《关于公布〈汉语拼音方案（草案）〉的决议》，明确指出，《汉语拼音方案》的用途是"帮助学习汉字推广普通话的工具"。

1958年2月11日，第一届全国人民代表大会第五次会议正式批准《汉语拼音方案》。

这个方案是三百多年来拼音字母运动的结晶，是六十年来中国人民创造拼音方案的总结，它的诞生是中国文字改革史上的里程碑，是新中国文字改革工作的重大成果。

今天，汉语拼音方案不仅是中国拼写中文的标准，也是世界拼写中文的标准。1977年，联合国第三届地名标准化会议推荐用该方案作为中国地名罗马字母的国际标准。1979年，联合国秘书处发出通知，以汉语拼音方案的拼法作为在各种拉丁字母文字中转写中国人名、地名的国际标准。1982年，国际标准化组织通过国际标准

(ISO)《文献工作——中文罗马字母拼写法》决定:"中华人民共和国全国人民代表大会(1958年2月11日)通过的汉语拼音方案,被用来拼写中文。"

二、《汉语拼音方案》的制订原则

(一)标准音原则,即以北京语音为标准音的原则

一般来说,任何一种拼音方式都要求一个活的语言或方言的语音系统作为它的拼写对象,因为只有在这样的语音结构系统中才能拟订出一个具有实用价值的拼音方式来。《汉语拼音方案》的拼写对象是普通话,而普通话是"以北京语音为标准音"的,所以,制订《汉语拼音方案》就得坚持以北京音为标准音。用《汉语拼音方案》拼写出来的应该是现代汉民族共同语——普通话。

(二)音素化原则,即拼音字母采用音素制的原则

音素是语音的最小单位。依据音节里的发音动作来分析,一个动作构成一个音素。汉语的音节,最少的只有一个音素,如啊(a);最多的有四个音素,如边(bian)、庄(zhuang);有的有两个音素,如妈(ma)、沙(sha);有的有三个音素,如烟(ian)、单(dan)。

(三)国际化原则,即采用国际通用的字母形式的原则

汉语拼音采用的字母,一定要有国际通用性。拉丁字母是国际公用的符号,具有国际通用性,便于国际交流。1958年,世界上就有60多个国家采用拉丁字母,现在,已有100多个国家和地区采用拉丁字母形式。今天看来,采用拉丁字母作为《汉语拼音方案》的字母形式无疑是最佳选择。

三、《汉语拼音方案》的内容

《汉语拼音方案》包括五项内容:

字母表:26个拉丁字母的形体、名称及排列顺序。

声母表:21个辅音声母及其名称。

韵母表:共39个,表内35个,表外4个。

声调符号:4个声调符号及其标注规则。

隔音符号:用于音节界限混淆时的分割。

第一部分，字母表

字母名称	Aa ㄚ	Bb ㄅㄝ	Cc ㄘㄝ	Dd ㄉㄝ	Ee ㄜ	Ff ㄝㄈ	Gg ㄍㄝ
	Hh ㄏㄚ	Ii ㄧ	Jj ㄐㄧㄝ	Kk ㄎㄝ	Ll ㄝㄌ	Mm ㄝㄇ	Nn ㄋㄝ
	Oo ㄛ	Pp ㄆㄝ	Qq ㄑㄧㄡ	Rr ㄚㄦ	Ss ㄝㄙ	Tt ㄊㄝ	
	Uu ㄨ	Vv ㄪㄝ	Ww ㄨㄚ	Xx ㄒㄧ	Yy ㄧㄚ	Zz ㄗㄝ	

说明：v 只用来拼写外来语、少数民族语言和方言。

字母的手写体依照拉丁字母的一般书写习惯。

第二部分，声母表

b ㄅ玻	p ㄆ坡	m ㄇ摸	f ㄈ佛	d ㄉ得	t ㄊ特	n ㄋ讷	l ㄌ勒
g ㄍ哥	k ㄎ科	h ㄏ喝		j ㄐ基	q ㄑ欺	x ㄒ希	
zh ㄓ知	ch ㄔ蚩	sh ㄕ诗	r ㄖ日	z ㄗ资	c ㄘ雌	s ㄙ思	

说明：在给汉字注音的时候，为了使拼式简短，zh，ch，sh 可以省作 ẑ，ĉ，ŝ。

第三部分，韵母表

	i ㄧ 衣	u ㄨ 乌	ü ㄩ 迂
a ㄚ 啊	ia ㄧㄚ 呀	ua ㄨㄚ 蛙	
o ㄛ 喔		uo ㄨㄛ 窝	
e ㄜ 鹅	ie ㄧㄝ 耶		üe ㄩㄝ 约
ai ㄞ 哀		uai ㄨㄞ 歪	

(续表)

ei ㄟ	诶			uei ㄨㄟ	威		
ao ㄠ	熬	iao ㄧㄠ	腰				
ou ㄡ	欧	iou ㄧㄡ	忧				
an ㄢ	安	ian ㄧㄢ	烟	uan ㄨㄢ	弯	üan ㄩㄢ	冤
en ㄣ	恩	in ㄧㄣ	因	uen ㄨㄣ	温	ün ㄩㄣ	晕
ang ㄤ	昂	iang ㄧㄤ	央	uang ㄨㄤ	汪		
eng ㄥ	亨的韵母	ing ㄧㄥ	英	ueng ㄨㄥ	翁		
ong (ㄨㄥ)	轰的韵母	iong ㄩㄥ	雍				

说明：

（1）"知、蚩、诗、日、资、雌、思"等七个音节的韵母用i，即：知、蚩、诗、日、资、雌、思等字拼作zhi, chi, shi, ri, zi, ci, si。

（2）韵母ㄦ写成er，用作韵尾的时候写成r。例如："儿童"拼作ertong，"花儿"拼作huar。

（3）韵母ㄝ单用的时候写成ê。

（4）i行的韵母，前面没有声母的时候，写成yi（衣），ya（呀），ye（耶），yao（腰），you（忧），yan（烟），yin（因），yang（央），ying（英），yong（雍）。

u行的韵母，前面没有声母的时候，写成wu（乌），wa（蛙），wo（窝），wai（歪），wei（威），wan（弯），wen（温），wang（汪），weng（翁）。

ü行的韵母，前面没有声母的时候，写成yu（迂），yue（约），yuan（冤），yun（晕）；ü上两点省略。

ü行的韵母跟声母j, q, x拼的时候，写成ju（居），qu（区），xu（虚），ü上两点也省略；但是跟声母n, l拼的时候，仍然写成nü（女），lü（吕）。

（5）iou, uei, uen前面加声母的时候，写成iu, ui, un。例如niu（牛），gui（归），lun（论）。

（6）在给汉字注音的时候，为了使拼式简短，ng可以省作ŋ。

第四部分，声调符号

阴平	阳平	上声	去声
ˉ	ˊ	ˇ	ˋ

说明：声调符号标在音节的主要母音上。轻声不标。例如：

妈 mā　　麻 má　　马 mǎ　　骂 mà　　吗 ma
（阴平）　（阳平）　（上声）　（去声）　（轻声）

第五部分，隔音符号

a，o，e开头的音节连接在其他音节后面的时候，如果音节的界限发生混淆，用隔音符号（'）隔开，例如pi'ao（皮袄）。

思考与练习

1. 举例介绍中国古代的注音方法。
2. 举例谈谈注音符号和威妥玛系统对现实生活的影响。
3. 举例介绍汉语拼音方案的重要作用。

第十章　标点符号

第一节　标点符号概说

一、标点符号的历史

标点符号在书面语中有着重要作用，它的发展是一个从无到有、逐渐完善的漫长过程。古时候没有现代意义的标点符号，今天在古文中见到的标点符号，都是后人重新断句加上的。

大约从汉代开始，"句读（dòu）"符号开始用于断句。一般认为，"句"形式如竖钩，作用相当于今天的句号，指语意完结后较长的停顿；"读"形式似今天的顿号，作用相当于今天的逗号，指语意未尽较短的停顿。唐宋时期出现了圈号（相当于今天的句号）和点号（相当于今天的逗号）；明代有了标示人名的单直线号、标示地名的双直线号；清代标点符号种类进一步增多。但总的说来，古代标点符号体系并不完备，使用标准也不统一。

直到近代，随着白话文的广泛使用，新式标点符号的推行变得迫切。1920年，政府颁布了《通令采用新式标点符号文》，这是我国第一套法定的标点符号用法。它规定了12种标点符号，包括句号、点号、分号、冒号、问号、惊叹号、引号、破折号、删节号、夹注号、私名号、书名号的使用规范。

1951年，中央人民政府出版总署公布了《标点符号用法》，共列14种标点符号，包括句号、逗号、顿号、分号、冒号、问号、感叹号、引号、括号、破折号、省略号、着重号、专名号和书名号。同年10月中央人民政府政务院作出学习指示，要求全国遵照执行。此后三十年间，随着汉语书面语的变化发展，标点符号的使用也有了一些变化，《标点符号用法》需要进行修订。1990年3月，国家语言文字工作委员会和中华人民共和国新闻出版署颁布了修订的《标点符号用法》，对标点符号及其用法作了新的规定和说明，将原来的14种标点改为16种，增加了连接号和间隔号。

二、标点符号国家标准

1995年，国家技术监督局以1990年颁布的《标点符号用法》为依据，发布了中华人民共和国国家标准《标点符号用法》（GB/T15834—1995），1996年6月1日起正式实施。至此，标点符号用法上升为国家标准。

2011年，国家质量监督检验检疫总局和国家标准化管理委员会联合发布了最新修订的国家标准《标点符号用法》（GB/T 15834—2011），2012年6月1日起正式实施。新颁布的国家标准《标点符号用法》在1995年版的基础上形成，总体例与原标准基本相同，但也呈现出诸多变化。全文包括六部分：第一部分为标准使用的范围；第二部分为标准所涉及的术语和定义，其中对"标点符号"的定义予以充分明确和区别，对"复句""分句"等术语的定义作了修改和补充；第三部分为标点符号的种类，将分隔号纳入常用标点符号范围；第四部分为标点符号的定义、形式和用法，突出每类标点符号的定义，根据实际使用情况，对部分标点符号的用法做了补充和明确，同时更换了大部分用法示例；第五部分为标点符号的位置和书写形式，这一部分更为详细地说明标点符号在横排和竖排文稿中的位置和书写形式；最后一部分为新增的两章附录，分别为标点符号用法的补充规则和易误用、混用标点符号的用法说明，对当前标点符号使用中争议较大、使用混乱、常见误用等情况作出了补充解释。

总体而言，《标点符号用法》新标准与原标准相比，内容更翔实，用例更丰富，更贴近当前的实际使用状况。相信随着社会语文生活的发展变化，标点符号的使用标准还将进一步修改和完善。

三、标点符号的种类

2011年修订的《标点符号用法》对原标准的编排和表述做了全面修改，把原来的16种标点符号增加到17种，增加了分隔号的用法说明。17种标点符号分为点号和标号两大类。其中点号的作用是点断，主要表示语句的停顿、句子的语气等。点号分为句末点号和句内点号，句末点号包括句号、问号、叹号3种，句内点号包括逗号、顿号、分号、冒号4种。标号的作用是标明，主要标示词语的特定性质和作用，包括引号、括号、破折号、省略号、着重号、连接号、间隔号、书名号、专名号、分隔号等10种。列表如下：

标点符号	点号(7种)	句末点号	句号、问号、叹号
		句内点号	逗号、顿号、分号、冒号
	标号(10种)	引号、括号、破折号、省略号、着重号、连接号、间隔号、书名号、专名号、分隔号	

四、标点符号的作用

(一)表示停顿

说话有或长或短的停顿,在书面语中则用标点符号来表示。例如:

(1) 北宋文学家苏轼,号东坡。他对词的发展有突出贡献。他扩展了词的内容,着重表达豪迈奔放的思想感情,描绘雄浑壮观的景物,给词注入了强劲的生命力,对后世影响很大。

这段文字意在介绍苏轼在词史上的重要贡献。如果不加标点,读起来不免难以理解,加上标点后,层次清晰,一目了然。此段用了两种标点符号,即句号和逗号。其中三个句号各表示在一个相对完整意思表述之后的停顿,逗号则表示句子中一般性的停顿。

(二)表示语气

陈述语气、疑问语气、感叹语气和祈使语气是四种基本语气。话语中可以通过语调表现出来,在书面语中,则通过标点符号来表示。用于表示语气的标点符号主要是三种句末点号,即句号、问号和叹号。例如:

(2) 他考上大学了。

(3) 他考上大学了?

(4) 他考上大学了!

上述例子虽为同一句话,但使用了不同的标点符号,表示的语气也就不同。例(2)是陈述语气,例(3)是疑问语气,例(4)则是感叹语气。

(三)标示作用

在书面语中,一些句子或词语有着特殊的意义和作用,需要用符号标示出来。例如:

(5) 话剧《关汉卿》情节曲折动人,富于传奇色彩。

句中的"关汉卿"用书名号标示,不再是指元代杂剧作家关汉卿,而是指现代剧作家田汉创作的话剧名称。

(6)"画人画鬼高人一等,刺贪刺虐入骨三分",这是郭沫若为蒲松龄纪念馆聊斋堂写的对联。

句中的引号标示引用郭沫若的话。

(7)也不必说鸣蝉在树叶里长吟,肥胖的黄蜂伏在菜花上,轻捷的叫天子(云雀)忽然从草丛间直窜向云霄里去了。

句中的"云雀"用括号,标明它是对前面别称"叫天子"一词的解释说明。

(四)修辞作用

在遣词造句中,恰当运用标点符号能够更为准确、生动地传达感情。例如:

(8)"阿!闰土哥,——你来了?……"

这是鲁迅《故乡》中的一句话,连续运用叹号、逗号、破折号、问号、省略号,生动传达出了文中的"我"二十多年后与闰土哥重逢时既高兴又震惊、既熟悉又陌生的复杂情感。

第二节 标点符号的用法

一、句号

(一)要点提示[①]

主要作用	用于句末表停顿,表示句子的陈述语气。
书写形式	常见形式"。",另一种形式为实心小圆点".。"
书写位置[②]	置于句末,占一个字位置,居左下,不出现在一行之首。

(二)基本用法

1.表示陈述句末尾的停顿。

(1)重庆是一座充满活力的城市。

[①] 本节"要点提示"主要参考国家标准《标点符号用法》(GB/T 15834—2011)的表述来阐释。
[②] 指在横排文稿中标点符号的位置,后同。

（2）今天是重阳节。

2.用于语气舒缓的祈使句或感叹句末尾。

（3）请把门关上。

（4）真不愿意再看到这样的事发生了。

3.在科技文献中，句号通常用实心小圆点形式，即"．"。

（5）圆的周长公式是：C=πd =2πr.

（三）错例分析

1.在句号的使用中，应避免出现"一逗到底"的情况，或者很长的一段话，却只用了一个句号。

2.应避免滥用句号。

（6）*她查到成绩后，兴奋地对大家说道："我成功了。"

此例为语气强烈的感叹句，句末应改为叹号。

（7）*我一句话没说。默默地看着他。

此例句意连贯，第一个句号应改为逗号。

二、问号

（一）要点提示

主要作用	用于句末表停顿,表示句子的疑问语气。
书写形式	"？"
书写位置	置于句末,占一个字位置,居左下,不出现在一行之首。两个问号叠用时,占一个字位置；三个问号叠用时,占两个字位置。

（二）基本用法

1.表示疑问句末尾的停顿。

（1）花儿为什么这样红？

（2）你不觉得我们的战士是可爱的吗？你不以我们的祖国有着这样的英雄而自豪吗？

(3) 你怎么来了?

2. 用于选择疑问句。选择疑问句中,一般只在全句末尾用问号。特殊情况下,为了表强调或突出,可以每个选择项都用问号。

(4) 你这次考试失利,是临场发挥不好呢,还是考前准备不充分呢?

(5) 他想象着她得知这个惊天秘密时的表情:是伤心?是愤怒?是绝望?抑或是无奈的悲悯?

3. 需表达较为强烈的感情时,可以叠用问号。

(6) "出什么事了?你大声点……啊?……什么??什么???"他近乎喊叫了,脸色瞬间煞白。

(三) 错例分析

有疑问词但不是疑问句而误用问号。

(7) *我想不起他是谁了?

(8) *不知道妹妹什么时候回来?

判断一个句子是不是疑问句,不能只看有没有疑问词,还要看它是否真正发问,有没有疑问语气。例句中虽然分别出现了疑问词"谁""什么",但全句并不表示疑问,而是陈述事实。上述两例的问号均应改为句号。

三、叹号

(一) 要点提示

主要作用	用于句末表停顿,表示句子的感叹语气。
书写形式	"!"
书写位置	置于句末,占一个字位置,居左下,不出现在一行之首。两个叹号叠用时,占一个字位置;三个叹号叠用时,占两个字位置。问号与叹号连用时,占一个字位置。

(二) 基本用法

1. 表示感叹句末尾的停顿。

(1) 多美啊,祖国的春天!

（2）可怜的人啊！

2. 语气强烈的反问句、祈使句也可用叹号。

（3）阿爷活了八十岁了，什么样的大风大浪没见过！

（4）你给我站住！

3. 用于拟声词后，表示声音短促或突然。

（5）轰！一阵巨响突然传来。

4. 表达强烈语气时，可叠用感叹号。

（6）我要揭露!我要控诉!! 我要以死抗争!!!

5. 语气强烈的反问句有时可以问号和叹号连用。

（7）小王居然会跳"华尔兹"?!

（三）错例分析

1. 有些句子表达的感情色彩并不强烈，不宜使用叹号。

（8）*梦就是理想！

例句表达的感情色彩并不强烈，只是一般陈述，可改为句号。

2. 语气词在句子中间或句子倒装时，叹号应置于全句末尾。

（9）*你呀！这次肯定能成。

叹号应置于句末。

四、逗号

（一）要点提示

主要作用	表示句子或语段内部的一般性停顿,是使用频率最高的点号。
书写形式	"，"
书写位置	置于相应文字之后，占一个字位置,居左下,不出现在一行之首。

（二）基本用法

1. 在单句中表示句内一般性停顿。

(1) 这时候邻屋里走出来一位大妈，打量了我一下。(用于较长的主语后)

(2) 在回家的路上，她一直想着这件事。(用于句首的状语后)

(3) 影子告诉他，是一只小小的萤火虫。(用于较长的宾语之前)

(4) 龙须沟啊，不是坏地方。(用于带句内语气词的主语后)

(5) 母亲沉痛的三言两语的诉说，以及我亲眼见到的许多不平事实，启发了我幼年时期反抗压迫追求光明的思想。(用于较长的主语中间)

(6) 到了吗，孩子们？(用于前置的谓语之后)

(7) 她走上了领奖台，慢慢地，羞怯地。(用于后置的状语前)

(8) 事情明摆着，你看，我们还能不管？(用于插入语前后)

(9) 李老师，我们的班主任，昨天病倒了。(用于同位语前后)

2. 用于语气缓和的感叹语、称谓语或呼唤语之后。

(10) 啊，你怎么这样客气起来了。

(11) 朋友，你到过歌乐山吗？

3. 在复句中，表示分句内部或分句之间的停顿，一般都用逗号。

(12) 要么被困难吓倒，要么把困难克服。

(13) 他年纪小，胆子却不小。

(14) 不在沉默中爆发，就在沉默中灭亡。

(三) 错例分析

1. 较短的并列词语之间误用逗号。

(15) *作者描写了飞瀑，寺庙，翠松，古柏，洞天云海。

"飞瀑""寺庙""翠松""古柏""洞天云海"是并列词语，之间停顿较短，应该用顿号，不能用逗号（逗号表示的停顿比顿号长）。但当并列短语带有语气词或并列短语较长时，可用逗号，如下例：

(16) 夜色越来越浓了，村落啦，树林子啦，坑洼啦，沟渠啦，好像一下子全都掉进了神秘的沉寂里。

2. 复杂分句之间误用逗号。

(17) *镇上的人们也仍然叫她祥林嫂，但音调和先前很不同，也还和她讲话，但笑容却冷冷的了。

此句的第二个逗号应改为分号。例句是由两个转折复句构成的多重复句。用逗号不能分清其内部层次，用句号又会割裂前后关系，应该用分号表停顿。

五、顿号

（一）要点提示

主要作用	表示句中较短的并列词语之间的停顿（是句子内部最小的停顿）。
书写形式	"、"
书写位置	置于相应文字之后，占一个字位置，居左下，不出现在一行之首。

（二）基本用法

1. 用于并列词语之间较短的停顿。

(1) 化学是研究物质的组成、结构、性质以及变化规律的科学。

(2) 品尝高考，就是在品味一段酸、甜、苦、辣的人生。

(3) 当下应倡导更环保、更经济、更便捷的出行方式。

2. 用于序次语之后的停顿。

(4) 证据有下列几种：一、书证；二、物证；三、视听资料；四、证人证言；五、当事人的陈述；六、鉴定结论；七、勘验笔录。

(5) 有下列几项运动可供选择：甲、篮球；乙、羽毛球；丙、乒乓球；丁、排球。

（三）错例分析

1. 非并列词语之间错用顿号。

(6) *他就是我们的新班主任、李老师。

此句中新班主任和李老师是语法上的复指关系，应删除之间的顿号。

2. 顿号不能与连词"和""甚至""或者"等并用。

(7) *卷云、卷积云、积云、和高积云,都是很美丽的。(删除"和"之前的顿号)

3. 表示概数时,相邻的两个数字之间不能用顿号。

(8) *她看上去很年轻,就二十七、八岁的样子。(不必停顿,应删除顿号)

4. 顿号不能与括号并用。

(9) *小说有三个要素:(1)、人物形象;(2)、故事情节;(3)、环境描写。

多项列举时顿号与括号只用一项即可,此句可删除括号后的顿号。

5. 阿拉伯数字表示日期时,误用顿号。

(10) *2013、04、20(顿号应改为连接号:2013-04-20)

六、分号

(一)要点提示

主要作用	表示复句内部并列关系分句间的停顿。
书写形式	";"
书写位置	置于相应文字之后,占一个字位置,居左下,不出现在一行之首。

(二)基本用法

1. 表示并列分句间的停顿,尤其是在分句内部已有逗号表示停顿,再用逗号不能清楚表示分句间关系时,应使用分号。

(1) 我们过苦日子时,他来了;我们过好日子时,他却走了。

(2) 雨,越下越大;风,越刮越急。

2. 非并列关系的多重复句内的第一层也可使用分号。

(3) 不管一个人如何正确,他总是生活在一定的条件下;因此,他的见解,总是带有历史的局限性。

3. 表示事项的分项说明。

(4) 第三产业可分为四个层次：一、流通部门；二、为生产和生活服务的部门；三、为提高科学文化水平和居民素质服务的部门；四、为社会公共需要服务的部门。

(三) 错例分析

1. 单句内并列词语之间一般不能用分号。

(5) *在感悟了星光、月光、日光之后；在凝聚了雨露、风沙、昏晓之后，她的微笑也具有了感染力。

此句中的分号应改为逗号。

2. 非并列关系分句误用分号。

(6) *鲁迅不但是伟大的文学家；而且是伟大的思想家和革命家。

"不但……而且"是递进关系，不是并列关系，应将句中的分号改为逗号。

七、冒号

(一) 要点提示

主要作用	用在提示语后，提起下文；或在总括语前，总结上文。
书写形式	"："
书写位置	置于相应文字之后，占一个字位置，居左下，不出现在一行之首。

(二) 基本用法

1. 用于提起下文。

(1) 亲爱的同学们：

大家好！(用在书信、讲演稿开头的称呼语之后，引出要说的话)

(2) 事实充分证明：他的预测是完全正确的。(用于总括性词语后，提示下文)

(3) 医生神色凝重地对家属说："病人的情况不太乐观。"(用于"说"等提示性词语后，引出要说的话)

(4) 我想：希望是本无所谓有，无所谓无的。（用于提示性词语后，引出下文）

2. 用于总结上文。

(5) 她一手提着竹篮，内中一个破碗，空的；一手拄着一支比她更长的竹竿，下端开了裂：她分明已经纯乎是一个乞丐了。

3. 用于解释说明。

(6) 惊蛰：二十四节气之一，一般在每年的3月5日或6日。

（三）错例分析

1. 不是指示性话语之后的停顿误用冒号。

(7) *据历史文献记载：这个古镇已有两千年历史。

此处的"记载"不是指示性话语，冒号应该为逗号。

2. 冒号是句内停顿中较长的一种，在句内没有较长停顿的地方应避免使用。

(8) *孩子们在给地里劳动的父母送：开水、芋头和煎饼。

此句应删去冒号。

八、引号

（一）要点提示

主要作用	标明语段中直接引用的内容或需要特别说明的部分。
书写形式	有""（双引号)和''（单引号）两种形式。
书写位置	其两部分标在引用内容的两端，各占一个字位置，前引号不出现在一行之末，后引号不出现在一行之首。

（二）基本用法

1. 标示语段中直接引用的内容。

(1) "每逢佳节倍思亲"是王维诗作《九月九日忆山东兄弟》中的名句。

2. 标示语段中具有特殊含义的成分,也包括反语、简称、别称等。

(2)"达人秀"活动的报名者可以说是个个身怀绝技。("达人秀"是一档电视节目)

(3)查处"吃空饷"难在哪里?("吃空饷"指不上班但是可以领工资这种不合理的现象)

(4)上海话的难学不在于语言的复杂而在于上海人心态的怪异,广东人能容忍外地人讲极不标准的广东话,北京人能容忍羼杂着各地方言的北京话,但上海人就不允许别人讲不伦不类的上海话。有人试着讲了,几乎所有的上海人都会求他"帮帮忙",别让他们的耳朵受罪。(这里的"帮帮忙"是反语,不是真的需要别人帮忙,相反是求他们不要那样做。)

(5)明天是"六一"儿童节。(标示简称)

3. 标示需要注意或强调的内容。

(6)小说中的人物"我"一般不是指作者本人。

4. 当遇到双重引文时,外面一层使用双引号,里面一层用单引号。

(7)老师问:"同学们,'路不拾遗'这个词怎么理解?"

5. 引号一般需成对使用,如果引文不止一段话时,每段仅在开头用前引号,在最后一段末尾用后引号。形如:

(8)"…………。

"…………。

"…………。"

(三)错例分析

1. 滥用引号。

(9)*议论文具有"论点""论据"和"论证"三个要素。

例句中带引号的三个词语,没有特殊含义,也不是重点论述强调内容,不必使用引号。

2.引号位置错误。

(10)＊孟子曾说："故天将降大任于斯人也，必先苦其心志，劳其筋骨，饿其体肤，空乏其身，行拂乱其所为，所以动心忍性，增益其所不能"。

此例中是引文独立运用，引文末尾的标点应放在引号里面。

(11)＊俗话说，"瑞雪兆丰年。"

例句中"瑞雪兆丰年"是句子的一部分，是不成句、不独立的引用，末尾的句号必须放在引号外面。

九、括号

(一)要点提示

主要作用	标示语段中注释性的话。
书写形式	常用的形式有圆括号"( )"，此外还有方括号"[ ]"、六角括号"〔 〕"、方头括号"【 】"。
书写位置	括号两部分分别标在注释性话语的前后两端，各占一个字位置。其中前一半不出现在一行之末，后一半不出现在一行之首。

(二)基本用法

1.注释内容或补充说明。

(1)这次考试达到优秀（90分）以上等级的同学有12人。（括号中"90分"为对"优秀"等级的解释）

(2)窈（yǎo）窕（tiǎo）淑女，君子好（hǎo）逑（qiú）。（标示汉语拼音）

2.标示订正或补充的文字。

(3)孩子的来信中写着：青（亲）爱的老师。

3.标示序次语。

(4)记叙文的6要素：(1)人物；(2)时间；(3)地点；(4)事件的起因；(5)事件的经过；(6)事件的结果。

4. 交代引文出处。

   （5）学而时习之，不亦说乎。（《论语·学而》）

5. 其他形式括号用途。

   ① 标示作者国家或所属朝代时，可用方括号或六角括号。

   （6）[俄]列夫·托尔斯泰

   ② 在报刊中标示电讯、报道的开头，一般用方头括号。

   （7）【新华社重庆消息】

   ③ 标示公文发文字号中的发文年份时，可用六角括号。

   （8）国发〔2012〕26号文件

   ④ 标示被注释的词语时，可用六角括号或方头括号。

   （9）〔舍生取义〕舍弃生命以取得正义，指为正义而牺牲生命。

（三）错例分析

括号套用错误。

（10）*（毛骨悚（sǒng）然）身上毛发竖起，脊梁骨发冷，形容十分恐惧。

同一形式的括号应避免套用。必须使用多层括号时，可换用括号的不同形式。此句应改为：

〔毛骨悚（sǒng）然〕身上毛发竖起，脊梁骨发冷，形容十分恐惧。

十、破折号

（一）要点提示

主要作用	引出行文中解释说明、补充说明的语句或表示语音、意义的变化。
书写形式	"——"
书写位置	标在相应文字之间，占两个字位置，上下居中，不能中间断开分处上行之末和下行之首。

（二）基本用法

1. 标示解释或补充说明。

（1）无须挂画，门外有幅巨画——名叫自然。

（2）千年帝都——洛阳，是一座无愧于国色天香之美誉的牡丹花都。

上述两例均表解释说明，需注意的是在这点用法上破折号与括号不同：破折号引出的解释说明是正文的一部分，括号里的解释说明只是注释。

2. 标明语意的转换、声音的延长、话语的中断或间隔等。

（3）"今天真是太冷了！——你什么时候回北京？"小明对刚进来的小张说。（语意的转换）

（4）"呜——"列车开动了。（声音的延长）

（5）"我的朋友们啊，"他说，"我——我——"但是他哽住了，他说不下去了。（话语的中断）

3. 标示事项列举分承。

（6）语言的三要素包括：

——语音；

——语法；

——词汇。

4. 标示提示下文或总结上文。

（7）北京紫禁城有四座城门——午门、神武门、东华门、西华门。（此句中破折号也可以用冒号）

5. 用于主标题之后，引出副标题。

（8）实践开启成长之门

——记我的暑期实习

6. 标明引文出处。

（9）绿树村边合，青山郭外斜。——孟浩然《过故人庄》

（三）错例分析

1. 一般性停顿不用破折号。

（10）*2011年6月2日——祖父走了，走得那么从容、平静、安详。

此例中"2011年6月2日"只是句子的时间状语，使用表一般性停顿的逗号即可。

2. 破折号不应与"即""也就是"等词语并用。

（11）*这就是中国最大的平原即——东北平原。

应该去掉"即"或破折号。

十一、省略号

（一）要点提示

主要作用	标示行文中内容的省略或意义的断续。
书写形式	六个小圆点"……"和十二个小圆点"…………"。
书写位置	省略号占两个字位置，连用两个省略号时自成一行，占四个字位置。省略号不能断开分处上行之末和下行之首。

（二）基本用法

1. 标示文中引用省略的部分。

（1）"只要人人都献出一点爱，世界将变成美好的人间……"。这是歌手韦唯温暖的嗓音反复吟唱的歌词，曾让很多人听至落泪。（标示引文省略）

（2）什么象鼻山、斗鸡山、磨米山、螺蛳山……大半是由山的形状得到的名字。（标示列举省略）

（3）排练室里传出他深情的吟诵声——
为什么我的眼里常含泪水，因为我对这土地爱得深沉。
………… （连用两个省略号，标示诗文段落的省略）

2. 表示说话时语意的断续或语意未尽。

（4）"知……道……"她目光呆滞地低声喃喃着。（标示说话的断续）

（5）原来如此…… （标示语意未尽，引人思索）

(6) 母亲：你太令人失望了，为什么要这样做呢？
　　女儿：……（标示对话时的沉默不语）

3. 标示某些成分的虚缺，如在关联词中起标示作用。

(7) 不但……而且……
(8) 无论……都……

（三）错例分析

省略号不能和"等""等等""之类"并用。

(9) *今年的中考体育自选项目包括掷实心球、单杠引体向上、1分钟跳绳……等七项内容。

此处应删除省略号。

十二、着重号

（一）要点提示

主要作用	标示需要读者特别注意的字、词、句，起强调作用。
书写形式	"．"
书写位置	标在需要着重标明的字、词、句下边。

（二）基本用法

标出需着重强调的字、词、句。例如：

(1) 夏夜的星空，是那么美，那么遥远。
(2) 他只是摇头；脸上虽然刻着许多皱纹，却全然不动，仿佛石像一般。

（三）错例分析

着重号意在提醒读者注意，应在必要时使用，做到少而精。

(3) *《史记》是我国第一部纪传体通史。

此句中加着重号的地方过多，无法突出重点，失去了使用着重号的意义。

十三、连接号

（一）要点提示

主要作用	连接意义密切相关的词语。
书写形式	短横线"-"，比汉字"一"略短，占半个字位置。 一字线"—"，比汉字"一"略长，占一个字位置。 浪纹线"～"，占一个字位置。
书写位置	以上三种形式均上下居中，不出现在一行之首。

（二）基本用法

1. 连接意义密切相关的词，构成一个整体结构时，使用连接号，多用短横线。

(1) 秦岭-淮河线是我国重要的地理界线。（连接意义有关联的并列名词）

(2) 直-5（Z-5）是中国制造的第一种多用途直升机，也是新中国直升机科研应用的开端。（连接相关字母，表示产品型号）

(3) 他的住址是建新东路35号1-2室。（连接门牌号码）

(4) 2012-12-25（用阿拉伯数字表示年月日时，用连接号）

(5) 团结-批评-团结（表示具有连续性的过程）

2. 表示时间、地点、数目等相关项目的起止时，用一字线或浪纹线。

(6) 曹植（192—232），字子建，三国曹魏著名文学家，建安文学代表人物。

(7) 哈尔滨西—大连北D1310次列车即将到站。

(8) 北冰洋表面的绝大部分终年被海冰覆盖，是地球上唯一的白色海洋。它的海冰平均厚3m，冬季覆盖海洋总面积的73%，约有1 000万—1 100万 km^2，夏季覆盖53%，约有750万—800万 km^2。

（三）错例分析

使用中，应避免连接号和破折号的混用。

(9) *2012——12——25。

此例中，用阿拉伯数字表示日期应使用连接号短横线的形式，误用为占两格的破折号，改为："2012-12-25"。

十四、间隔号

（一）要点提示

主要作用	标示某些语词的间隔或分界。
书写形式	"·"
书写位置	标在需要隔开的词语中间，占半个字位置，上下居中，不出现在一行之首。

（二）基本用法

1. 标示少数民族或外国人人名内部的分界。

（1）爱新觉罗·玄烨

（2）迈克尔·杰克逊

（3）史蒂夫·乔布斯

2. 用在书名与篇（章、卷）名之间，词牌、曲牌、诗体名等与题目之间。

（4）《中国大百科全书·考古学》

（5）《汉书·东方朔传》

（6）《青玉案·元夕》

（7）《七律·长征》

（8）《那山·那人》

3. 表示月份日期之间的分界。需特别注意的是，用汉字数字表示时，只在一、十一和十二月后用间隔号。

（9）"一二·九运动"

（10）"九一八事变"

而当直接用阿拉伯数字表示时，则月、日之间都要用间隔号（半角字符）。

（11）"3·15"国际消费者权益日

（三）错例分析

间隔号不应与并列类连词，如"和""及""与"等连用。

（12）*《过去·现在和未来》

应改为《过去·现在·未来》。

十五、书名号

(一) 要点提示

主要作用	标示语段中出现的书名、篇名、报刊名等作品名称。
书写形式	有"《》"(双书名号)和"〈〉"(单书名号)两种。
书写位置	书名号的两部分标在作品名称两端,各占一个字位置。其中前一半不出现在一行之末,后一半不出现在一行之首。

(二) 基本用法

1. 主要用于标示书名、篇名、报刊名、文件名等。

(1)《三国演义》是我国第一部长篇章回体历史演义小说。(标示书名)

(2)《故乡的小河》文笔优美,感人至深。(标示篇名)

(3) 她写的散文在《都市报》发表了。(标示报刊名)

2. 标示法律规章、文化产品(如电影、电视、乐曲)的名称。

(4)《中华人民共和国宪法》是我国的根本大法。(标示法律规章名称)

(5) 影片《一九四二》我没有看过。(标示影视作品名称)

(6)《清明上河图》是北宋张择端仅见的存世精品。(标示艺术作品名称)

3. 书名号里边还要用书名号时,外面一层用双书名号,里边一层用单书名号。

(7) 她的文章《读〈西厢记〉有感》得到了老师的高度好评。

(三) 错例分析

1. 书名号滥用。品牌名、课程名、商家名号、产品或型号名称等不能视为作品的名称,不能随意使用书名号。

(8) *他买了一双《比你高》增高鞋。

品牌名不应使用书名号标示,应改为引号。

(9) *《大学语文》是一门公共必修课程。

课程名不应使用书名号。

(10)*我最近刚买来一台《联想》笔记本。

产品名称不应用书名号标示，应删除。

2. 标示范围错误

(11)*《新版射雕英雄传》好评如潮。

"新版"为修饰词，不应放在书名号内。

十六、专名号

（一）要点提示

主要作用	标示古籍中出现的人名、地名、朝代名等特定专有名词。
书写形式	"＿"
书写位置	标注在专有名词下方，不单独占用书面汉字位置。

（二）基本用法

专名号只用在古籍或一些文史著作里，现代的书刊一般都不使用。为了跟专名号配合，在这类著作里的书名号可以用浪纹线"～～～"。

(1) 荆轲者，卫人也。其先乃齐人，徙于卫。

此句引自《史记·刺客列传》，其中"荆轲"是人名，"卫""齐"是诸侯国名，都属专名类，加专名号标示。

(2) 盖西伯拘而演周易；仲尼厄而作春秋；屈原放逐，乃赋离骚；左丘失明，厥有国语。

此句引自司马迁《报任安书》，其中"西伯""仲尼""屈原""左丘"均为人名，故用专名号，与之对应，"周易""春秋""离骚""国语"等书名（篇名）则用浪纹线标示。

十七、分隔号

（一）要点提示

主要作用	用于诗行、节拍等相关文字的分隔。
书写形式	"/"
书写位置	占半个字位置，不出现在一行之首或一行之末。

（二）基本用法

1. 标示诗句的分行（也可用逗号和分号）。

（1）海内存知己/天涯若比邻/无为在歧路/儿女共沾巾。

2. 标示诗文中的音节节拍或停顿。

（2）客路/青山外，行舟/绿水前。

3. 用于供选择或可转换的两项内容的分隔，有"或"的意思。

（3）泰伦提乌斯（公元前186/187—公元前161），古罗马著名戏剧作家。

4. 分隔组成一对的两项，表示"和"。

（4）羽毛球男双决赛中国组合蔡赟/傅海峰两局完胜对手夺得冠军。

5. 分隔层级或类别。

（5）重庆市/开州区/南雅镇/新全村

（三）错例分析

分隔号也称为正斜线号，使用中应避免与反斜线号（\）相混。

（6）*将仲子兮\无逾我里\无折我树杞\岂敢爱之\畏我父母\仲可怀也\父母之言\亦可畏也。（例句中"\"均应改为"/"）

思考与练习

1. 简述标点符号的发展历史。
2. 简述现行标点符号系统的种类和作用。
3. 根据最新修订的国家标准《标点符号用法》，整理各个标点符号的错误使用情况。

第十一章 汉语的数目字

第一节 数目字概说

现代汉语书面语运用的数目字有两套：一是汉字数目字，如一、二、三、十、百、千、万、亿等；二是阿拉伯数字，如1、2、3、10、100、1000、10000等。这两套数目字都有其历史和来源。

汉字数目字从甲骨文时期就已经开始使用。出土的甲骨文中已经有一、二、三、四、五、六、七、八、九、十、百、千、万等一整套数字。

小写的数目字易识易写，但也容易被改动。为了防止舞弊，人们从众多的汉字中找出十个读音相同、相近但不易篡改的字，作为重要场合（如钱庄银票、财务收据）的专用大写数目字。"壹、贰、叁、肆、伍、陆、柒、捌、玖、拾"作为汉字数目字的大写字，大约始于唐代。明初洪武年间，户部官员向朱元璋上奏，建议将这十个大写数目字用于官私文书，"以防奸胥改窜之弊"，朱元璋准奏颁旨实行。这种用法一直保持至今。

阿拉伯数字，约在5世纪由印度人发明，由阿拉伯人进行改造，于8世纪前后传到欧洲。大约13世纪到14世纪，阿拉伯数字传入我国，但一直未被采用。到了明末崇祯年间，方以智作《通雅》，才第一次完整地记录了阿拉伯数字。

20世纪初，随着我国对外国数学成就以及科学技术的吸收和引进，阿拉伯数字在我国开始广泛使用。现在，阿拉伯数字已成为人们学习、生活和交往中最常用的数目字了。

第二节 数目字的规范

由于同时采用两套数目字，人们在使用中出现了不规范、甚至错误的用法，有必要加以规范。

1987年1月,国家语言文字工作委员会、国家出版局、国家标准局等七部门颁布《关于出版物上数字用法的试行规定》。

1995年12月,国家技术监督局发布《出版物上数字用法的规定》(GB/T 15835—1995)。从1996年6月1日起实施,之前的《关于出版物上数字用法的试行规定》废止。

2011年7月,国家质量监督检验检疫总局和国家标准化管理委员会颁布《出版物上数字用法》(GB/T15835—2011),替代1995年版《出版物上数字用法》标准,于2011年11月1日起实施。

作为推荐性国家标准,《出版物上数字用法》(GB/T15835—2011)规定了出版物上汉字数字和阿拉伯数字的用法,适用于各类出版物(文艺类出版物和重排古籍除外)。政府和企事业单位公文,以及教育、媒体和公共服务领域的数字用法,也可参照此标准执行。

《出版物上数字用法》(GB/T15835—2011)分五个部分:一、规定国家标准的适用范围;二、阐述国家标准的制订依据;三、对"计量、编号、概数"等重要概念作出定义;四、"数字形式的选用",规定在不同情况下应该如何选用"阿拉伯数字"或"汉字数字";五、"数字形式的使用",规定在不同情况下应该如何使用"阿拉伯数字"或"汉字数字"以及这些数字使用的不同形式。

第三节 数目字的使用

一、数目字的选用

(一)选用阿拉伯数字

1.用于计量的数字

(1)在使用数字进行计量的场合,应采用阿拉伯数字。

例:56.05% 1~20

(2)当数值伴随有计量单位时,如长度、容积、体积、质量、温度、经纬度、音量、频率等,特别是当计量单位以字母表达时,应采用阿拉伯数字。

例:70.34m^2(平方米) 300kg(千克) 北纬23°(度)

2.用于编号的数字

在使用数字进行编号的场合，应采用阿拉伯数字。

如电话号码、邮政编码、通信地址、网页地址、汽车号牌、公交车号、道路编码、公文编号、图书编号、期刊编号、章节编号、产品型号、产品序列号、单位注册号、行政许可登记编号等。

3.已定型的含阿拉伯数字的词语

现代社会生活中出现的事物、现象、事件，其名称的书写形式中包含阿拉伯数字，已经广泛使用并稳定下来，应采用阿拉伯数字。

例：MP3播放器　维生素B_1

（二）选用汉字数字

1.非公历纪年

干支纪年、农历月日、历史朝代纪年及其他传统上采用汉字形式的非公历纪年等，应采用汉字数字。

例：正月初一　清咸丰十年九月二十日

2.概数

数字连用表示的概数、含"几"的概数，应采用汉字数字。

例：二三十年　二十几岁

3.已定型的含汉字数字的词语

汉语中长期使用已稳定下来的包含汉字数字形式的词语，应采用汉字数字。

例：三头六臂　五四运动

（三）选用阿拉伯数字与汉字数字均可

如果表达计量或编号所需数字个数不多，选择汉字数字或阿拉伯数字在书写的简洁性和辨识的清晰性两方面没有明显差异时，两种形式均可使用。

例：第3天（第三天）　　20世纪90年代（二十世纪九十年代）

二、数目字的使用格式

（一）阿拉伯数字的使用

1.用于多位数

为了便于阅读，四位以上的整数或小数，可以选用以下两种方式分节：

第一种方式：千分撇。

例：713,000　18,316,517

第二种方式：千分空。

例：713 000　18 316 517

2. 纯小数

纯小数必须写出小数点前定位的"0"，小数点是齐阿拉伯数字底线的实心圆点"."。

例：0.37　0.56

3. 数值范围

在表示数值的范围时，可采用波浪式连接号"～"或一字线连接号"—"。前后两个数值的附加符号或计量单位相同时，在不造成歧义的情况下，前一个数值的附加符号或计量单位可省略。如果会造成歧义，则不应省略。

例：12—29页　23%～76%（不写为23～76%）

4. 年月日

年月日的表达顺序应按照口语中年月日的自然顺序写。

例：2012年9月1日　1991年12月30日

年月还可以用"-"（连接号）替代，日字省略。但年月日不完整时不能替代。

例：2012-9-1　1991-12-30　9月1日（不写为9-1）　2012年9月（不写为2012-9）

四位数字表示的年份不应简写为两位数字。

例："2012年"不写为"12年"。

月和日是一位数时，可在数字前补"0"。

例：2012-09-01

5. 时分秒

（1）计时方式可以采用12小时制，也可采用24小时制。

例：9时30分（上午9时30分）　21时23分55秒（晚上9时23分55秒）

（2）时分秒的表达顺序应按照口语中时、分、秒的自然顺序书写。

例：13时20分　20时33分17秒

（3）"时""分"也可以用"："替代。

例：13:20　20:33:17

6. 含有"月""日"的专名

含有"月""日"的专名采用阿拉伯数字表示时，应采用间隔号"·"将"月""日"分开，并在数字前后加引号。

例："3·15"消费者权益日

（二）汉字数字的使用

1. 概数

两个数字连用表示概数时，两数之间不用"、"隔开。

例：五六岁　七八个小时

2. 年份

年份简写后的数字可以理解为概数时，一般不简写。

例："一九六七年"不写为"六七年"

3. 含有"月""日"的专名

含有"月""日"的专名采用汉字数字表示时，如果涉及一月、十一月、十二月，应用间隔号"·"将表示"月"和"日"的数字隔开，涉及其他月份时，不用间隔号。

例：三八妇女节　"一二·九"运动

4. 大写汉字数字

（1）大写汉字数字的书写形式：壹、贰、叁、肆、伍、陆、柒、捌、玖、拾、佰、仟、万、亿

（2）大写汉字数字的适用场合

法律文书和财务票据上，应采用大写汉字数字形式计数。

例：4,513元（肆仟伍佰壹拾叁圆）

5. "零"和"〇"

阿拉伯数字"0"有"零"和"〇"两种汉字书写形式。用作计量时，其中"0"的汉字书写形式为"零"；用作编号时，"0"的汉字书写形式为"〇"。

例："公元2013（年）"的汉字书写形式为"二〇一三"（不写为"二零一三"）

"30.09"的汉字书写形式为"三十点零九"（不写为"三十点〇九"）

（三）阿拉伯数字与汉字数字同时使用

如果一个数值很大，数值中的"万""亿"单位可以采用汉字数字，其余部分采用阿拉伯数字。

例：我国1982年人口普查人数为10亿零817万5288人。

除上面情况之外的一般数值，不能同时采用阿拉伯数字与汉字数字。

例：3000可以写作"三千"，但不应写作"3千"。

三、应注意的问题

1. 如果突出简洁醒目的表达效果，应使用阿拉伯数字；如果要突出庄重典雅的表达效果，应使用汉字数字。

例：北京时间2008年5月12日14时28分　十七届六中全会（不写为"17届6中全会"）

2. 在同一场合出现的数字，应遵循"同类别同形式"原则来选择数字的书写形式。如果两数字的表达功能同类（如都是表达年月日时间的数字），或者两数字在上下文中所处层级相同（例如文章目录中同级标题的编号），应选用相同的形式。反之，则选用不同的形式。

例：2013年1月1日　二〇一三年一月一日（不写为"二〇一三年1月1日"）

3. 应避免相邻两个阿拉伯数字造成歧义的情况。

例：初三3个班、初三三个班（不写为"初33个班"）

4. 有法律效应的文件、公共文件或财务文件中可同时采用汉字数字和阿拉伯数字。

例：67.3元（67元3角　六十七元三角　陆拾柒元叁角）

5. 书写形式

（1）阿拉伯数字"0"与汉字数字"零""〇"。

阿拉伯数字"0"有"零"和"〇"两种汉字书写形式，要注意区别。

（2）用阿拉伯数字书写的一个数字应在同一行中，避免被断开。

四、辨误

1. 星期几误用阿拉伯数字。

如"现在已是星期5"应改为"现在已是星期五"。

2. 夏历月日误用阿拉伯数字。

如"8月15中秋节"应改为"八月十五中秋节","大年30"应改为"大年三十","丁丑年4月1日"应改为"丁丑年四月一日"。

3. 非公元纪年误用阿拉伯数字。

如"光绪27年"应改为"光绪二十七年"。如有需要可以在后面用括号注明相应的公历年份。

4. 年份误用缩减和省略。

如"90年中国进行了第四次人口普查",应改为"1990年";"1992年—96年",应写为"1992—1996年"。

5. 已定型或固定的词或词组误用。

如"10月革命"应写为"十月革命","第3世界"应写为"第三世界","25 000里长征"应写为"二万五千里长征"。

6. 概数误用阿拉伯数。

如"别看他才3、4岁,可机灵呢","3、4岁"应改为"三四岁"。

7. 约数误用阿拉伯数。

如"挖了几个月,才得到10几克黄金","10几克"应写为"十几克"。

8. "两"和"二"的误用。

如"屋里有二个人",应为"屋里有两个人"。除了在重量单位"两"前面用"二"外,在其他的计量单位或一般量词前均用"两"。

思考与练习

1. 查阅相关资料,了解阿拉伯数字传入我国的历史过程。
2. 举例分析阿拉伯数字和汉字数字的选用场合。
3. 举例说明数目字使用中常见的问题和错误。

第十二章　网络语言和字母词

第一节　网络语言

1994年，诞生于20世纪60年代的互联网正式进入我国，并随着网络技术的飞速发展而得以迅速普及，渗入生活的方方面面。随着网络和人们生活契合度的加深，上网渐渐演变为一种生活方式。活动在虚拟空间的网民，创造了一种新的社会方言——网络语言。

那么，什么是网络语言呢？

广义的网络语言是指网络时代出现的所有与网络和电子技术有关的语言，很多已进入现代汉语的一般词汇，如网管、微博、黑客等。狭义的网络语言则专指"网言网语"——网络用户在网上进行信息交流和信息处理的交际符号。本书所说的"网络语言"即就狭义而言。从本质上来说，它是现代汉语的一种社会变异，是伴随网民群体的出现而产生的社会语言现象。

一、网络语言产生的原因

网络语言的形成及广泛使用与时代、社会、文化均有密切关系。

网络语言的形成，有网络时代提供的物质载体和适宜环境。如今，以BBS、虚拟社区、聊天室、QQ、网络游戏、微博、微信等为主要载体，在虚拟的网络空间进行人际交流和沟通已被越来越多的人接受。网络的虚拟性给了网民最大限度的交际自由，使他们在网络世界里可以任意创造富有鲜明个性特点的语言。

网络语言的形成，有改革开放的社会大背景。试想，如果缺乏宽松的社会环境，网民们哪敢放开思路、张扬个性，去大胆创造形形色色的网络语言呢？如果没有广泛的文化交流，英语中的缩略形式又怎么会被网络语言借鉴和仿造呢？

网络语言的形成，有全民受教育程度的提高作为条件。使用网络语言的主力军一般具备中等或中等以上文化，懂电脑、会上网，多半还懂点儿外语。

网络语言的形成，也与汉字拼音输入法的缺陷有关。大多数网民习惯使用的拼音输入法重码率较高，很难迅速找到需要的字或词。有时碰见字库中没有的词，还得造字，费时费力。为了提高输入速度，节约上网时间，确保交际的顺利进行，人们打破传统的语言规范，将汉字、数字、符号、字母随意组合，用谐音、错字、别字等来传情达意，并从中感受到创造的快乐。

除了外在的物质因素，某些群体的内在心理因素也促进了网络语言的形成及广泛使用。

使用互联网的主要群体是青少年。一方面，这个群体有着强烈的自我认同意识，不满足于人云亦云。于是，别出心裁、独树一帜的网络语言就成了他们展示个性的工具，甚至成为一些人个性的标志。对他们而言，"淘宝体""凡客体""咆哮体""陈欧体"等网络文体，以及众多的新鲜、刺激、有趣的网络新词，就像时髦的新商品，如果不学不用就会脱离潮流，脱离时代，甚至脱离自己身边的朋友。另一方面，这个群体深受浅阅读时代图像文化的影响，对文字文本疏离而对图像文化热衷。久而久之，在思维与表达中产生了对图像或形象化符号的依赖心理，对规范语句不感兴趣，更乐于接受新颖、诙谐、轻松的图形化表达。网络语言中大量的表情类、图片类词汇形式大概就是基于这样的群体心理创造出来的。

娱乐是网络交际非常重要的目的。网络语言具有很大的自由度和随意性，契合这种"娱乐至上"的心理。"说话"的过程就是网民们身心放松、获得快乐的过程。不过，由于网络交际主体的隐匿性，使得这个过程充满变数——如果打字速度慢，或者语言呆板、话题无聊，交际一方可以随时更换交际对象。于是，文字输入的速度、语言是否新颖，就成为能否获得交际机会并确保交际顺利进行的重要因素。

出于交际主体隐匿性的需要，尽管已有视频和语音聊天手段，但文字聊天目前仍是网络聊天的主要方式。实时交流如果完全依靠文字来完成，矛盾就不可避免：一方面，声音和表情用文字表述起来比较麻烦；另一方面，放弃声音和表情的表意功能必将导致交际双方在意义传达上的重大损失。出于交际补偿的需要，网民们便创造出了一系列生动、形象的表示声音、表情的形式，如表示哭泣的"5555（呜呜呜呜）"，表示开怀大笑的"：-D"，等等。

二、网络语言的构成方式

网络语言的构成方式主要分为以下六类。

第一是符号组形。将标点、数字和字母等符号组合在一起，模拟一定形态，用以象征某种意义，表示自己的感情。如"：—）"表示此时此刻他正微笑着和你聊天。

第二是数字会意。用阿拉伯数字的特别组合来表示某种含义。如"100"表示完美。

第三是谐音替代。有汉语词语的谐音，如"斑竹"是"版主"的谐音；有英语的音译，如"伊妹儿"；有数字的谐音，如"886"是汉语"拜拜喽"的谐音。有时可能改变词的语音形式，最常见的是"这样子""那样子"。它们被合音而成"酱紫""酿紫"，两个字标注三个字的音。

第四是缩略简称。英语的很多缩写形式被直接使用，如"DIY"；也有一些是汉语拼音仿照英文缩写，如"DD（弟弟）"。

第五是词义引申和词语借用。词义引申主要是通过比喻产生新意。如"坛子"指论坛，每一个"坛子"里上下两个帖子之间的关系被称作"楼上""楼下"。有一些词语是从港台借来的，如"偶像（呕吐的对象）"。

第六是方言词的使用。互联网是超地域的，网民为了展示自己的地方特色，或模仿某地方言显示自己的别致，才引出了网络语言中的方言词。方言词的使用，使同一方言区的人们倍感亲切，不同方言区的人们觉得有趣。如"你说的是啥子嘛"（是啥子，四川方言，意为"是什么"）。

三、网络语言异于常规的语法现象

网络语言打破了许多语法规则。

第一是词类可以跨类使用。名词可做动词，如"你天涯了吗"；可做形容词，如"很女人"。形容词也可做动词，如"主页被黑了"等。

第二是任意取材，句式尽可能简省。在不影响沟通的前提下，汉英混杂、符号和字母混用等，在网络语言中十分普遍，有的甚至成为网民的惯用语。如"有事请call我"。有的符号掺杂在文字中间，则可以加强语气。如："我讨厌背景音乐！！！""讨^^^^^厌^^^^^"。

第三是语序变异。由于英语语序的干扰或方言的影响，网络语言中句子的语序常常出现与现代汉语规范不符的情况。受英语语序的干扰，如"不要忘了伊妹儿我"，明显是直译英文句子"Do not forget to e-mail me"。受方言的影响，如"走先"明显是受粤语的影响。

第四是语法形态变异，最显著的就是叠音现象的频繁出现。日常生活中，一般是对小孩子说话人们才惯用叠音词。但是在网络上，网民们为了表示亲昵和感觉可爱，对此却青睐有加。例如，"漂亮"是"漂漂"，"东西"是"东东"，"害怕"是"怕怕"，"照片"是"片片"，还有"一般般""一下下"等。

四、网络语言的特点

第一是创新性。这是网络语言的最大特点，主要体现在两个方面：一是对已有词语的变异使用及新词新语的创造，一是对常规语法的突破。

第二是经济性。网络语言对现有语言成分的改造主要体现在"形"上——用最简洁的"形"来表达自己的意图，缩短信息交流的时间。当然，这种"形"存在于一定的语境中，人们凭借自己的知识储备完全可以理解，甚至乐于使用，满足于其带来的刺激。

第三是形象性。网民们创制了许多生动形象的图形，以模拟现实交际中的喜怒哀乐。这些网络图形符号使人们能透过屏幕，通过想象描述出对人、事物的情感或是言外之意。它们在电脑屏幕上构成了一张张脸、一个个动作，使网络交流具有可视的近距离的交际效果。

第四是随意性。这体现在网络语言的诙谐性和粗俗化上。一方面，网络语言的诙谐营造出轻松幽默的阅读氛围，吸引人主动使用并进行传播。另一方面，由于网络的虚拟性，一切附加在交际者身上的社会特征都被网络隐匿，人们在发泄情绪时忽视甚至逾越了一些现实交际中必须遵守的准则，造成网络语言的粗俗化。

五、如何看待网络语言

同所有的新生事物一样，网络语言产生后也引发了不少争论。近几年，它不仅在虚拟空间传播，也开始影响现实生活，从而引发了更多的争论。

有持否定态度者。他们不否认网络语言可以让网络交际更加有趣、有效，但更强调它对语言生活的负面影响,不仅对其提出尖锐批评,还上升到维护汉语纯正性的高度,甚至认为这是对本民族文化的蔑视和贬低,是对自己母语的不尊重。

有持肯定态度者。他们认为网络语言也是现代社会的语言表达方式之一,只不过运用的环境特殊而已。它是虚拟世界的语言,交际双方在语言使用过程中态度开放,有时根本无暇顾及语言的修饰雕琢,所以不能完全用通用语言文字的使用标准来要求。而且,它虽给汉语带来某些负面影响,但不可否认它同时也给汉语的发展注入了新的活力。譬如,现在网络上的三个常用词"晕""寒""汗",各自表示一种十分微妙的心理反应,在原有的汉语词汇中很难找到具有如此传神效果的表述方式。

有持顺其自然态度者。国家语委就曾表态:"是否规范网络语言并不是非常重要,关键看它是否具有生命力,如果那些充满活力的网络语言能经得起时间考验,约定俗成后就可以接受。"并非所有的网络语言都能经得起时间的考验,像CU(再见)、748(去死吧)、米虾米(没什么)等,已经基本消失了。有些网络流行语,带有很强的娱乐气息,如:我是出来打酱油的;不要迷恋哥,哥只是个传说;哥吃的不是面是寂寞;等等。它们虽然会在特定的阶段内被传播,但最终难登大雅之堂,也不会对汉语言文字产生更深远的影响。

网络的出现和发展确实在影响和改变着我们的生活。像"神马都是浮云"一类的网络用语,可能要比"万事皆空"一类传统说法更有活力、更有时代气息,也更容易被大多数人接受和使用。所以,对网络语言,既不能一棍子打死,也不能不加甄别全部拿来,而应当加以适当规范,使它所带来的便利与语言的规范使用并行不悖。特别要注意的是,网络语言常带戏谑和调侃色彩,因此不宜用在严肃和重要的交际领域。把淘宝体里的"亲"用在微博里招聘是有创意,可用在公安部门的追逃公告里就不妥,因为它的戏谑性破坏了公文的严肃性。而且,在日常对话、写作中适当使用大众普遍接受的网络用语是可以的,但使用人们还很不熟悉的网络用语,往往会弄巧成拙,不利于交流。

第二节 字母词

字母是表音文字的书写形式,对于表音文字语言而言,不存在"字母词"的问题。例如：英语"kungfu"一词就是直接引入"功夫"的汉语拼音拼写，但对于英语来说它并不是什么"字母词"。汉字的书写形式则是笔画，汉语拼音虽然使用拉丁字母，也不过是注音工具而已。因此，"字母词"是就汉语而言的。

那么，什么是"字母词"呢？

字母词是指现代汉语中完全或部分由字母记录音和义的词语。这些音和义可能是汉语固有的，也可能是外来语的。

一、字母词的判定

字母词的判定不能仅凭书写形式。

首先，不能将所有汉语语境中出现的含有字母的语言成分都称作"字母词"。例如钱锺书的《围城》中，买办张先生说：

> Sure！值不少钱呢！plenty of dough。并且这东西不比书画。买书画买了假的，一文不值，只等于 waste paper。磁器假的，至少还可以盛饭。我有时请外国 friends 吃饭，就用那个康熙窑"油底蓝五彩"大盘做 salad dish，他们都觉得古色古香，菜的味道也有点 old-time。

这段话中出现的用字母记载的词就不能看作是"字母词"。

其次，不能因为记载某个音义的形是"字母"，就将该音义排除在汉语之外。语言和文字是两个不同的符号系统，文字能以自己的"形"通过语言中的"音"去表达语言中的"义"，但并不等于说文字的"形"就能作为判别语言的依据。例如：某一个汉字形体既有可能记载的是汉语中的音义，也可能记载的是日语中的音义。所以，虽然某词是完全或部分由字母记载，但其音义属于汉语词汇系统，那就应该是属于汉语的"字母词"。

二、字母词的构成方式

字母词的构成方式主要有三种：由外文字母构成，由外文字母和汉语词语（或语素）构成，由外文字母（汉语词语）加符号或数字构成。

（一）由外文字母构成

1. 由外语短语缩略而成

（1）由短语中各词的首字母构成。如：VIP，是英语 Very Important Person 的首字母缩写，中文意译为"贵宾"。有种情况比较特殊，当某个词的词首是 ex 时，该词缩略形式是 X，如：XO，是英语 Extra Old 的缩写，在白兰地酒中表示"特陈"的意思。

（2）由短语中实词的首字母构成。如：MBA，是英语 Master of Business Administration 的缩写，中文意译为"工商管理硕士"。

（3）由短语中实词的首字母和虚词组成。如：B to B（或 B2B），是英语 Business to Business 的缩写，中文意译为"商家对商家"。

（4）省略部分词语后，再由各词首字母构成。如：TOEFL，是英语 Test of English as a Foreign Language 的缩写，省略了虚词 as 和 a，中文音译为"托福"。

（5）由短语中第一个词的字母构成。如：com，是英文 commercial organization 的缩写。

2. 由外语词语缩略而成

（1）前缀首字母+后缀首字母。如：TV，是英语 tele-vision 的缩写。

（2）词的首字母与若干其他字母构成。如：cn，是英语 China 的缩写。

（3）由首尾字母构成。如：vs，是英语 versus 的缩写，中文意译为"对"。

（4）由词首的 1—2 个字母构成。如：ID，是英语 identity 的缩写，中文意译为"身份"。

3. 由外语词语的首字母和外语词语（或短语）的缩写构成。如：CCTV 是英文 China Central Television 的缩写，其中 TV 是 television 的缩写，中文名称是"中国中央电视台"。

4. 外语词语原形。如：high，进入中文后有"兴奋、畅快、尽兴"等义。

5. 由汉语词语的拼音形式缩写而成。如：RMB，是由"人民币"的汉语拼音音节的首字母缩略而来。

6. 由汉语短语的拼音形式缩写而成。如：HSK，就是"汉语水平考试"的拼音形式 Hànyǔ Shuǐpíng Kǎoshì 各音节首字母的缩写。

（二）由外文字母和汉语语素构成

1. 外文字母+汉语语素

（1）外文字母是由外语短语中各词的首字母构成。如：AA 制，是英语 Acting Appointment 的缩写，"制"是"制度"一词中的语素。

（2）外文字母是由外语词语缩写而成。如：BP机，是英语beeper的缩写，"机"是"机器"一词中的语素，中文译名是"无线传呼机"或"寻呼机"。

（3）外文字母表明类别。如：A股，是我国发行的票面价格、市场交易价格、股息红利发放均以人民币计价的股票；B股，是我国发行的以人民币标明面值，专供境外投资者以外汇买卖的股票。

（4）外文字母是声音的模拟。如：BB机，是模拟该机器发出的声音。

（5）外文字母是形状的模拟，如：V字领，"V"是模拟衣领的形状。

2.汉语语素+外文字母。如：维生素A，A表明维生素族群的类别。

3.汉语语素+外文字母+汉语语素

外文字母是截取外语短语中各词相同的首字母。如：三K党，外语全称是Ku Klux Klan，字母词截取了三个词相同的首字母K。

（三）由外文字母（汉语语素）加符号或数字构成

1.外语词语缩写和数字构成

（1）数字表示类别。如：MP3是英语MPEG-1 Audio Layer 3的缩写，其中的MPEG又是英语Motion Picture Experts Group的缩写。

（2）数字是标明数量。如：3C，是英语Computer，Communication和Consumer-Electronic三类电子产品合称的缩写。

2.外语词语缩写和符号构成。如：R & D，是英语Research and Development的缩写，"&"是and的代码。

3.由外文字母、汉语语素和数字构成。如：维生素B_1，数字表明在维生素B族群中的类别。

三、字母词的来源

从来源看，字母词可分成三大类。

第一类源于外语，是音义都借自外语的外来词，分为"混合型外来词"和"纯字母型外来词"。其中，个别是汉语词语翻译成外语后再借入汉语的，如CCTV。

"混合型外来词"在中国出现较早，1898年再版的《光学揭要》的附文中就出现了"X线"这个今天仍在使用的字母词。其构成方式"外文字母加汉语语素"，可看作是"音译加意译"方法的变通。音译的部分，直接借用了外语原词的字母缩写；意译部分是汉语语素，对"外文字母"部分作注解，表示"有关事物所属的类名"。有时候，汉语语素并没用汉字记录，而使用了阿拉伯数字代替，如：MP3 和 MP4。

"纯字母型外来词"完全由外文字母构成，或者借用外语词原形，或者借用外语词的缩写；表达的意义是汉语原有词汇无法或者不能完全表达出来的；语音、语法都服从汉语的结构规则。如：high。

high，是汉语借自英文原形的纯字母型外来词。它所表达的意义有的在汉语中没有对应的译词，如：

先锋娱乐网 high 出好心情。

有的则无法通过汉语译词完全表达，如：

带歌迷 high 翻天。

"high 翻天"虽然可翻译成"乐翻天"，但"high"所强调的那种"兴奋，甚至疯狂"就表达不出来了。同时，它服从汉语语法规则，既能充当句子谓语，又能充当定语或状语，还受程度副词修饰。如：

今夜怎么 high，其实无所谓了。

high 新闻。

于是我们又折回到长迅大酒店，在那里的包间里面 high 歌。

那小子好 high。

high 的发音为[hai]。[ai]是汉语语音系统有的音，汉语中无喉音[h]，但可以用相近的舌面后音[x]去代替。

需要说明的是，英文的缩写形式和英语的缩略词是有区别的。缩写形式没有自己的读音，只能按字母逐一读出；当缩写形式有了属于自己的读音，并和某个意义的联系固定下来，才形成缩略词。如：USA 按字母逐一读作[ju：][es][ei]，可以是 United States of America（美利坚合众国）的缩写，也可以是 United States Army（美国陆军）的缩写；而 UNESCO 读作[ju：neskou]，则是 United Nations Educational, Scientific and Cultural Organization（联合国教育、科学及文化组织）的缩略词。因此，汉语借用缩写形式是按字母逐一发音，借用缩略词则是按其读音整体发音。

不过，汉字和字母毕竟属于不同的文字系统，因此纯字母型外来词很少，而且会逐渐被对应的音译词或意译词代替。如一度被借入汉语的"show"和"fans"，被音译词"秀"和"粉丝"取代，"WTO"被"世贸组织"取代。

第二类，源于汉语拼音对英文缩写方式的模仿，基本采取"首字母缩写"的方式，音义是汉语固有的。

汉语拼音是汉字的注音工具，不反映汉字所记录的汉语的义。由于它只是汉字的声音代号，而词却是音义的结合体，因此从理论上说，"字母词"不能由汉语拼音缩略而来。但是，词的音义结合是由社会约定俗成的，所以只要汉语拼音的缩写形式与汉语中某个意义由社会约定俗成结合在一起，那么也可以说它是"词"，是抛开了汉字形体的"字母词"，如"HSK"。至于像网络交谈中有人将"人品问题"的拼音 Rénpǐn Wèntí 缩写为 rpwt，由于缩写形式和意义的结合并没有得到社会的承认，所以不能称之为"字母词"，只能算是一种个人言语行为。

这一类字母词主要分布在社会方言中，个别进入普通话的则被外语所借用，如 HSK 等。由此也造成读音上的区别：属于社会方言的，人们按照未缩略时的汉语拼音拼读；属于普通话的，则按照外文字母的读音逐个拼读。

第三类，源于汉语的构词方法。一是摹声造词，利用拉丁字母读音和物体发音的相似，如 BB 机；一是利用拉丁字母和物体形状相似，将"像……"的句式凝固成词，如 V 字领。由于利用了拉丁字母的发音或形状，这一类字母词中的字母都按拉丁字母的发音读。

> **思考与练习**
>
> 1. 举例谈谈如何正确看待网络语言。
> 2. 举例谈谈如何正确看待"字母词"现象。
> 3. 查阅相关资料，分析网络语言和"字母词"的产生原因。

第十三章　熟语和禁忌语

语文和生活密不可分，生活处处有语文。日常生活中的语言交流，熟语和禁忌语占有十分重要的地位。准确恰当地运用它们，是一个人语文水平高低的重要体现。

第一节　熟　语

熟语又叫习用语，是语言中定型的词组或句子，包括成语、谚语、歇后语、惯用语和俗语等。总的来看，汉语熟语具有以下特征。

第一，结构的固定性。

固定性是熟语最基本的、也是最重要的特征，表现为固定的构成成分和固定的结构关系。熟语作为一个整体，直接参与言语活动的编码，不需要临时组合。

第二，语义的融合性。

熟语的意义不是各组成成分语汇意义和语法意义的简单相加，而是由各种因素融合出独特的意义，包括：其产生时的言语背景意义，定型化过程中使用者的约定俗成，言语活动中的表达方式、作用、功能、色彩等。

第三，功能的整体性。

熟语是以一个整体作为语言的建筑材料，为交际服务。在运用上，它的功能和词一样，无论是独立成句，还是充当句子的某个成分，都具有不可分割的整体性。

第四，风格的民族性。

汉语熟语是汉民族语言词汇材料中的重要组成部分，体现了汉民族语言的风格面貌。熟语虽然是各个民族语言词汇中共有的现象，可是在表义上各个民族所选取的素材和表现手段却不同，无论从宏观整体上还是微观个体上都形成了各自独特的面貌。汉民族生活在特定的地域环境里，特有的地理环境、生活方式、风土人情都为熟语的创制提供了丰富的素材。

一、成语

成语是人们长期习用的，结构定型、语义鲜明、意思精辟、风格典雅的固定词组。如：

循规蹈矩	暴虎冯河	耳提面命
微言大义	釜底抽薪	九死一生
四面楚歌	鸠占鹊巢	尸位素餐
鞠躬尽瘁	颠沛流离	痛心疾首
绰绰有余	爱莫能助	沧海桑田
充耳不闻	参差不齐	梦寐以求
狼烟四起	从容就义	大义灭亲
吐故纳新	刻骨铭心	鞭长莫及

（一）成语的构成

从语音形式上看，成语主要是四字格，如：明察秋毫、一衣带水、阳春白雪、同室操戈、画蛇添足等。

从内部构成关系看，主要可分为主谓结构、动宾结构、补充结构、偏正结构、并列结构、兼语结构。

主谓结构：	气宇轩昂	寿比南山	鹤立鸡群	众星捧月	炉火纯青
动宾结构：	粉饰太平	震撼人心	逼上梁山	另起炉灶	草菅人命
补充结构：	毁于一旦	轻于鸿毛	含笑九泉	处之泰然	退避三舍
偏正结构：	风流人物	纨绔子弟	锦绣前程	孜孜不倦	空中楼阁
并列结构：	悲欢离合	才疏学浅	去粗取精	高风亮节	阳奉阴违
兼语结构：	望子成龙	调虎离山	指鹿为马	请君入瓮	官逼民反

需要说明的是，成语的结构中还保存着古代汉语特有的两种语法结构规律。一是词类活用，如"草菅人命"的"草菅"本是名词，意为"野草"，这里属名词的意动用法，意思是"把人命看得和野草一样，指任意残杀百姓"。二是宾语前置，如"惟命是听"就是"听命"，意思是"让做什么就做什么，绝对服从"。

（二）成语的特点

1. 形式四言化

成语的外在形态是四言。有些原本不是四言的，在使用中也提炼为四言。之所以如此，主要基于两方面的原因。一方面，四言是汉语中最典雅的形式，最符合汉文化中"以偶为佳""以四言为正"的审美要求。我国浩如烟海的古代文献中，不论是韵文还是散文，四言都占有重要地位。另一方面，从形态上看，四言结构匀称稳定、节奏感强，同时灵活多变，信息量大。

2. 结构定型化

成语的结构是定型的、凝固的，不是临时凑成的松散组合。它的构成成分是固定的，不能随便改动。如"情同手足"不能说成"情同手脚"，"四面楚歌"不能说成"八面楚歌"，"抱薪救火"不能说成"抱柴救火"等。它的语法结构关系也是固定的，不能随意改动。如"酩酊大醉"是偏正结构，不能改成连动结构"饮酒大醉"；"龙争虎斗"是并列结构，不能改成主谓结构"龙虎争斗"；"衣冠楚楚"是主谓结构，不能改说成偏正结构"楚楚衣冠"等。连语序也不能随意颠倒调换。如"惟我独尊"不能说成"惟独我尊"，"家喻户晓"不能改说成"家晓户喻"，"万水千山"不能改说成"万山千水"。

当然，有些成语也可以变形，如"山明水秀"说成"山清水秀"，"冰消瓦解"说成"瓦解冰消"，"百孔千疮"说成"千疮百孔"等，这是成语在历史发展过程中遗留下来的现象。至于为适应特定表达需要，在一定的语言环境里恰当地变通使用，属于临时活用，并不影响成语结构的凝固性。

3. 意义整体化

成语虽然由几个词组成，但它们表达的是不可分割的整体意义，不是其字面意义的简单组合。因此，成语的实际意义一般是不能从字面上推导出来的。"塞翁失马"表面意义是"边塞上一个老头儿丢失了马"，实际含义是"坏事在一定条件下可以变成好事"；"鱼龙混杂"表面意义是"鱼和龙混杂在一起"，实际含义是"坏人和好人混在一起"。由此可见，成语的意义具有整体性，含义大都丰富精辟。

4. 风格典雅化

成语主要形成、流传于古代文献，其语体风格至今仍保留着原初的庄重典雅，与谚语、惯用语、歇后语、俗语通俗而平易的风格截然不同。如：筚路蓝缕、邯郸学步、焚膏继晷、风声鹤唳、奉天承运、否极泰来、不名一钱、曲突徙薪、韦编三绝、惟命是听、刎颈之交、卧薪尝胆、革故鼎新，等等。

(三) 成语的来源

1. 源于神话传说

夸父逐日（《山海经》）　　　　精卫填海（《山海经》）

女娲补天（《淮南子》）　　　　后羿射日（《山海经》）

羲和沐日（《山海经》）　　　　嫦娥奔月（《淮南子》）

画龙点睛（张彦远《历代名画记》）　　为虎作伥（孙光宪《北梦琐言》）

世外桃源（陶渊明《桃花源记》）　　黄粱美梦（沈既济《枕中记》）

2. 源于寓言故事

揠苗助长（《孟子》）　　　　叶公好龙（刘向《新序》）

守株待兔（《韩非子》）　　　　东施效颦（《庄子》）

南辕北辙（《战国策》）　　　　自相矛盾（《韩非子》）

刻舟求剑（《吕氏春秋》）　　　杞人忧天（《列子》）

运斤成风（《庄子》）　　　　望洋兴叹（《庄子》）

3. 源于历史故事

负荆请罪（《史记》）　　　　高山流水（《列子》）

焚书坑儒（刘向《说苑》）　　　破釜沉舟（《史记》）

马革裹尸（《后汉书》）　　　　乐不思蜀（《三国志》）

草木皆兵（《晋书》）　　　　精忠报国（《宋史》）

请君入瓮（《资治通鉴》）　　　东山再起（《晋书》）

4. 源于诗文语句

天作之合（《诗经》）　　　　玩物丧志（《尚书》）

革故鼎新（《周易》）　　　　筚路蓝缕（《左传》）

诲人不倦（《论语》）　　　　门庭若市（《战国策》）

缘木求鱼（《孟子》）　　　　锲而不舍（《荀子》）

运筹帷幄（《史记》）　　　　实事求是（《汉书》）

扬眉吐气（李白《与韩荆州书》）　　飞黄腾达（韩愈《符读书城南》）

5. 源于一般口语

唇亡齿寒（《左传》）　　　　　　亡羊补牢（《战国策》）

利令智昏（《史记》）　　　　　　投鼠忌器（《汉书》）

敝帚自珍（刘珍《东观汉记》）　　骑虎难下（《新五代史》）

人命关天（《杀狗劝夫》）　　　　万事大吉（《续传灯录》）

6. 源于外语翻译

皆大欢喜（《金刚经》）　　　　　梦幻泡影（《金刚经》）

昙花一现（《妙法莲华经》）　　　天花乱坠（《法华经》）

对牛弹琴（牟融《理惑论》）　　　不可思议（《维摩诘经》）

一尘不染（《法苑珠林》）　　　　想入非非（《楞严经》）

（四）成语的运用

第一，准确把握成语的含义，是正确运用成语的关键。虽然有不少成语可以直接从字面猜出它的意义，但也有很大一部分成语，其意义不能从字面加以解释，也不能从各词意义的累加和组合中去解释。如"瓜田李下"出自古诗《君子行》："瓜田不纳履，李下不正冠。"正确含义是比喻容易引起嫌疑的地方，不能望文生义理解成一种田园生活。再如"目无全牛"出自《庄子·养生主》："始臣之解牛之时，所见无非牛者；三年之后，未尝见全牛也。"正确含义是用来形容技术娴熟到了得心应手的境地，不能拘泥于字面"眼中没有一头完整的牛"之义。又如"明日黄花"出自苏轼《九日次韵王巩》："相逢不用忙归去，明日黄花蝶也愁。"此诗写于九月九日重阳节。"明日"指重阳节后，"黄花"指菊花。古人多在重阳节赏菊，重阳一过，赏菊者渐少。"明日黄花"不能解释为明天的菊花，它的正确含义是比喻过时的事物。

第二，准确把握成语的感情色彩。成语大都带有一定感情色彩，或褒或贬，或爱或憎。使用时要准确把握其褒贬，否则会造成误用。有些成语表示褒扬、赞许感情色彩，属褒义成语，如"视死如归、高风亮节、兢兢业业、无微不至、大公无私、以身作则、以礼相待、叹为观止、气壮山河、国泰民安"。有些成语表示贬斥、憎恶的感情色彩，属贬义成语，如"利令智昏、狼狈为奸、伤风败俗、引狼入室、丑态百出、始作俑者、处心积虑、有名无实、变本加厉、臭味相投"。

第三，注意成语的正确写法。由于汉字的音同、音近或形近，有些成语很容易写错。如"名副其实"写成"名幅其实"，"不能自已"写成"不能自己"，"变本加厉"写成"变本加励"，"销声匿迹"写成"消声匿迹"，"草菅人命"写成"草管人命"，"个中三昧"写成"个中三味"，"水乳交融"写成"水乳交溶"，"汗流浃背"写成"汗流夹背"，"好高骛远"写成"好高鹜远"，"走投无路"写成"走头无路"，"川流不息"写成"穿流不息"。

第四，注意成语的正确读音。成语中有一些字词保留了古义古音，或者异音异义，都很容易读错；还有些是习惯性错读，更应小心谨慎，仔细分辨。如"心宽体胖"的"胖"读pán，不读pàng；"图穷匕见"的"见"读xiàn，不读jiàn；"自怨自艾"的"艾"读yì，不读ài；"乘人之危"的"乘"读chéng，不读chèng；"大腹便便"的"便"读pián，不读biàn或piān；"敷衍塞责"的"塞"读sè，不读sài；"高屋建瓴"的"瓴"读líng，不读lǐng；"呱呱坠地"的"呱"读gū，不读guā；"好逸恶劳"的"恶"读wù，不读è；"拈轻怕重"的"拈"读niān，不读zhān；"刚愎自用"的"愎"读bì，不读fǔ。

二、惯用语

惯用语是具有明显通俗化、口语化的三音节固定词组，构成成分相对稳定，结构形式相对固定，意义上具有整体性。如：

挖墙脚　活地狱　开夜车　撑门面　敲竹杠　夹生饭　滚刀肉　背黑锅
马蜂窝　传声筒　三级跳　醋坛子　耳边风　出气筒　吹牛皮　走过场
拉下水　侃大山　吃独食　露马脚　可怜虫　笑面虎　钻钱眼　交白卷

（一）惯用语的构成

从语音形式上看，惯用语由三个音节构成。如：唱高调、和稀泥、穿小鞋、替罪羊、下马威等。

从内部构成关系上看，惯用语的结构形式有：动宾结构、偏正结构、主谓结构、补充结构等，其中，绝大多数是动宾结构。

动宾结构：摆大子　抱大腿　出洋相　耍花招　磨洋工

偏正结构：小报告　老油条　铁公鸡　对台戏　避风港
主谓结构：耳根软　狗吃屎　夕阳红　脸皮厚　鬼画符
补充结构：矮半截　挂起来　磨不开　拉下水　捧上天

（二）惯用语的特点

1. 通俗平易

惯用语是一种流行于人民群众口头上的语言形式，其语体色彩主要以口语为主，通俗活泼、自然平易，结构相对灵活。

2. 形式三言化

惯用语在外在形态上是三言。

3. 结构相对稳定

惯用语的结构虽然呈现凝固化，但没有成语要求那么严格。首先，在惯用语中可以嵌入别的成分，"挖墙脚"可以说成"挖人家的墙脚"，嵌入"人家的"；"开夜车"可以说成"开了整整一个月的夜车"，嵌入"了整整一个月"。其次，惯用语的语序也可以移位，"穿小鞋"在"给他小鞋穿"中，移位为"小鞋穿"；"开夜车"在"小张夜车开得更晚了"中，移位为"夜车开"。再次，惯用语还可以增删或替换个别成分，"拖后腿"可以说成"拉后腿、扯后腿"；"兜圈子"可以说成"绕圈子、转圈子"。不过，不管结构形式怎样灵活变异，惯用语的基本结构关系和意义还是不变的。

4. 意义的整体性

惯用语所表示的意义，是一个不可分割的整体。它不是词义简单相加，一般不能从字面上加以解释。"栽跟头"字面意义是跌跤，实际意义是比喻办事失败，出了丑；"可怜虫"的字面意义是可怜的虫子，实际意义是指可怜或可悲的人。

惯用语实际意义的形成往往由字面意义变异而来，这种变异主要是通过比喻、借代等修辞手段引申概括出新的意义。如，"碰钉子"不是说"碰到了一颗钉子"，而是比喻"遭拒绝或受斥责"；"夜猫子"本指"猫头鹰"，借指"喜欢在夜间工作的人"。

5. 色彩多含贬义

惯用语多具有鲜明的感情色彩，其中幽默讽刺最能反映人民群众的爱憎喜恶。绝大多数惯用语是贬义的，如保护伞、吹牛皮、挖墙脚、穿小鞋、耍花招、敲竹杠、扯后腿、放空炮、三只手、背黑锅、摆架子、绊脚石、传声筒、倒胃口、和稀泥、枕边风等。也有一定数量中性的，如打游击、喝墨水、开绿灯、捏把汗、打掩护、定心丸、下马威等。还有少量褒义的，如半边天、打硬仗、主心骨、有分寸、热心肠等。

（三）惯用语的来源

1. 源于民间传说

登龙门（《后汉书》）　　　　　　吹牛皮（西北民间传说）
敲竹杠（西南民间传说）　　　　　上眼药（北京民间传说）

2. 源于历史故事

眼中钉（《新五代史》）　　　　　破天荒（王定保《唐摭言》）
交白卷（《旧唐书》）

3. 源于古典诗文

耳边风（杜荀鹤《赠题兜率寺闲上人院》）　下马威（李渔《蜃中楼·抗姻》）
马后炮（元曲《两军师隔江斗智》）

4. 源于外语翻译

马拉松（外来语，音译）　　　　　替罪羊（《圣经》）
橄榄枝（《圣经》）

5. 源于方言

龙门阵（四川方言）　　　　　　　侃大山（北京方言）
炒鱿鱼（粤方言）　　　　　　　　拆烂污（吴方言）

（四）惯用语的运用

第一，要注意分辨惯用语的意义和用法。大多数惯用语的意义并不是构成成分字面意义的简单相加，而是通过借代、比喻等修辞手段体现出实际意义。这种抽象的虚指义或泛指义与其字面意义相距甚远，所以不能望文生义，必须从整体上把握它的意义。如"耍花招"和"耍花腔"，都有"欺骗人"的意思，但前者指施展各种诡诈手腕欺骗人，后者指用花言巧语欺骗人。可见，只有确切掌握惯用语的意义，才能准确无误地运用。

第二，要注意分辨惯用语的感情色彩。由于惯用语带有贬义的比较多，讽刺味道浓，如能恰当运用，会增强语言的表现力，收到理想的表达效果。

第三，要选用积极健康的惯用语，摒弃庸俗低级。即使对于积极健康的惯用语，也要根据表达的需要恰当运用，不能滥用，不宜在庄重、严肃的语言环境中使用。

三、谚语

谚语是流传于人民群众中通俗易懂的固定词组，是人民群众实际生活经验或认识的总结，具有传授知识经验和教训劝诫的功能。如：

冷在三九，热在三伏　　　　　病从口入
人不可貌相，海水不可斗量　　成人不自在，自在不成人
在家靠父母，出门靠朋友　　　路遥知马力，日久见人心
日有所思，夜有所梦　　　　　朝天门，门朝天，长江嘉陵各一边

（一）谚语的结构

谚语是固定词组，在功能上、性质上相当于一个词。它具有不同于一般词语的外显特征，即以句子的形式出现，而从功能角度来看，这种句子形式又不同于在交际中临时生成的语句。

总体看来，谚语在结构上主要采用单句、紧缩句和复句三种形式。

单句有主谓形式和非主谓形式。多数是主谓形式，如：万丈高楼从地起；新官上任三把火；男儿膝下有黄金。少数是非主谓形式，如：没有不透风的墙；乱点鸳鸯谱；没嘴的葫芦。

紧缩句由复句紧缩而成，是用单句形式表达复句内容的一种特殊句子格式。如：人怕出名猪怕壮（并列关系）；心坚石也穿（假设关系）；人好水也甜（因果关系）。

复句形式的谚语有两种情况。一种是简单复句，即由两个分句构成。前后两个分句的关系，有的是并列关系，如：聪明靠学习，天才靠积累；有的是选择关系，如：宁吃过头饭，不说过头话；有的是递进关系，如：远亲不如近邻，近邻不如对

门;有的是条件关系,如:只要工夫深,铁杵磨成针;有的是假设关系,如:要过河,先搭桥;有的是顺承关系,如:先做学生,后做先生;有的是转折关系,如:麻雀虽小,肝胆俱全。另一种是复杂复句,由三或四个分句构成。如:比干劲,鼓干劲,干劲越鼓越带劲。

(二)谚语的特点

1. 形式杂言化

与成语和惯用语不同,谚语构成字数不一,少则四个,多则几十个,以十字或十四字居多。

2. 口语性强

谚语多来自民间口头创作,是人民群众生产、生活中劳动智慧的结晶,是人民大众对具体事物认识的总结与概括,具有鲜明的口语色彩。如:大家一条心,黄土变成金;三个臭皮匠,顶个诸葛亮;兔子不吃窝边草。当然,也有少数谚语来自书面语,甚至是文言词语。如:千里之行,始于足下;书山有路勤为径,学海无涯苦作舟。

3. 准确凝练

谚语的一个重要作用是传授知识经验和教训劝诫,形式短小,讲得出,记得住,用得上,便于传诵和使用。如"插壮秧,谷满仓",总结了秧苗与粮食产量的关系。粮食丰收需要很多条件,秧苗的选择尤为重要。有了好的秧苗,就有了好的开始。这条谚语仅用六个字就表达了劳动人民的宝贵经验和充足干劲。

4. 生动形象

谚语用生动形象的语言,通过活跃的想象,把抽象的事物或道理表达出来,引起读者或听众的联想,给人留下深刻难忘的印象。"病来如山倒,病去如抽丝",说明得病快,去病慢,语言生动传神。"明知山有虎,偏向虎山行",用生动形象的语言,说明知难而进的道理。

此外,音律和谐,节奏鲜明,朗朗上口,有强烈的音乐美,是谚语的又一个特点。读起来顺口,听起来悦耳,抑扬顿挫有音乐感,使谚语更容易口头流传。

(三)谚语的内容

1. 自然生产方面的谚语

自然生产方面的谚语主要是农谚和气象谚。

传授农业生产知识的谚语，一般叫作农业谚，简称农谚。农谚在谚语中占有很大的比重，内容非常丰富，有谈农业生产重要性的，如：农民不种田，城里断炊烟；万物土中生。有谈农事季节的，如：小满前后，种瓜种豆；处暑种高山，白露种平川，秋分种门外，寒露种河湾。有谈农业生产中人和地的关系的，如：人误地一时，地误人一年；只要工夫深，土里出黄金。还有谈农业生产中各个环节知识的，如：有水才有谷，无水守着哭；花要锄，稻要挖，麦要压；种田不养猪，好比秀才不读书，种田不用问，深耕多上粪；一年劳动在于秋，谷不到家不算收。

气象谚是传授气候、天象变化知识的谚语，大体涉及三个方面。一是关于时令节气的。如：春分秋分，昼夜平分；八月初一雁门开，雁头上面带霜来；冷在三九，热在三伏。二是关于气象变化对农业生产的影响的。如：瑞雪兆丰年；清明西北风，养蚕多白空；三伏不热，五谷不结；白露天气晴，谷米白如银。三是关于气象预测的，这种气象谚数量多，涉及面广。如：朝霞不出门，晚霞行千里；无风来长浪，不久狂风降；春雷百日旱；久旱西风不下雨，久雨北风天不晴；东虹日头西虹雨；雷打立春节，惊蛰雨不歇；若要晴，看山清，若要雨，看山白。

2.社会生活方面的谚语

社会生活方面的谚语主要包括风土谚、规诫谚和生活知识谚。

风土谚是指反映和总结各地乡土人情、景物、特产等特点的谚语。如：南甜北咸，东辣西酸；峨眉天下秀，青城天下幽，剑阁天下险，三峡天下雄；桂林山水甲天下；东北有三宝：人参、貂皮、乌拉草。

规诫谚是指对人们的思想意识、道德观、价值观、如何处世等进行教育和劝勉的谚语。如：好男儿志在四方；有志不在年高，无志空活百岁；刀不磨要生锈，人不学要落后；常在河边走，也要不湿鞋；人往高处走，水往低处流；莫在人前自夸口，强中更有强中手；良言一句三冬暖，恶语伤人六月寒。

生活知识谚是总结日常生活各种知识的谚语，指导着人们的日常生活。如：三月三，脱了寒衣换单衫；冬食萝卜夏食姜，不用医生开药方；若要不失眠，煮粥加白莲；茶水喝足，百病可除；健身胜过灵芝草，经常运动身体好；书读百遍，其义自现；入乡随俗；饭后百步走，要活九十九；船到江心补漏迟，事故临头后悔晚。

（四）谚语的运用

谚语简洁精练，含义丰富深刻，文化底蕴深厚，具有强大的生命力和表现力。

运用谚语来说理，使论据更加充足，能增强语言的说服力；运用谚语来叙事，使表达内容更加准确，能增强语言的概括力；运用谚语来刻画人物形象，能增强语言的感染力。

谚语也不能滥用，用得过多或使用不当，会显得矫揉造作，同时要注意在不同场合选用不同风格色彩和语体色彩的谚语。

四、歇后语

歇后语是结构相对固定、具有口语色彩的固定词组，由近似谜面和谜底的两部分组成。如：

八仙过海——各显神通　　　芝麻开花——节节高
骑驴看唱本——走着瞧　　　小和尚念经——有口无心
黄鼠狼给鸡拜年——没安好心　泥菩萨过江——自身难保
高射炮打蚊子——大材小用　　船头上跑马——走投无路

（一）歇后语的构成

在形式上，歇后语通常是由前后两部分构成，前一部分用来对一种情况、动作或事物加以比喻，相当于谜语的谜面；后一部分则点明前一部分的意思或加以解说，相当于谜语的谜底，也是说话人要表达的本意所在。根据构成方式，歇后语大体分为三种类型。

1. 喻意类

此类歇后语用类推、联想的方法来构成——用现实存在的或者想象中的事物设喻——了解喻体的性质，自然也就领悟它的意思。如：老鼠进风箱——两头受气；洗脸盆里游泳——不知深浅。

2. 谐音类

此类歇后语利用谐音双关的方式构成，言在此而意在彼，一语双关，既巧妙又风趣。如：猪八戒的脊梁——悟（无）能之背（辈）；旗杆上绑鸡毛——好大的掸（胆）子。

3. 故事类

此类歇后语利用人们熟悉的历史故事、神话传说等构成。如：周瑜打黄盖——

一个愿打，一个愿挨；八仙过海——各显神通。

（二）歇后语的特点

1. 口语性

歇后语是人民群众喜闻乐见的口头语言。内容浅显易懂，贴近生活。如：老鼠过街——人人喊打；叫花子唱歌——穷开心。即使是来自历史典故，也具有较强的口语性，如：刘备招亲——弄假成真；司马昭之心——路人皆知。

2. 幽默性

歇后语大多幽默风趣，生动活泼。有些歇后语设喻巧妙，类似谜语或脑筋急转弯。它们往往运用逆向思维方式，把本不相关的内容联系到一起，得到的幽默效果也较为强烈。如：十窍通了九窍——一窍不通，前一部分给人的感觉是就要成功了，引起了积极的期待，但答案却截然相反，对比强烈，产生了很强的幽默感。

3. 双关性

任何一个歇后语，当它进入句子以后，都是语带双关的，如：水中捞月——一场空。后一部分的"一场空"表面上是解说前面的"水中捞月"这种行为枉费力气，实际上是比喻某件事情根本无法实现，希望和努力完全落空。又如：孔夫子搬家——尽是书（输）。后一部分的"尽是书"表面上是解说前面的"孔夫子搬家"这件事情，圣人家里除了书还是书，实际上要表达的意思是"尽是输"。

4. 灵活性

歇后语的结构有相对固定的一面，也有灵活的一面。只要能传达出本意，使用者不会拘泥于形式，可以对歇后语进行修改、调整、增删或润色。其灵活性主要表现在以下两个方面：一是前一部分形式不一定相同，如"老鼠钻风箱——两头受气"，前一部分可以说成"老鼠入风箱""老鼠钻到风箱里"或"耗子钻到风箱里"；二是后一部分形式不一定相同，如"哑巴吃黄连——有苦难言"，后一部分可以说成"有苦说不出""有苦叫不出""心里有苦说不出"等。

此外还有地域性。有的歇后语流传范围很广，有的只在小范围内传播，造成这一特点的原因很多，主要是交通阻隔和方言分歧。

（三）歇后语的来源

1. 古代隐语

歇后语的产生与隐语关系密切，最初的歇后语就是在隐语的基础上发展而来的。隐语在先秦是作为一种修辞手段在运用，如果把隐语所隐去的本意和隐语连在一起说出来，便成了歇后语。如：姜太公钓鱼——愿者上钩。

2. 日常生活及群众创作

今天人们使用的歇后语，绝大多数是人民群众的口头创作，日常生活中的事物是创作的主要来源。如：荷叶儿当作雨伞——难遮；打火机上浇汽油——一点就着；十个指头——有长有短；墙头上种菜——没园（缘）。

当现实生活不能满足歇后语的创作取材时，人们便展开丰富的想象，用奇特的设想作为创作材料。如：灯心草做拐杖——做不了主；黄鼠狼给鸡拜年——没安好心；泥菩萨过河——自身难保；大海里捞针——无处寻。

3. 文献著作

还有一部分歇后语取材于文献典籍中记载的历史人物、小说故事、神话传说等。如：孔明七擒孟获——要他心服；狗咬吕洞宾——不识好人心；徐庶进曹营——一言不发。

（四）歇后语的运用

第一，要注意歇后语的内容健康与否。歇后语多数是思想健康的，恰当使用在作品中能起好的作用。如：衫上绣牡丹——锦上添花；芝麻开花——节节高；秋后的石榴——一肚子红点子。但是，也有的歇后语，有较浓的迷信色彩和庸俗无聊的低级趣味，有的甚至嘲笑戏弄有生理缺陷的人，如：瞎猫碰死老鼠——命里该着；瞎子看戏——跟着笑。

第二，要注意选用通用的歇后语，有条件地使用方言色彩很浓的歇后语。我国幅员广阔、人口众多，方言非常复杂。如果使用方言色彩很浓厚的歇后语，其他地区的人很难理解。如：茶溪人做王——等不到天亮（江西）；大辽河的王八——净吃等食（辽宁）；癞格宝坐沙发——该胖哥玩格（四川）。这些歇后语如果在当地使用，大家能懂，当然可以；但是如果在报刊上使用，多数地区的人不懂，最好不用。

第三，要注意歇后语的时代性。有些过时的、陈腐的歇后语，也不宜乱用。如：小尼姑看嫁妆——今世无分；新媳妇坐在花轿里——任人摆布；八十岁无儿——老来苦。

五、俗语

俗语有广义和狭义之分，广义的俗语是人民群众口头上流传的定型语句，通俗平易是最显著的特征，包括谚语、歇后语、惯用语甚至一些通俗浅显的成语等。狭义的俗语是以语言生动、形象、活泼为特点，以提高语言表达效果为宗旨，具有通俗、形象、口语化风格的固定词组。我们讨论的是狭义的俗语，把俗语视为熟语中独立的类别，与成语、惯用语、谚语、歇后语处于同一地位、同一层次。如：

鸡飞狗跳	僧多粥少	有奶便是娘
天上掉馅饼	煽阴风点鬼火	前怕狼后怕虎
哪壶不开提哪壶	挂羊头卖狗肉	身在曹营心在汉
三天打鱼两天晒网	睁一只眼闭一只眼	当一天和尚撞一天钟
一朵鲜花插在牛粪上	躲过了初一躲不过十五	

（一）俗语的结构

俗语是固定词组，在功能上、性质上相当于一个词。它同谚语一样，具有不同于一般词语的外显特征——以句子的形式出现，但从功能角度看，又不同于在交际中临时生成的语句。

从总体上看，俗语采用了单句和复句两种形式。

单句有主谓句，如：叫花子也有三个烂朋友；赶鸭子上架。也有非主谓句，如：撕破脸皮；管他三七二十一；碰了一鼻子灰。

复句形式的俗语均是简单复句，即由两个分句构成。如：棋逢对手，将遇良才；落花有意，流水无情；雷声大，雨点小。

无论是单句还是复句均为用词少的简明句式，不是长句式。其中又多用无主句和压缩句。无主句，如：打开天窗说亮话；跳进黄河也洗不清。压缩句，如：三个一群，五个一伙（是"三个结成一群，五个构成一伙"的压缩）；穿新鞋，走老路（是"虽然穿的是新鞋，但走的却是老路"的压缩）。之所以如此，是因为俗语表达的是生活中某一片段的活动、情节、事件等，涉及的范围十分宽泛。为便于人们记忆和流传，必须采用简明紧凑的结构形式。

（二）俗语的特点

1.形式的杂言化

由于大多数俗语来源于人民群众的口头创造，反映了他们对客观世界万事万物的认识，因此，在语句形式上约束不大，较为自由，字数有多有少，句式有长有短，挥洒自如，张弛有度，不像四字格成语和三字格惯用语有比较固定的字数。如：四言的"鸡飞蛋打"；五言的"换汤不换药"；六言的"干打雷不下雨"；七言的"敬酒不吃吃罚酒"；八言的"头痛医头，脚痛医脚"；九言的"吃不着葡萄说葡萄酸"；十言的"公说公有理，婆说婆有理"；十言以上的"你走你的阳关道，我过我的独木桥"。

2. 语义的双层性

从语义上看，俗语的意义具有双层性：表层意义和深层意义。表层意义是指从字面上直接理解的意义，即字面意义；深层意义则需要透过字面更深一层理解，是在交际中的实际意义。俗语语义的"双层性"，是因为俗语要追求自身语言的生动、形象、活泼、多姿多彩，将交际中人们口耳直接感受的抽象的概念化的语言转换为描绘式语言。

不同俗语字面意义与实际意义之间的差距是不同的。有的差距小，字面意义更接近实际意义。这一类数量较少，例如"面和心不和"，意思是说表面上合得来，内心里却钩心斗角。又如"比上不足，比下有余"，意思是说比好的差一点儿，比差的又好一点儿。有的差距大，从字面意义上很难推断出其实际意义。这一类数量较多，例如"哭了半天不知道谁死了"，其意义并不是陈述葬礼上发生的什么事，而是通过这样的描述，来形容还没有弄清事情的前因后果，就盲目行动。

3. 语体的口语性

从语体色彩来看，俗语可以说是"清一色"的口语，通俗、平易、质朴。这是因为俗语大多取材于日常生活，表达的是人民大众朴实真切的情感，说起来又抑扬顿挫、朗朗上口，为老百姓喜闻乐见，在口语交际中使用频率非常高。

俗语的素材多源自日常生活的方方面面。有的取材于人体，如：割掉脑袋碗大的疤。有的取材于人际关系，如：姥姥不疼，舅舅不爱。有的取材于动物，如：逼着公鸡下蛋。有的取材于食物，如：煮熟的鸭子飞了。有的取材于医疗技术，如：头痛医头，脚痛医脚。有的取材于宗教祭祀，如：平时不烧香，急时抱佛脚。有的取材于植物，如：只见树木，不见森林。有的取材于地理，如：不到黄河不死心。

(三) 俗语的来源

1. 世俗生活

逃出龙潭，又入虎穴	一不沾亲，二不带故
瘦死的骆驼比马大	娶了媳妇忘了娘
烂泥巴扶不上墙	心急吃不了热豆腐
拆东墙，补西墙	打落牙齿往肚里咽
舍得一身剐，敢把皇帝拉下马	吃不了兜着走

2. 宗教用语

捕得老鼠，打破油瓮	不食人间烟火
酒肉穿肠过，佛祖心中留	一佛出世，二佛升天

3. 历史典故

不为五斗米折腰	不敢越雷池一步
口有蜜，腹有剑	不孝有三，无后为大

4. 诗词

柳暗花明又一村	今朝有酒今朝醉
为他人作嫁衣裳	天堑变通途

5. 古代文学作品中的艺术形象、情节

猪八戒倒打一耙	半路杀出个程咬金
赔了夫人又折兵	身在曹营心在汉

(四) 俗语的运用

第一，准确把握俗语的意义。首先要分清俗语的字面意义和实际意义。实际意义才是俗语要传达的真正信息，因此，透过表层字面意义准确地理解深层实际意义是非常重要的，是正确使用俗语的前提条件。由于两层意义之间的关系常常显得曲折复杂，必须先理清关系。如："锣齐鼓不齐"字面意义是陈述东西的准备情况，锣已齐备，鼓尚未准备好，实际意义是比喻"人到不齐，或者条件不具备"。再如："乌鸦窝里出了金凤凰"，表层意义是"乌鸦巢穴里，长出了一只金凤凰"，而它的深层含义是比喻"贫贱家庭或条件不好的地方出了出类拔萃的人物"。其次要弄清俗语的褒贬义。有些俗语感情色彩浓厚，只有弄清俗语的褒贬义，才能正确表达自己的情感态度。褒义俗语要用在颂扬、称赞、肯定的事物上；贬义俗语要用在讽刺、揭露、否定的事物上。

第二，地域性强的俗语要限制使用，尽量选用全民通用的俗语。有的俗语带有浓厚的地方色彩，不易被该地区外的人们理解和使用。如：冬不拉在琴师手里会唱歌（指有价值的东西在能人手里会充分发挥作用，新疆），埋了巴汰（意思是环境脏乱差，东北），逼倒牯牛下崽崽（指强迫别人干不可能完成的事，重庆）。因此，选用俗语，应注意全民通用性。

第三，注意使用的场合。由于使用场合不同，加之涉及的问题、谈论的话题不同，以及交际的对象、环境等诸多因素的差异，在运用俗语时一定要反复推敲、仔细琢磨，选择恰当的俗语。一般来说，在庄重严肃的场合，俗语要少用，如果要用，也多使用那些生动形象的俗语。在喜庆欢乐的场合，多使用诙谐性强、具有想象力和幽默感的俗语。

六、惯用语、成语、谚语、歇后语和俗语的区别

惯用语与成语最明显的区别是外在形态，惯用语是三字格，而成语是四字格。结构上，成语比惯用语有更强的定型性。成语结构严谨，一般不宜拆开；而惯用语的结构比较灵活松散，为适应语境需要，可以在结构间嵌入别的词，而整体意义不变。如："挖墙脚"可以说成"挖他的墙脚"，"背黑锅"可以说成"背了个大黑锅"。风格上，惯用语通俗、平易、口语化，甚至是粗俗的；而成语则典雅、庄重、书面化。我们不难从以下的比较中体会出惯用语与成语的风格差别：窝里斗——尔虞我诈；拍马屁——阿谀奉承；敲竹杠——敲诈勒索；摆架子——装腔作势。内容上，惯用语所表达的意义比较简单，多表达一种简单的行为或现象；而成语所表达的内容丰富而宽泛，信息量大。因此，惯用语使用的范围较狭窄，成语则能在书面语里广泛应用。

歇后语与谚语大都来自民间，生动、形象、活泼，不过区别也很明显。形式上，歇后语由两部分组成，前部分是比喻，后部分是解释，两部分之间有一定的语音停顿，书面上用逗号或破折号隔开。如：黄鼠狼给鸡拜年——没安好心；泥菩萨

过江——自身难保。谚语的构成有的虽也有两部分或更多部分，但其间没有比喻和解释的关系。如：有理走遍天下，无理寸步难行；春争日，夏争时，百事宜早不宜迟。内容上，谚语是生活中经验教训的总结，歇后语仅仅是一种具有通俗、诙谐、风趣特点的现成话。

俗语和成语之间区别明显。前者口语性强、通俗易懂、结构比较灵活，一般以短语或句子形式出现，常在人民群众口头以及通俗文学作品中使用；后者大都来源于书面语，外在形态为四字格，典雅、书面色彩浓厚，不能随意拆开使用。如：前怕狼，后怕虎（俗语）——畏首畏尾（成语）；三天打鱼，两天晒网（俗语）——一曝（pù）十寒（成语）；搬起石头砸自己的脚（俗语）——自作自受（成语）。

俗语与惯用语最明显的区别表现在外在形态上，俗语是杂言体，惯用语是三言体。

俗语与谚语的区别主要体现在内容上。谚语是用日常生活中浅显的事情来阐明深刻的道理，揭示客观规律，具有传播知识经验、教育劝诫的意义。而俗语的内容仅仅是形象、生动、艺术化地将客观世界某一现象、事实、状态表现出来。它的产生完全是出于美化语言的修辞性需要，是汉语词汇材料在表达功能上多姿多彩、富于表现力的一种体现。如：庄稼一枝花，全靠粪当家；有理走遍天下，无理寸步难行；一朵鲜花插在牛粪上；只见树木，不见森林。从内容上区分一目了然，前两例是谚语，后两例是俗语。

俗语与歇后语都以杂言体形式出现，通俗浅显，口语性强。二者明显的区别在于，歇后语在结构上由前后两部分构成，前后为比喻与解释的关系，两部分之间有一定的语音停顿。俗语多为单句，即使有的俗语由两个分句构成，但前后分句不构成比喻与解释关系。如：雷声大，雨点小（转折关系）；一着不慎，满盘皆输（假设关系）；柴无一根，米无一粒（并列关系）。以上例子都是俗语，不是歇后语。

第二节　禁忌语

禁忌起源于人类在蒙昧时代对自然现象和自然力量的困惑和误解，包含两方面的内容：一是宗教或风俗中敬畏的某些事物（如神圣的、不洁的、危险的事物）或禁止的某些行为（如触摸神圣的东西或直接谈及神，这些行为可能会导致严重的惩罚），二是约定俗成不在公开场合讨论的话题和做的事情。

"禁忌"表现在语言方面就是语言禁忌，形成"禁忌语"，也称为"避讳语"。通常分为两类：一是因为神圣或崇高而不能直接提及的人或事物的名称，二是因为不洁、不雅或不吉而不愿直说的事物名称。这是汉语从古至今都存在的一种语言现象，也是一种文化现象。

语言禁忌实际上是一种规避行为，避免一些因言语失当而招致的不利后果。但是有些事不能不做，有些话不能不说，于是，委婉语应运而生。用委婉语取代禁忌语，即"说话时，不直白本意，只用委曲含蓄的话来烘托暗示"（陈望道，2005：315）。

委婉语来源于禁忌语，是禁忌语的替代物、变形，禁忌语则是委婉语的替代对象、原型。使用委婉语，就是为了避免说禁忌语。

一、禁忌语的主要类别

（一）凶祸禁忌语

人们在日常生活中，对一些含义不吉的词或与之音同音近的词，总是设法回避，忌讳说这些词，力求通过语言的变通、调整，换用一个与之意义等同、但字面温和的说法，例如，忌讳说"死""死亡"，改说"老了、不在了、逝世、辞世、仙逝、归西、长眠、永别、寿终正寝、驾鹤西游、永远地睡着了、去见马克思了、没翻过那一道坎儿"等；忌讳说"生病"，改说"不好、不安逸、不舒服"等；忌说"坟墓"，改说"阴宅"。

（二）生理缺陷禁忌语

忌讳直说"残疾"或直指身体缺陷。直说他人的身体缺陷会使人难堪，甚至使人觉得受到羞辱，所以得换一种说法。聋子得说成"耳朵背、耳朵不灵"；瞎子得说成"眼睛不好使"；手脚残疾得说成"手不方便、腿不方便或脚不方便"。

（三）破财禁忌语

人们喜发财，惧破财，因而交际时忌讳与破财有关的词语。例如生意人忌言"折"（有折本之义），因为"舌"和"折财"的"折"同音，四川方言中就把猪、牛、狗等动物的舌称作"利子"；因为"舌""蛇"音同，所以又把"蛇"改称为"干黄鳝、梭老二"。再如，生意人忌言"输、降"，粤方言中"杠""降"同音，

"丝"与"输"近音,所以"竹杠"改称"竹升","丝瓜"改称"胜瓜"。

(四)性禁忌语

中国人通常认为涉及性行为、性器官的词语都是不洁的,甚至认为性器官是污秽之物,性行为是肮脏之事,说出来有伤风化,有文化有教养的人是羞于启齿的。一般人对于性以及与性相关的事物也是非常忌讳,绝对不能随便提起,因此人们常常排斥与性有关的词,非说不可时就得换一个隐讳委婉说法。譬如,不得不谈到性器官时,总会用"那个""下部""阴部"之类的词替代;说到性行为,常常用"同房""房事""同床""夫妻生活""男女关系"等来表示;说到不正当的性行为时,就用"寻花问柳""拈花惹草""偷鸡摸狗""桃色事件"等。

(五)行业禁忌语

禁忌语中较集中的还有一种行业词语禁忌,不同行业中有不同的禁忌语。如:旧时戏班对老鼠、刺猬、蛇、黄鼠狼、狐狸很忌讳,尊称它们为五大仙。不能称本名,否则在演出中会遭到它们的戏弄,所以称老鼠为灰八爷,刺猬为白五爷,蛇为柳七爷,黄鼠狼为黄大爷,狐狸为大仙爷。散班是戏班最大的灾难,所以也忌讳"散"字,雨伞要称雨盖、雨遮、雨拦、聚笠。船家禁忌说"倒、翻(帆)、搁、沉、住"等词,倒掉称为"卖掉、卖脱";倒水称为"清水";帆称为"篷";搁称为"放";盛饭不说"盛"(因它与"沉"音近),而说"添"。

二、禁忌语的使用

语言禁忌在社会交往中起着积极的作用。委婉其辞使他人感觉受到了尊重,内心感到愉悦。同时社会通过禁忌对个体言论进行引导,并通过语言禁忌造就人的价值和行为方向,从而协调人与人之间的关系。

但禁忌语在人们的言语交际中并非一概被排斥,不同场合人们对话语有不同的选择。在正式的公开场合,如宗教仪式、宴会、集会、庆典等严肃庄重的场合,禁忌语是不能登大雅之堂的。在非正式的私下场合,如酒吧、家庭、运动场等场所,熟人之间说几句禁忌语却很平常。有关性、生理、排泄等话题单从社会文化层次上来考虑,一般列为禁忌语,人们很少涉及,但是在医院里医生询问病人情况时,则必须加以表述。

禁忌语一方面力避使用,另一方面,在一些场合人们又在有意运用。人们有意

使用禁忌语的原因或目的,主要有如下几点:

第一,宣泄情感。任何带有感情色彩的词语都能宣泄情感。人们在生气、发火或感到愤恨的时候,总是有意使用咒语、脏话之类的禁忌语,以发泄自己心中的不快。

第二,引起注意。有些人会用禁忌语来引起别人注意,尽管这样做会使听话人感到震惊。

第三,寻求认同感。亲密的朋友或同事,在特定环境中,使用较为正式或礼貌的语言可能会显得疏远,使用禁忌语中的粗话和脏话反而能体现出他们之间亲密友好的关系。

> **思考与练习**
> 1. 举例分析成语、惯用语、谚语、歇后语和俗语的区别。
> 2. 举例分析禁忌语的合理使用场合。
> 3. 查阅相关资料,比较汉语和其他语言中熟语、禁忌语的异同。

第十四章　表达、语境和修辞

第一节　语言表达与语境

鲁迅先生讲过一个故事：有户人家生了一个男孩，非常高兴，满月的时候，抱出来给客人看。一个客人说："这孩子将来要发财的。"他得到了主人的感谢。另一个客人说："这孩子将来要做官的。"他也得到了大家的恭维。第三个客人说："这孩子将来是要死的。"他被痛打了一顿。从语言角度看，第三个客人说的话和前两位客人一样，符合汉语造句规则，准确明白；从客观事实来讲，人会死是必然的，成年后能否富贵却不一定。但"说谎的得好报，说必然的遭痛打"，因为在这个情境下——婴儿满月的时候，主人家是想得到一些好兆头，第三个人却提到"死"这样不合适、不得体的话，与语境相冲突了。

在运用语言进行交际活动的过程中，语境是贯穿整个交际过程的重要因素。一句话即使没有词汇、语法等错误，如果同语境相冲突，也可能导致一次失败的交际活动，如故事中的第三位客人。同一句话，处在不同的语境中，传达的意义和表达的效果也不相同。饭店的服务员会殷勤地对顾客说"欢迎光临""欢迎再来"，殡仪馆的工作人员却不会对参加葬礼的人这样说。

语境是语言单位出现的环境，分为语言语境和情景语境。

语言语境又叫上下文语境，处在语流中的词、短语、句子等，它前面或后面出现的其他语言单位都是该单位的语言语境，不仅包括通常所说的上下文，也包括口语中的前言后语。

情景语境又叫非语言语境，指言语交际活动所依赖的各种主客观因素，包括交际双方、时间、地点、场合、社会背景、文化背景、交际目的、交际内容以及交谈双方的辅助性交际手段（如表情、姿态、手势等）。

在交际中，一句话的意义除了由词语和词语的组合表现出来以外，还有很多意义是由语境去补充、明确的。例如两个女孩在逛街，其中一个对另一个说："这家店比那家店便宜。"这句话的字面意义简单易懂，但还有一部分会话意义是旁人不知道的：这家店、那家店分别是哪家店？是什么东西便宜？便宜多少钱？这些内容，除了交谈双方，别人都是不知道的，因为别人不清楚这个谈话的语境。

言语交际总是在一定场景下进行的，语境对于语言表达具有重要的作用。要达到交际目的，说什么，对谁说，怎么说，什么时候说等问题，都跟语境密切相关。语言运用得好不好，表达是否准确、得体，都是就具体的语境而言的。

一、语境对语言表达有制约作用

选词造句中有一个很重要的环节：词语搭配，这一问题可以理解为词语在怎样的语境中出现。例如，"爸爸夸我很智慧"是病句，因为"智慧"是名词，汉语中名词不能受副词（"很"）修饰，即"智慧"不能出现在"很～"这一语境中。又如"突然——猛然"这一组近义词，它们意义相近，用法不同。"突然"是形容词，可以出现在"～+动词、～+名词、很～"这些语境中，作状语、定语、谓语，如"突然转身、突然事件、情况很突然"。"猛然"是副词，只能出现在"～+动词"中，作状语，如"猛然回头"。这些都是语境通过语法规则对词语搭配的制约。

语境还可以通过语义条件制约词语搭配。如"喝"，可以说"喝水、喝茶、喝粥"，但不能说"喝饭、喝馒头、喝葡萄"，这是因为"喝"这个词只跟表示"流质类食物"这样意义的词语搭配。又如某部门的文明宣传语"学习雷锋、奉献他人、提升自己"，其中的"奉献他人"让人啼笑皆非。"奉献"作为动词，意思是：呈献或恭敬地交付。该宣传语本意想说"为他人奉献"，实际却成了"把他人奉献"。

语境对语言表达的制约作用不仅体现在话语本身（这主要是来自上下文语境的影响），它还具有更多深层次的影响（这主要来自情景语境的影响）。如在汉文化语境中，有大量的禁忌语。汉语中忌讳直言"死"，有许多委婉语表达这一意义，如"谢世、辞世、长眠、作古、仙游、永远地离开"等，死者有关的物件，也忌讳直言，如衣物称作"寿衣"、棺材称作"寿木"。有则笑话，说有个蠢女婿给岳父拜寿，看见别人称桃子为"寿桃"，面条为"寿面"，便自作聪明地恭维岳父"您这身寿衣真好看"，把老丈人气个半死。

语境制约着人们对语言材料、表达方式的选择。同样的意义，可以用不同的词、句子来表达，哪种更合适，就要看说话者是面对什么样的交际对象、什么样的交际场合、什么样的交际目的、什么样的交际内容等语境。有个官吏下乡视察，与一个老农拉家常:"近来黎庶(指黎民百姓)如何?"老农回答说:"今年梨树好,只是虫吃了些。"官吏说话不看对象,在老农面前故作文雅,老农当然不明白他的意思,答非所问。

在新闻播报中,"某国总统偕夫人接见媒体记者",就不能说成"某国总统携老婆"。"老婆"一词口语色彩浓厚,不宜出现在正式场合。"能把书借给我看看吗"和"请把书借给我看看"两句话意思差不多,前一种表达是疑问句,后一种是祈使句。大多数情况下人们会选择疑问句的表达方式,因为这种方式比祈使句更委婉,同时也能给听话者留下余地——也许听话者因为某种原因不能满足借书的要求。

二、语境是语言表达和理解的前提

语境参与整个交际过程,并对语义起到解释作用。语境是语言表达和理解的前提。如汉语中常用"雨后春笋"来比喻新生事物迅速大量地涌现出来,但用法语或俄语来表达这个意义时,就要说成"雨后蘑菇",因为比起竹笋,法国人和俄罗斯人对雨后的蘑菇更为熟悉。

语境能够使语言单位的意义具体化、明确化。词语的词义具有概括性,其具体意义只有在语境中才能确定。如"书"这个词,你可以拿着一本《中华文明史》说:"这是我的书。"也可以指着一本莫言的《红高粱》说:"这是我的书。"同一个词"书",既可以指这书,也可以指那书,具体指哪本,只有在语境中才能确定。语言中有大量的多义词,例如"打",有"打鼓、打架、打官司、打毛衣、打伞、打饭"等多种意义的表达,但在交际中我们不会混淆"打"的意义,因为上下文语境能够排除掉不合适的义项,使得词义单一化:如"打鼓"中,只适用"撞击"这个义项;"打毛衣"只适用"编织";"打饭"只适用"买"。

语境能够充实语言的意义。一句话传达出的意义有很多是在语境中产生的。例如:

(1) 一群小鱼在河里游来游去。

(2) 今天的酸菜鱼做得咸了点儿。

(1) 句中的"鱼"一定是活的,(2) 句中的鱼则是死的。[+活][-活]的意义,就是由语境补充的。陌生客人到访,主人问:"您是……?"不需要完整的问句"你是谁",询问客人身份的意思已经充分表达,且"您是"两字显得委婉而有礼。

人们对于语言的理解，是基于字面上词语与词语的组合，同时还需要联系语境来理解。例如有这样一个笑话：

（3）小王早上赶公共汽车，到站台的时候，汽车已经启动了。于是小王只好边追边喊："师傅，等等！师傅，等等我呀！"这时一乘客从车窗探出头来冲他说了一句："悟空，你就别追了！"

这是一个对读者的文化背景（文化背景也是情景语境的一部分）有要求的笑话。一个不熟悉《西游记》的人，例如外国人，哪怕他精通汉语，这个笑话也只是一个莫名其妙的故事，他不能接收到其中的幽默因素。

三、合理利用语境可以有效提高语言表达效果

语言表达效果的好坏，不仅跟语句本身有关，也跟语言表达是否适应语境、是否与语境保持和谐有关，可以说，语境是检验表达效果的依据。

（一）利用言外之意、弦外之音

绘画艺术中有留白的技巧，语言表达也是如此。合理利用语境能达到"言有尽而意无穷"的效果。例如这个故事：

由于连续数月行船、久未回家，大副心情苦闷，就喝了些酒，没想到醉倒了。船长在航海日志上写道："大副今天喝醉了。"第二天，大副酒醒，看到航海日志便提出强烈抗议，说这样记录假如不加解释，会断送他的前程，因为这使人觉得他常常喝酒。但是船长认为自己记的是事实，拒绝改动。下一周轮到大副记航海日志。在这个星期的最后一天，他这样写道："船长今天没喝醉。"

船长的确如实记录了大副的行为，但正如大副所想的，这产生了言外之意，可能会让人觉得大副经常喝酒。大副的日志"船长今天没喝醉"，具有更直接且明确的弦外之音：船长天天醉酒，只是今天没有喝醉。

在日常生活中，含蓄的表达，婉转的劝诫，迂回的批评，委婉的讽刺，都是利用语境达到"意在言外"的效果。这种手法在文学语言中同样运用得非常广泛。尤其是诗词语言中，极注重"文已尽而意有余"[①]的语言技巧。唐司空图《二十四诗

[①] 这是钟嵘在《诗品》中对"赋比兴"的"兴"的含义作出的解释。

品》里有"含蓄"一品,即"不著一字,尽得风流"。晚唐诗人李商隐的诗作最能代表这种风格。他的诗歌语言含蓄深婉,甚至隐晦难解,但寓意无穷,如《锦瑟》一诗:

> 锦瑟无端五十弦,一弦一柱思华年。
> 庄生晓梦迷蝴蝶,望帝春心托杜鹃。
> 沧海月明珠有泪,蓝田日暖玉生烟。
> 此情可待成追忆,只是当时已惘然。

这首诗自唐代以来注释者无数,众说纷纭,至今没有人能够给出彻底的解释。这首诗的语言极其隐晦,表意朦胧,但这正好为读者留下了广阔的解读空间。梁启超评论说:"义山集中的《锦瑟》《碧城》《圣女祠》等篇……他讲的什么事,我理会不着;拆开一句一句的叫我解释,我连文义也解不出来。但我觉得他美,读起来令我精神上得一种新鲜的愉快。须知,美是多方面的,美是含有神秘性的。"(《中国韵文里头所表现的情感》)每一个读者都可以凭自己的感受去理解这首诗的寓意,有人认为是描写乐器的咏物诗,有人认为是追忆亡妻王氏的悼亡诗,有人认为是诗人自述生平际遇的自叙诗,还有人认为这是诗人用来形容自己的诗风和诗歌创作主张的。单从这首诗的语言来看,这些意思在诗中都没有明说,但结合作者的生平、时代背景等来分析,似乎都有道理。这完全达到了"言有尽而意无穷"的表达效果。

(二)利用交际场合

交际场合是指由时间、地点、情况等构成的语境。适合谈恋爱的场合,与谈公事的场合是不同的。交谈的话题、谈话的方式、双方的反应和交谈的结果,都与场合有直接的联系。要取得理想的表达效果,就要有意识地利用场合效应,重视交际场合的选择。

学生问墨子:"多言有益吗?"墨子说:"你看青蛙、蛤蟆,整天叫个不停,叫得口干舌燥,人们也不听它们的叫声。再看雄鸡,在黎明破晓时啼鸣,天下所有人都被叫醒,立刻起床开始一天的工作。所以多言有什么益处呢?只有在切合时机的时候说话,才有用(唯其言之时也)。"言语交际中,应把握好说话的场合与时机。如果场合不恰当、时机不合适,宁可不开口,以免言多有失。

(三)积极主动改变语境、创造语境

语言表达要适应语境、利用语境,但这并不是说我们只能消极、被动地迎合语境。善于利用语境还包括积极主动地改变语境、创造语境。

两人初次见面，彼此还很陌生，因此谈话拘谨，一般不会直入正题。这时就需要双方积极营造适宜的交谈环境。双方会先自我介绍，随意寒暄，谈谈自己的家乡、简要的经历，或者聊聊天气、新闻，以此寻找相似的话题或相同的兴趣，例如有老乡关系，或者有共同的朋友、相同的爱好、相似的经历，这些都会成为营造语境的重要材料。

（四）利用语境进行修辞活动

修辞活动是指在具体的语境中，为了达到理想的表达效果而对语言进行修饰和调整的一种言语活动。例如：

    我送你离开　千里之外　你无声黑白　沉默年代
   或许不该　太遥远的相爱
    我送你离开　天涯之外　你是否还在　琴声何来
   生死难猜　用一生去等待

（方文山《千里之外》）

这两段歌词采用了对偶、押韵等修辞手法。两段歌词音节数目完全相等，语法结构基本相同。歌词押ai韵，如"开、外、白、代、该、爱"等，句句押韵，音节悦耳，节奏鲜明，演唱起来顺口、动听，并且ai韵发音柔和，配合舒缓的曲调，易于抒发幽远哀婉的感情。

修辞活动是对语言本身的加工。语言学家王力说："若拿医学来作譬喻，语法好比解剖学，逻辑好比卫生学，修辞好比美容术。"（王了一，1982：2）语境是进行修辞活动、检验修辞效果的依据。在特定的语境中，善用修辞，能够有效提高语言的表现力，在说话和写作中达到理想的表达效果。

第二节　语言表达与修辞

广义的修辞有三个含义：一是指修辞活动；二是指在修辞活动中用来提高语言表达效果的规则规律和方式方法；三是指修辞学，即对提高语言表达效果的规则规律进行研究的语言科学。本节主要谈论第二种含义的"修辞"。

修辞存在于语言运用的各个方面。说话、写作，要遵循语法规则，语法考虑的是"这样说对不对"，而修辞考虑的是"这样说好不好"。选择怎样的词语、怎样的句子、怎样的表达方式，才能达到最理想的表达效果，都是修辞。

运用修辞有一个基本的要求：适应语境。语境是进行修辞活动的依据，同时也是检验修辞效果的依据。这个要求也被看作修辞的最高原则：得体性。"哪种说法最合适，要看你是什么时间什么地方对谁说话，上一句是怎么说的，下一句打算怎么说。不同的场合有不同的要求，有时候典雅点儿较好，有时候大白话最为相宜。……修辞呢，好比穿衣服。人体有高矮肥瘦，衣服要称身；季节有春夏秋冬，衣服要当令；男女老少，衣服的材料花色不尽相同。总之是各有所宜。"（吕叔湘，2002：18）这段话形象生动地解释了修辞的得体性。

一、语音修辞

语言通过语音这一物质形式传达。合理、巧妙地利用语音修辞，能增强语言的音乐美感，使话语说起来朗朗上口、听起来和谐悦耳，通过听觉感官的作用，直接提高语言的表现力，增加语言的艺术魅力。

汉语是富有音乐美的语言。汉语的音节界限分明，结构形式整齐；元音占优势，乐音成分多，听起来响亮悦耳；每个音节都有声调，声调高低起伏、富于变化。种种因素构成了汉语音乐性强的特点，这也为语音修辞提供了很好的条件。说话、写作，要善于利用汉语的语音条件进行修辞活动，充分展示汉语的语音之美。

语音修辞主要表现在音节的搭配、声调和平仄、押韵、谐音等几个方面。

（一）音节的搭配

汉语运用中很注重音节的搭配，基本原则是匀称整齐。这主要是就音节数量而言。

现代汉语的词汇中，双音节词占多数，双音节词本身就具有语音上的对称美感，同时，汉语中也有大量单音节词和多音节词。这为音节搭配提供了有利条件。一般来说，在一句话内的相应位置上，单音节词搭配单音节词，双音节词搭配双音节词。例如：

> 冬天是室内饮食奄息的时期，秋天是郊外走马调鹰的日子，春天好看新绿，夏天饱受清凉。至于各节各季，正当移换中的一段时间哩，又是别一种情

趣，是一种两不相连，而又两都相合的中间风味，如雍和宫的打鬼，净业庵的放灯，丰台的看芍药，万牲园的寻梅花之类。　　（郁达夫《北平的四季》）

这段话里，"饮食奄息"与"走马调鹰"，"好看新绿"与"饱受清凉"，"两不相连"与"两都相合"，"打鬼"与"放灯"，"看芍药"与"寻梅花"，两两相配，音节数量相同，搭配匀称，整段话整齐和谐，读起来十分顺口。

如果音节搭配不当，读起来就拗口，听起来也别扭。如：

叶圣陶《义儿》中"桌子倒时一定发重大的声音"，"发重大的声音"后改为"发出重大的声音"。

叶圣陶《城中》中"我们有预算，学生缴纳的费恰抵平时的开支"，"缴纳的费"后改为"缴的费"。

叶圣陶《在民间》中"那车夫摊开手心接受钱……""接受钱"后改为"接钱"。

对比原文和修改后的句子，对单双音节词语的配合作了调整之后，句子的音节搭配变得匀称整齐，既上口又顺耳了。

汉语中有大量"四字格"短语，也是汉语音节要求匀称整齐的表现。成语以四字格为主，其他场合的用语中也常常使用四字格，如前文《北平的四季》中的例子，"饮食奄息、走马调鹰、好看新绿、饱受清凉、两不相连、两都相合"都是四字格。四字格短语在口语表达中通常读成"二二"节拍的音节搭配，如：

饮食//奄息　走马//调鹰　好看//新绿　饱受//清凉
咬文//嚼字　不三//不四　空中//楼阁　心直//口快

有些四字格短语从结构和意义上不能"二二"划分，但在口头上仍是读作"二二"节拍。如：

青/出于蓝　机/不可失　好/为人师　礼/尚往来
狗/拿耗子　如/履薄冰　各/行其是　一衣带/水

都读作：

青出//于蓝　机不//可失　好为//人师　礼尚//往来
狗拿//耗子　如履//薄冰　各行//其是　一衣//带水

这种"二二"节拍的音节搭配具有匀称和谐的整齐美感,增强了语言的节奏感,读起来朗朗上口。

(二)声调和平仄

汉语的每个音节都有声调。声调由音高的高低升降、曲折变化构成。古汉语有平、上、去、入四个声调。平声的音高变化平缓,起伏较小。上声、去声和入声的音高有较明显的升、降、曲折等变化,不像平声那样既平且长,所以上声、去声和入声被统称为"仄声","仄"字的意思即倾斜、不平。现代汉语的声调从古汉语发展而来,经历了"平分阴阳、入派三声"的变化,变成了阴平、阳平、上声、去声四个声调。其中阴平、阳平属于平声,上声、去声属于仄声。一句话中,平仄声调交错或对立,就形成了汉语抑扬顿挫的语音美感。

古代诗词韵文讲究平仄,安排音节时注意声调的错落有致。格律诗尤其讲究平仄,对此有严格的要求。基本的原则有两条:一是同一句内部,平仄相间,上下句之间,平仄相对;二是"一三五不论,二四六分明",意思是除了句末字外,每句诗中单数位置的字可以平仄不拘,双数位置的字要平仄严格。如:

　　五月天山雪,[仄仄平平仄]
　　无花只有寒。[平平仄仄平]
　　笛中闻折柳,[平平平仄仄]　("折"字在古代是入声字)
　　春色未曾看。[㊹仄仄平平]　("春"字处在单数位置,平仄不拘;
　　　　　　　　　　　　　　　 "看"字在古代是平声字)
　　晓战随金鼓,[仄仄平平仄]
　　宵眠抱玉鞍。[平平仄仄平]
　　愿将腰下剑,[㊝平平仄仄]("愿"字处在单数位置,平仄不拘)
　　直为斩楼兰。[仄仄仄平平]("直"字在古代是入声字)

(李白《塞下曲》)

平声、仄声交替出现,声调变化错落有致,读起来抑扬相间,产生极强的韵律感和音乐感。

戏曲唱词、对偶句式、快板快书等也很注意运用平仄相对的规律,不过它们对平仄的要求没有格律诗那样严格,尤其在现代汉语中,一般不管句中音节的平仄,只讲究句末音节。通常运用"仄起平收"的规则,除开头两句外,上句句末用仄声

字,下句句末用平声字。如下面这些对偶句式:

佳节迎春春生笑脸　丰收报喜喜上眉梢　　　　　　　　　　　　　　（春联）

探索德育新途径　感恩之心伴一生　　　　　　　　　　　　　　　（新闻标题）

打蛇打七寸　挖树先挖根　　　　　　　　　　　　　　　　　　　　（俗语）

隔壁千家醉　开坛十里香　　　　　　　　　　　　　　　　　　　（广告语）

（三）押韵

有规律地交替使用韵母相同或相近的音节,使语音有规则地回环往复,就叫押韵。押韵的音节通常位于每一句或者隔一句的句末,因此通常把押韵的音节称为"韵脚"。押韵并不要求使用同一个韵母,只要韵母的韵腹相同、韵尾相同或相近就可以。押韵可以构成语音上的回环往复,使得声韵和谐,悦耳动听,且节奏鲜明,朗朗上口,易于吟诵、记忆。例如李煜《虞美人》:

春花秋月何时了(liǎo),

往事知多少(shǎo)。

小楼昨夜又东风(fēng),

故国不堪回首月明中(zhōng)。

雕阑玉砌应犹在(zài),

只是朱颜改(gǎi)。

问君能有几多愁(chóu),

恰是一江春水向东流(liú)。

词中两句一韵,"了、少"押ao韵;"风、中"的韵母eng、ong相近,也可通押;"在、改"押ai韵;"愁、流"押ou韵。其中,只有"在、改"的韵母完全相同,其他三组韵脚都只是韵母相近。如"了"的韵母是iao,"少"是ao,并不是同一个韵母,但韵腹和韵尾相同,仍是押韵的。词中的韵脚如同一个回声点,语音两句一回环,上下呼应,和谐悦耳,使整首词节奏鲜明,感情和意境也随着语音的复沓而宛转回环,扣人心弦。

押韵是汉语中常用的一种语音修辞。除了传统的诗词韵文之外,戏曲唱词、谚语童谣、格言警句、宣传口号、广告标语等,也都很注重押韵。如:

春雷响,万物长。　　　　　　　　　　　　　　　　　　　　　　　（谚语）

小青蛙,叫呱呱,捉害虫,保庄稼,我们大家都爱它。　　　　（童谣）
创卫连着你我他,美化城市靠大家。　　　　　　　　　　　（宣传语）
维维豆奶,欢乐开怀。　　　　　　　　　　　　　　　　　（广告语）

在散文中,恰当使用押韵,也能收到良好的修辞效果。如:

> 其实,就人生而言,也应平衡于山、水之间。水边给人喜悦,山地给人安慰。水边让我们感知世界无<u>常</u>,山地让我们领悟天地恒<u>昌</u>。水边让我们享受脱离长辈怀抱的远行刺激,山地让我们体验回归祖先居所的悠悠厚味。水边的哲学是不舍昼<u>夜</u>,山地的哲学是不知日<u>月</u>。　　　（余秋雨《仁者乐山》）

这一段文字中有四组对偶句式,其中两组押韵。"常、昌"押 ang 韵,声韵响亮,宜于表现天地、世界的宏大。"夜、月"押 ê 韵,开口细微,声韵绵长,与作者对人生的感慨之情相协调。

（四）谐音

"谐音"指语音相同或相近。汉语中经常利用谐音进行修辞活动,通过语音上的联系,使人由一个词联想到另一个词,以增加语言的情趣。如:

"西兰公路"在一九三八年还是有名的"稀烂公路"。

　　　　　　　　　　　　　　　　　　　　　　（茅盾《风雪华家岭》）

"西兰公路"是西宁至兰州公路的简称,用"稀烂"谐音"西兰",表示这条路泥泞难行,显得诙谐风趣。

谐音能以此言及彼意,实现一语双关。例如刘禹锡《竹枝词》:

> 杨柳青青江水平,闻郎江上唱歌声。
> 东边日出西边雨,道是无晴却有晴。

"晴"字一语双关,既指天气阴晴的"晴",又谐音"感情"的"情",含蓄地表达出女子面对心上人忐忑不安的微妙心理。

很多歇后语也是利用谐音双关构成的,例如:孔夫子搬家——尽是书（输）;咸菜煎豆腐——有盐（言）在先;一头栽到炭堆里——煤（霉）到顶;梁山泊军师——吴（无）用。

民俗文化中许多用语、仪式、禁忌也跟谐音有关,形成了专门的谐音文化。如：

传统的蝙蝠纹饰代表"福（蝠）"；新婚时用红枣、花生、桂圆、莲子组成果盘，表示"早（枣）生贵（桂）子"的美好祝愿；年夜饭的菜肴一定要有鱼，寓意"年年有余（鱼）"；送礼时忌送终（钟）；摔碎碗碟时要说"碎碎（岁岁）平安"。

现代人避讳数字4，因为与"死"谐音，喜欢数字8，因为与"发"谐音。

人名避讳也是谐音文化的一种，"只许州官放火，不许百姓点灯"的故事就源于此，州官名叫田登，与"点灯"谐音。

有些网络用语也是利用谐音来表达，"谐音梗"是网络流行语的一种常见类型。如用"集美"表示"姐妹"，"88"表示"拜拜"，"duck不必"谐音"大可不必"，有的是为了表示调侃，有的是为了表达简便或者输入方便。又如各地政务服务APP的名称也常用谐音方式，轻松诙谐，一语双关："重庆市政府APP"又叫"渝快办"，取"愉快办"的谐音，寓意让市民愉快办理政务的运行理念；浙江省"浙里办"，谐音"这里办"，与"让你一次都不跑"的政务服务口号相对应；安徽省"皖事通"，谐音"万事通"，宣传语是"皖（万）事通办"。

二、词句修辞

（一）词语修辞

词语的选择又叫"炼字"，是词语修辞的核心。古人说"吟安一个字，捻断数茎须"，可以看出炼字的重要性。选择词语最基本的要求是词义准确、贴切。这在很大程度上是同义词的选用问题。同义词意义相近，但在意义范围、感情色彩、语体风格等方面又有差别。恰当选用同义词，可以使语言表达更加精密准确。例如：

（1）不大一会儿，果<u>见</u>一着装女郎走过来坐在我对面。四目相对，竟吓了我一跳!美，出奇的美！美得使我心惊肉跳，不敢再<u>看</u>。可不看又不行，为什么不行，我也说不清，于是又<u>偷看</u>了一眼，正好她也看我。人家那种看，不像我这种看，人家是用一种<u>审视</u>的目光，<u>上下打量</u>，似乎要辨清我这身草绿色包装里，装的是个什么躯体，为什么老偷眼<u>盯</u>人家姑娘的脸?! 我有点尴尬，继而心虚，但仍想再<u>瞟</u>她一眼……

（于济川《夸妻》）

这一段里,连续使用了"见、看、偷看、审视、打量、盯、瞟"等同义词,都表示"看"的意义,但又有细微差别,把男女双方不同的神态、心理描绘得细致入微,准确生动,还避免了用词重复,使语言富于变化。

词语的选择还要求词语的色彩意义鲜明。色彩意义包括感情色彩、语体色彩和形象色彩。恰当运用词语的色彩意义,可以增加语言的表现力,使语言更具体、生动、形象。

感情色彩反映了人们对事物的主观态度和情感,如:

(2) 他们的品质是那样的纯洁和高尚,他们的意志是那样的坚韧和刚强,他们的气质是那样的淳朴和谦逊,他们的胸怀是那样的美丽和宽广!

(魏巍《谁是最可爱的人》)

"纯洁、高尚、坚韧、刚强、淳朴、谦逊、美丽、宽广"都是带有褒义色彩的词,鲜明地表达出作者对"他们"的赞美、褒扬之情。

语体色彩包括书面语色彩和口语色彩。有的词语经常出现在口语中,具有口语色彩,如"甭、脑袋、胳膊、遛弯、耷拉"等。这一类词通俗易懂,活泼明快,具有强烈的生活气息。例如:

(3) 老头子<u>打</u>房上跳下来,落到地上还轻盈地弹了几下,嘿嘿笑着:"老嫂子,练拳强身,是为了保护乡里。……""大兄弟,您这话都是民国的话,眼下早<u>不兴</u>了。……您练这<u>膀子</u>肉没用了。我不懂?我们老爷子前清时候也办过团练,也壮志未酬,也没见过这么<u>自个</u>跟自个过不去的。是不是唐大妈?"李大妈转脸问无豹他妈。"这道理头八百年前我就跟这<u>爷儿俩掰扯</u>过了。……全<u>白搭</u>,有一个听的没有?"

(王朔《千万别把我当人》)

这段话中使用了"打""不兴""膀子""自个""爷儿俩""掰扯""白搭"等许多口语词,具有浓郁的北京话口语色彩。文中的人物都是"老北京",这些口语词与人物的身份相适应,也与整部小说的风格相协调。

有的词语经常出现在书面语中,如文艺作品、公文、科技论文等,具有书面语色彩,有庄重、严谨、典雅、华丽等特点。

(4) 雨来了,……那细细密密的节奏,单调里自有一种<u>柔婉</u>与亲切,滴滴点点滴滴，……若孩时在摇篮里，一曲耳熟的童谣摇摇欲睡，母亲吟哦鼻音与喉音。或是在江南的泽国水乡，一大筐绿油油的桑叶被噬于千百头蚕，细细琐琐屑屑，口器与口器咀咀嚼嚼。

（余光中《听听那冷雨》）

使用"柔婉、若、吟哦、噬、口器、咀咀嚼嚼"等书面语词，与全文的抒情风格融合一致，显得典雅、庄重。

形象色彩也是词语的一种色彩意义，能引起人们对某种事物产生形象的、具体的联想。如"映山红"，能引起人们对这种花颜色的联想。"雪白"与"白"，"鹅黄"与"黄"，前者比后者更具体形象。形象色彩依靠人的感官产生，有视觉形象（如"鸡冠花、羊肠小道"），听觉形象（如"哗啦啦、叮当"），触觉形象（如"丝滑、刺骨"），嗅觉味觉形象（如"香喷喷、甜蜜"）。运用词语的形象色彩，能够使语言产生静态的画面感和动态的立体感。如以下几例对月亮的描写：

一弯新月　一钩残月　一轮明月　一泓满月

几个量词"弯、钩、轮、泓"形象地描绘出月亮的不同形态，营造出强烈的画面感以及月亮形态变化的动感。

又如：

（5）树也砍光了，……雨来的时候不再有丛叶嘈嘈切切，闪动湿湿的绿光迎接。鸟声减了啾啾，蛙声沉了咯咯，秋天的虫吟也减了唧唧。

（余光中《听听那冷雨》）

"嘈嘈切切、啾啾、咯咯、唧唧"几个拟声词把各种声音活灵活现地呈现出来，令人产生身临其境之感。

（二）句子修辞

句子修辞指句式的选择，尤其是同义句式的选择。同一个意思，可以用很多不同的句式表达。古人有关于"黄犬奔马"的工拙论，一条狗被一匹马踩死，有六个不同的句子记叙这件事：

（6）适有奔马践死一犬；

　　马逸，有黄犬遇蹄而毙；

　　有犬死奔马之下；

有奔马毙犬于道；

有犬卧通衢，逸马蹄而死之；

逸马杀犬于道。

六个句子的基本意思相同，无法说哪个句子更好，因为它们表达的重心和适用的场景不同。句式修辞就是依据表达目的、具体语境来选择合适的句式，以取得理想的效果。

1. 词序的调整

词序是汉语表达语法意义的基本手段之一。在说话和写作中，有时为了修辞的需要，会改变词序，构成变式句。变式句常见的形式是主谓倒置和修饰语后置。调整词序的目的通常是为了强调某个句法成分。例如：

（7）怎么了，你？ （日常用语）

（8）起来，不愿做奴隶的人们！ （田汉《义勇军进行曲》）

（9）消隐了，玉兔和金桂香。青空中，浮动着，我的幻象，永久的幻象。

（殷夫《幻象》）

这几例中，主语和谓语次序颠倒，谓语放在前面，得到强调，成为表达的重心。又如：

（10）我还期待着新的东西到来，无名的，意外的。 （鲁迅《伤逝》）

（11）醒来吧，总理！继续你的革命生涯，以你对党的忠贞和崇高的政治品质。

（郭小川《痛悼敬爱的周总理》）

这两例中，定语"无名的，意外的"和状语"以你对党的忠贞和崇高的政治品质"分别后置，起到加强语气的作用，突出修饰语的意义。

2. 长句和短句

长句是指用词多、结构较复杂的句子。短句指用词少、结构较简单的句子。一般来说，在结构上，长句用词较多，语法关系较复杂；在意义上，长句容量较大，意义较丰富，表达较周密；在语言风格上，长句较宏大，有气势，短句则短小、明快。例如：

（12）当我把深埋在草丛里的头抬起来，凝望着蓝天，聆听着云层间和草梢上掠过的那低哑歌声，在静谧中寻找那看不见的灵性时，我渐渐感到，那些过于激昂和辽远的尾音，那些此世难逢的感伤，那古朴的悲剧故事，还有，那深沉而挚切的爱情，都不过是一些依托或框架，或者说，都只是那灵性赖以音乐化的色彩和调子。

（张承志《黑骏马》）

这段话的文字很多，但在语法上是一个句子。它的状语和宾语复杂，状语由数个短语联合构成，宾语由主谓短语构成，其中的主语也由数个短语联合构成。这些短语组成了并列的排比形式，气势前后贯通。整个句子结构严谨，层次多样，描写细腻，表意丰富。

写作时长句、短句可以结合使用，使语言富有变化。如：

（13）听听，那冷雨。看看，那冷雨。嗅嗅闻闻，那冷雨。舔舔吧，那冷雨。雨在他的伞上这城市百万人的伞上雨衣上屋上天线上，雨下在基隆港在防波堤海峡的船上，清明这季雨。

（余光中《听听那冷雨》）

先用四个短句，节奏明快，接着用两个长句，语意层层增加，使得语言灵活多变，富有感染力。

3. 整句和散句

整句和散句是就一组句子而言的。一组句子，结构相同或相近，句式整齐，就是整句。相反，句式不同，长短不一的一组句子就是散句。

整句体现语言的整齐美，对偶、排比、反复等辞格都是构造整句的常用方法。整句形式整齐匀称，节奏感鲜明，语势强烈。例如：

（14）那是最美好的时代，那是最糟糕的时代；那是智慧的年头，那是愚昧的年头；那是信仰的时期，那是怀疑的时期；那是光明的季节，那是黑暗的季节；那是希望的春天，那是失望的冬天；我们全都在直奔天堂，我们全都在直奔相反的方向……

（狄更斯《双城记》）

散句体现语言的变化美，句式灵活，表达自然。例如：

（15）奇怪！屋里空无一人。他吃了一惊。门是他推开的吗？他记得他没有推门，那么门是谁开的呢？他的眼睛迅速地又在屋里依次看过去：桌子、板凳、床铺、炉灶……就是没人！啊，这是怎回事呢？他明明看见她进了屋再没出来……

(路遥《夏》)

整句和散句各有特色，在表达中常结合起来使用，使语言整散有致，灵活丰富。例如：

（16）理想的伴侣须具备许多条件，不能太脏，如嵇叔夜"头面常一月十五日不洗，不太闷痒不能沐"，也不能有洁癖，什么东西都要用火酒揩，不能如泥塑木雕，如死鱼之不张嘴，也不能终日喋喋不休，整夜鼾声不已，不能油头滑脑，也不能蠢头呆脑，要有说有笑，有动有静，静时能一声不响的陪着你看行云，听夜雨，动时能在草地上打滚像一条活鱼！

(梁实秋《旅行》)

这段话里，整句与散句相间，语句参差错落，既有鲜明的节奏，又有灵活的变化。

三、常用辞格简介

辞格也叫修辞格，是对具体修辞手段的概括和分类。对于辞格的划分，至今还没有一致的观点。陈望道在《修辞学发凡》中列举了38种辞格的名目，一般的修辞学著作都是在此基础上增删改易。这里简要介绍一些基本的、常用的辞格。

（一）比喻

比喻就是打比方，利用不同事物的相似点，用一种事物描写或解释另一种事物，分为明喻、暗喻和借喻。

1.明喻

本体和喻体之间使用比喻词来连接，常用的比喻词有"像、好像、仿佛、如、如同、好比、像……一样"等。例如：

（1）我睁开眼睛，看到天花板上条条木纹像水上的波纹曲曲折折。

(阿来《尘埃落定》)

2. 暗喻

暗喻是不使用比喻词的比喻，常用"是、为、变为、成为、等于、当作"等词连接本体和喻体。例如：

（2）那河畔的金柳，是夕阳中的新娘；波光里的艳影，在我的心头荡漾。

（徐志摩《再别康桥》）

用"夕阳中的新娘"比喻"河畔的金柳"。

3. 借喻

借喻中，本体和比喻词都不出现，直接用喻体代替本体。例如：

（3）她手上的五根香肠，敏锐的很，在头发里抓一下就抓到一个虱子，掐死了。

（钱锺书《围城》）

"五根香肠"是喻体，代替本体"五根手指"。

（二）借代

借代就是借此指代彼，不用事物的本来名称，借用与它相关的事物名称来指代它。例如：

（4）"先生，给现钱，袁世凯，不行么？"　　（叶圣陶《多收了三五斗》）

这里用"袁世凯"指代印有袁世凯头像的银元。

借代和借喻的区别在于，借代利用事物之间的相关性，借喻是利用事物之间的相似性。事物之间的关系多种多样，都可以用来构成借代。例如：

（5）"喂！眼镜儿！红灯呢！"老太太大声招呼一个鼻梁上架着眼镜、边走边玩手机的年轻人。[特征代本体]　　（禾心《日落》）

（6）"非洲屋脊"原是咖啡故乡。[地理特征代本体，"非洲屋脊"代埃塞俄比亚]

（《新民晚报》）

（7）你们杀死一个李公朴，会有千百万个李公朴站起来！[专名代通名]

（闻一多《最后一次讲演》）

（8）把名字刻入石头的，名字比尸首烂得更早。[材料代产品，"石头"代"纪念碑"]　　（臧克家《有的人》）

（9）中国企业频频海外抄底　德国造面临中国造挑战。[抽象代具体，"德国造""中国造"代德国企业、中国企业]　　（《长江日报》）

(10) 青瓦台称韩日就两国关系达成合作共识。[处所代机构,"青瓦台"代韩国政府]
(央视网)

（三）比拟

比拟分为拟人和拟物。拟人是把别的生物或事物当成人来描写,使之人格化,具有人的动作行为、思想情感。例如:

(11) 欧债国发烧　全球金融市场打摆子　　　　　　　(《金融时报》)
(12) 蜡烛有心还惜别,替人垂泪到天明。　　　　　　(杜牧《赠别》)

拟物则是把人当成事物、或是把甲事物当成乙事物来描写。例如:

(13) 反动派被打倒,帝国主义夹着尾巴逃跑了。　　　(歌曲《社会主义好》)
(14) 有一条长蛇似的官道,隐而复现,出没盘曲在桃花杨柳洋槐榆树的中间。
(郁达夫《钓台的春昼》)
(15) 一早起,李先生在账房的柜台上看见昨天的报,第一道消息就是长沙烧成白地,吓得声音都遗失了,一分钟后才找回来,说不出话。
(钱锺书《围城》)

例(13)把"帝国主义"逃跑的狼狈样写成夹着尾巴的狗,表达强烈的讽刺意义。例(14)把"官道"当成蛇来写,显得形象、生动。例(15)把听觉的"声音"当作一个实体来写,"遗失了""找回来"等用语诙谐生动,同时还使用了夸张的辞格。

（四）夸张

有意使用夸大或者缩小的词句来描述事物,这种修辞手段叫夸张。夸张能突出事物的某一特征,加强语意,给人留下深刻印象。具体的方式有夸大夸张和缩小夸张。例如:

(16) 桌子就像《儒林外史》里范进给胡屠夫打了耳光的脸,刮得下斤把猪油。
[夸大夸张]　　　　　　　　　　　　　　　　　(钱锺书《围城》)
(17) 课堂里静得连掉下一根针也都可以听见了。[缩小夸张]
(杨沫《青春之歌》)

(五) 对偶

对偶就是用字数相等、语法结构相同或基本相同的一对句子,来表达相同、相反或相关的意义。对偶分正对、反对和串对。

正对上下联意义相同或相近,可相互补充。例如:

(18) 书山有路勤为径,学海无涯苦作舟。　　　　　　　　　(《增广贤文》)

(19) 服务基层促发展,持续惠民保稳定。　　　　　　　　(人民网新闻标题)

反对上下联意义相反,形成强烈对比。例如:

(20) 花径不曾缘客扫,蓬门今始为君开。　　　　　　　　(杜甫《客至》)

(21) 少壮不努力,老大徒伤悲。　　　　　　　　(《乐府诗集·长歌行》)

串对也叫流水对,上下联意义前后相接、连贯一气。正对、反对的上下联是平行关系,颠倒次序对整体意义影响不大。串对的语意表达如流水自前而后,上下联不能颠倒次序,例如:

(22) 野火烧不尽,春风吹又生。　　　　　　　(白居易《赋得古原草送别》)

(23) 了却君王天下事,赢得生前身后名。　　　　　　　(辛弃疾《破阵子》)

(24) 技术送地头　果农喜心头　　　　　　　　　　　　　　(新闻标题)

(六) 排比

排比是指把三个或三个以上结构相同或相似、意义相关或相近的词句排列在一起的修辞手段。排比能增强语言的内容和气势,表达强烈的感情,加强节奏感。

排比有句法成分的排比和句子的排比。句法成分的排比如:

(25) 在轻轻荡漾着的溪流两岸,满是高过马头的野花,红、黄、蓝、白、紫,五彩缤纷,像织不完的织锦那么绵延,像天边的彩霞那么耀眼,像高空的长虹那么绚烂。　　　　　　　　　　　　(碧野《天山景物记》)

这是谓语的排比。

句子的排比如:

(26) 春天像刚落地的娃娃,从头到脚都是新的,它生长着。春天像小姑娘,花枝招展的,笑着,走着。春天像健壮的青年,有铁一般的胳膊和腰脚,

他领着我们上前去。 （朱自清《春》）

（七）双关

双关是利用语音、语义或语法上的某种联系，使同一词句表达多重意义的修辞手段，是一种言在此而意在彼的修辞手段。常见的方式有谐音双关和语义双关。例如：

(27) 空对着山中高士晶莹<u>雪</u>（薛），终不忘世外仙姝寂寞<u>林</u>。

（曹雪芹《红楼梦》）

(28) 聪明的妈妈会用"<u>锌</u>（心）" （儿童葡萄糖酸锌口服液广告语）

(29) 小炉灶翻身——倒霉（煤） （歇后语）

以上是谐音双关。语音修辞中的谐音修辞，就是利用谐音达到一语双关的目的。

(30) 人类失去<u>联想</u>，世界将会怎样？ （广告语）

(31) 可是匪徒们走上这十几里的大山背，他没想到包马蹄的破麻袋片全被踏烂掉在路上，露出了他们的<u>马脚</u>。 （曲波《林海雪原》）

以上是语义双关。

此外，还有少数使用语法双关。例如：

(32) 美的空调，<u>美的享受</u>。 （广告语）

(33) 中国<u>捷克</u>日本　南京<u>重庆成都</u>。 （贺抗战胜利联）

"美的（dì）"是品牌名，同时也可以拆分为"美"和"的（de）"两个词，通过语法手段构成双关语。贺抗战胜利联的上联中"捷克"既是音译的国名，又可按字面理解为胜利击败；下联"重庆、成都"既指城市，又可按字面义解释为"再次庆祝、成为首都"。

（八）仿拟

仿拟指模仿现有的语言格式，临时创造一种新的说法。从模仿语言格式的单位来看，仿拟分仿词、仿句、仿篇。从仿拟的手段来看，有义仿和音仿。例如：

(34) 满心"<u>婆理</u>"而满口"公理"的绅士们的名言暂且置之不论不议之列
……[仿词，义仿，仿"公理"] （鲁迅《论"费厄泼赖"应该缓行》）

(35) 男性对自己做"<u>家庭煮夫</u>"持肯定态度的比例较高，反而是女性对配偶做"家庭煮夫"持较明显否定态度。[仿词，音仿，谐音"家庭主妇"]

(《青年报》)

(36) 阳光下，<u>盐沼共长天一色</u>——世博园今迎来玻利维亚国家馆日。[仿句，义仿，仿"秋水共长天一色"，玻利维亚拥有世界上最大的盐沼]

(《新民晚报》)

仿篇是对现有篇章的模仿。如：

(37) 位不在高，爱岗就行。权不在大，秉公则灵。既是公仆，执政为民。牢记"两务必"，狠抓"三文明"。一心谋民利，双腿下基层。可以结对子，攀穷亲。无作秀之举动，有实干之精神。兰考焦裕禄，西藏孔繁森。众者云：以民为本！[仿篇，仿《陋室铭》]

(《人民日报》)

网络流行语中大量利用仿拟这一修辞手段，出现了各种"体"，如"淘宝体""凡客体""咆哮体""梨花体""知音体""甄嬛体"等。这些仿体一般不局限于单纯的文字，篇章布局、用词风格、语体、语调等都是模仿的内容。如：

(38) 亲，注意谦让哦！亲，红灯伤不起哦！[淘宝体]

(郑州交警宣传语)

(九) 拈连

拈连指利用上下文的联系，把一般只用甲事物的词，顺势用于乙事物。这是一种超乎常规的创新搭配，使语言新颖别致，富有趣味。例如：

(39) 绕到乙君的寓所前，便<u>打</u>门，<u>打</u>出了一个小使来。

(鲁迅《马上支日记》)

(40) 蜜蜂是在<u>酿</u>蜜，又是在<u>酿</u>造生活。 (杨朔《荔枝蜜》)

(41) 我娘家姓赵，我小名叫二鳗，<u>出嫁</u>了，把名字也<u>嫁</u>掉了，人家叫我阿洪家的。 (黎汝清《海岛女民兵》)

拈连词语和乙事物的搭配意义，必须结合甲事物来表达和理解。如"<u>打</u>出了一个小使来"，甲事物是"门"，乙事物是"小使"。"小使"并不真是用手敲打出来的，只是顺着上文的"打门"而言。

（十）通感

通感指把本用于描写甲感官感觉的方式用来描述乙感官的感觉，使各种感官彼此沟通的一种修辞格。人的感官可以产生视觉、触觉、听觉、嗅觉、味觉等感觉，通感的辞格可以联通各种感觉，使语言表达生动形象，给人的感受强烈丰富。如同在词语中，说颜色的词有"冷色、暖色"，这种说法把视觉与触觉沟通；说声音的有"尖叫、细声细语"，"尖、细"是通过视觉感知的，这样又把听觉与视觉沟通。又如：

（42）大理，确像一幅妖娆千态的画面，连空气也是甜丝丝的。

（周沙尘《高原名城——大理》）

"空气"是没有味道的，这里用"甜丝丝"把嗅觉与味觉沟通，把空气的清新美妙描述得生动具体。又如：

（43）王小玉便启朱唇，发皓齿，唱了几句书儿。……唱了十数句之后，渐渐的越唱越高，忽然拔了一个尖儿，像一线钢丝抛入天际，不禁暗暗叫绝。

（刘鹗《老残游记》）

这一段话写歌声，把听觉转换为视觉形象，用"一线钢丝抛入天际"来写小玉的高音，既形象又生动，多角度表现出声音的魅力，使读者的感觉既具体又丰富。

思考与练习

1. 简述如何合理利用语境以提高语言表达效果。
2. 举例谈谈利用语音修辞提高表达效果的主要手段。
3. 查阅相关资料，比较汉语和其他语言常用修辞格的异同。

第十五章 古代的典籍和语言

中华文化绵延数千年而不绝，原因众多，而汉语始终为华夏民族最重要的交际工具则是重要因素之一。要了解悠久的中华文化、华夏文明，就必须了解历史上的汉语。古籍则是认识、学习古代语言的桥梁。

如果想了解两千多年前的汉语与现代汉语有多大差异，就可将两千多年前文献典籍的用语与现代汉语作比较：

> 元年春，公即位，修好于郑。郑人请复祀周公，卒易祊田。公许之。三月，郑伯以璧假许田，为周公、祊故也。（《左传·桓公元年》）

> 鲁桓公元年春天，鲁桓公即国君位，对郑国重修友好。郑国人请求重新祭祀周公，完成祊田的交换。桓公答应了郑国。三月，郑庄公用增加玉璧来交换许田，这是为了祭祀周公和以祊田交换许田的缘故。（王守谦等译注，《左传全译·桓公元年》，贵州人民出版社，1990年）

语音差异姑且不论，从词汇看，两千多年前的39个字，译为现代汉语就变为80个字，许多单音词变为复音词或词组：春/春天、位/国君位、复/重新、祀/祭祀……从语法看，介词短语由置于动词之后变为之前：修好于郑/对郑国重修友好。

由此可见，我们要准确地理解、掌握古代汉语，必须对古籍有一定的认识；要读懂古籍，也须具备相当的古代汉语知识。

第一节 古代典籍

人类社会发展到一定阶段，语言就产生了；有了语言却并不一定有书籍，书籍是在作为记录语言的符号——文字出现之后才出现的。就汉字而言，目前所能见到的最早汉字就是甲骨文。汉字诞生之后，汉文文献才出现，换言之，我们所能见到的最早的汉文文献就是甲骨卜辞。自甲骨卜辞以后，汉文文献的种类和数量逐步增多。

一、古籍的载体

谈及古籍,首先涉及的是古籍的载体。就目前所见来看,古籍的载体主要有甲骨、金石、简牍、缣帛、纸等。

甲骨作为文献载体,主要存在于商周时期,表现形式为卜辞。甲骨成为汉文文献载体,大概是出于祭祀占卜的需要。郭沫若(1943:196)认为:"殷朝年代很远,尚在原始时代对于鬼神有深厚的信仰。逢到一件事情,就卜兆问神,更将卜问所得,书刻在牛胁骨上或龟甲上,故称甲骨文。"殷人将祭祀占卜的结果刻于龟甲兽骨上,便于保存、流传。

金石,主要指铜器和石碑。青铜器作为文献载体,上面的文字,即一般所说的金文,主要流行于春秋战国时期。现存最早的石刻文字为歌颂秦国国君游猎盛况的石鼓文,这之后比较有名的,还有熹平石经、三体石经、历代碑刻等。

甲骨、金石能作为文献载体,是因为特定的需要。如前面所说,甲骨是为了祭祀,而青铜器则主要是为了颂扬功德或"物勒工名",石经往往有正字的作用,后世的碑刻文字则更多地为了实用。所以张舜徽(2005)认为:"记录在甲骨、金石上面的文字,都不能算是正式的书籍。因为它们本身具有另外一种目的,而不是以抒发情感、记载史实、传布思想为职志的。"

在纸发明之前,汉文文献的载体是竹简、木牍或缣帛,所以在中国传统文化中有许多与之相关的典故、诗文。如庄子谓"惠施多方,其书五车"(《庄子·天下》),孔子"晚而喜《易》,序《彖》《系》《象》《说卦》《文言》。读《易》,韦编三绝"(《史记·孔子世家》),以"素书"表书信之"呼儿烹鲤鱼,中有尺素书。长跪读素书,书中竟何如"诗(《饮马长城窟行》)。

同时,我们也可从一些与书籍有关的词汇中找到线索。汗青,本为用火烤青竹,使之便于书写及免生虫蠹,后借为史书之名,如"留取丹心照汗青"。杀青,李贤等注《后汉书》:"杀青者,以火炙简令汗,取其青易书,复不蠹,谓之杀青,亦谓汗简。"本指刮去竹之青皮,以便书写及免生虫蠹,后借指著作完成;书籍的"籍"字,本即从竹。文献也记载有竹简木牍与缣帛的制作方法。王充《论衡·量知》:"截竹为筒,破以为牒,加笔墨之迹,乃成文字。大者为经,小者为传记。断木为椠,析之为版,力加刮削,乃成奏牍。"张揖《字诂》:"古之素帛,依书长短,随事截缣,枚数重沓,谓之幡纸。"在文献记载中,竹简与木牍的功用还是稍有不同。《仪礼·聘礼》："百名以上书于策，不及百名书于方。"策即竹简，方即木牍，名就是字的意思，言下之意就是，竹简记载一百个字以上的材料，而木牍则用于一百个字以下的文献。自东汉蔡伦以简易的方法造出纸并将之普及推广后，汉文文献的载体才慢慢变为纸。

文献的载体由竹简、木牍、缣帛变为纸，这是一个漫长的过程。魏晋时期，人们还常将文字记录于缣帛之上，如裴松之注《三国志》引胡冲《吴历》尚载有"帝以素书所著《典论》及诗赋饷孙权，又以纸写一通与张昭"之事。

二、古籍的分类

论及古代典籍，必然会涉及古代典籍的分类。一般认为，现存最早的对图书进行分类的是刘向、刘歆父子的《七略》。班固编撰《汉书·艺文志》时，即采用《七略》的分类。《七略》一书虽已散佚，然而通过《汉书·艺文志》，仍可以了解其分类的大概，即将当时图书分为六大类三十八小类：

六艺略：易、书、诗、礼、乐、春秋、论语、孝经、小学；

诸子略：儒、道、阴阳、法、名、墨、纵横、杂、农、小说；

诗赋略：屈原赋等二十家、陆贾赋等二十一家、孙卿赋等二十五家、杂赋等十二家、歌诗二十八家；

兵书略：兵权谋、兵形势、阴阳、兵技巧；

数术略：天文、历谱、五行、蓍龟、杂占、形法；

方技略：医经、经方、房中、神仙。

随着古籍自身的发展变化，加之人们对古籍认识的变化，势必影响对之所做的分类；从《隋书·经籍志》以后，将图书按照经史子集四部分类逐渐为大家所接受，后世官修、史志目录也基本遵从这种分类。中国传世文献，大多以四部分类法分类，如为大家所熟知的《四库全书总目》即将图书分为经史子集四部，部下再分类，总计四部四十四类：

经部：易类、书类、诗类、礼类、春秋类、孝经类、五经总义类、四书类、乐类、小学类；

史部：正史类、编年类、纪事本末类、别史类、杂史类、诏令奏议类、传记类、史钞类、载记类、时令类、地理类、职官类、政书类、目录类、史评类；

子部：儒家类、兵家类、法家类、农家类、医家类、天文算法类、数术类、艺术类、谱录类、杂家类、类书类、小说家类、释家类、道家类；

集部：楚辞类、别集类、总集类、诗文评类、词曲类。

我们要从《四库全书》搜寻某部典籍，当先知其分类，不然，则茫然不知头绪。因此了解、掌握中国古代典籍，一个切入点就是古籍的四部分类。

三、古人著书惯例

古人著书与今人有很大的不同，这在先秦典籍，尤其是诸子百家中表现得尤为明显。诸子百家多以人名书，如《荀子》《韩非子》《孟子》等。考其缘由，乃"古人著书，多单篇别行；及其编次成书，类出于门弟子或后学之手，因推本其学之所自出，以人名其书"（余嘉锡《古书通例》），此与后世颇为不同。如《史记·司马相如列传》所载司马相如事："相如既病免，家居茂陵。天子曰：'司马相如病甚，可往从悉取其书。若不然，后失之矣。'使所忠往，而相如已死，家无书。问其妻，对曰：'长卿固未尝有书也。时时著书，人又取去，即空居。长卿未死时，为一卷书，曰有使者来求书，奏之。无他书。'其遗札书言封禅事，奏所忠。忠奏其书，天子异之。"

同时，先秦典籍常无定名，后世学者校理时，方为之定名。刘向《校战国策书录》："护左都水使者光禄大夫臣向言：所校中《战国策》书，中书余卷，错乱相糅莒。又有国别者八篇，少不足。臣向因国别者，略以时次之，分别不以序者以相补，除复重，得三十三篇。本字多误脱为半字，以'赵'为'肖'，以'齐'为'立'，如此字者多。中书本号，或曰《国策》，或曰《国事》，或曰《短长》，或曰《事语》，或曰《长书》，或曰《修书》。臣向以为，战国时游士辅所用之国，为之策谋，宜为《战国策》。其事继春秋以后，讫楚、汉之起，二百四十五年间之事，皆定以杀青，书可缮写。"由此可以看到，《战国策》一书名称繁多、错讹不少，刘向校理之时为之定名纠错。

古人著书，对文章之篇名不刻意为之，常取文中一二字为之，如《诗经》之篇名即是。王国维《观堂集林》卷五《史籀篇疏证序》："《诗》《书》及周秦诸子，大抵以首句二字名篇，此古代书名之通例，字书亦然。"阅读古代典籍时，当了解古人著书的习惯，如此方事半功倍。

四、古籍的传承

自有汉字以来，为了记录和传播知识，即有书籍之产生和繁衍。至今，汉文文献的数量难以准确估量，也正是从这个角度，我们可以说，中国的典籍浩如烟海。书籍在不断生成，书籍的散佚也在不断发生，而且散佚的数目是非常惊人的。《隋书·经籍志》即载："凡四部经传三千一百二十七部，三万六千七百八卷。通计亡书，合四千一百九十一部，四万九千四百六十七卷。"这些散佚的书，有的是自然淘汰，有的则是人为造成的，后者对于书籍的打击，往往是毁灭性的。隋代牛弘即有"五厄"之说（《隋书·牛弘列传》）。虽然如此，流传至今的中国古代典籍数量仍然十分庞大，这些典籍既是中国传统文化的代表，又是中国传统文化的载体，值得我们去认真研读。

除我们所见的传世文献外，近代以来，随着考古的不断发现，出土文献逐渐成为中国古籍的一大端。王国维说：

> 古来新学问起，大都由于新发见：有孔子壁中书出，而后有汉以来古文家之学。有赵宋古器出，而后有宋以来器物、古文字之学。惟晋时汲冢竹简出土后，即继以永嘉之乱，故其结果不甚著……然则中国纸上之学问赖于地下之学问者，固不自今日始矣。自汉以来，中国学问之最大发见有三：一为孔子壁中书，二为汲冢书，三则今之殷墟甲骨文字、敦煌塞上及西域各处之汉晋木简、敦煌千佛洞之六朝及唐人写本书卷、内阁大库之元明以来书籍档册。此四者之一，已足当孔壁汲冢所出，而各地零星发见之金石书籍，于学术有大关系者尚不与焉。故今日之时代，可谓之发见时代，自来未有能比者也。（《最近二三十年中中国新发见之学问》）

诚如王国维所说，出土文献以甲骨文、敦煌遗书、简帛文献、石刻文献为代表，这些文献一经发现就成为学术研究中的"新潮流"，极大地弥补了传世文献的不足。正是建立在这些出土文献的基础之上，王国维提出了历史研究的"二重证据法"，即以"地下之新材料""补正纸上之材料"。同时，这些出土文献也能让我们对一些文学现象、文学作品有新的认识，敦煌遗书在这方面尤为突出。黄永武《敦煌的唐诗》一书对敦煌遗书中唐诗的价值研究颇多，他说："敦煌本唐诗的可贵，从下面的一些例子中就可以看出……'字义龃龉'之外，还有'制度不合'的，也有待敦煌本的出现而得以重新改正,如李白的《送程刘二侍郎兼独孤判官赴安西幕府》诗:'绣衣貂裘照积雪,飞书走檄如飘风。朝辞明主出紫宫,银鞍送别金城空。'诗题说'侍郎'与赴'安西幕府',就已经与唐代的制度不合,侍郎的地位很高,是四品的官职,不应去做幕府的职务,幕府中有副使、行军司马、判官、掌书记等,都奏请由六品以下的正员官出任,待敦煌本出现,知道诗题中的'侍郎',原来是'侍御'的错误,侍御的地位较低,《汉书》说'侍御史有绣衣直指',汉唐有许多制度是相承袭的,本诗中说'绣衣貂裘'正是'侍御'的服饰。再看敦煌本'银鞍送别金城空'作'琼筵送别金樽空',原来李白只说送别时'金樽'酒空而已,而不是送别时长安金城为之空巷,大概是诗题由'侍御'错作'侍郎'以后,送别的场面也由'金樽空'而扩大夸张为'金城空'了,送一位六品官,何至于长安为之空巷?形容得过了分。"

由此可见出土文献的价值。出土文献作为中国浩如烟海典籍中一个新成员,对补充修正传世文献,开创新的研究领域,发挥了重要作用。我们在学术研究上想要参与到"新潮流"中去,了解、掌握出土文献是十分重要的一条路径。

第二节 古代的语言

一、古代汉语概况

世界上民族众多,语言种类相应繁多,据统计,目前世界上正在被使用的语言有近7 000种;加上那些已退出历史舞台的"死语言",语言种类的数量更为庞大。不同民族之间的交往,必然会促成语言间的接触,这种接触自然会在文献中留下痕迹。一般认为,汉语是SVO型(主谓宾型)语言,但在先秦文献中,SOV(主宾谓,即通常所谓宾语前置)的形式随处可见,如"姜氏何厌之有"(《左传·隐公元年》)、"先君之好是继"(《左传·僖公四年》)、"惟德是依"(《左传·僖公五年》)之类。这类OV式在现代汉语中尚有遗留,如"何去何从""马首是瞻""唯利是图"等。为什么在汉语,特别是先秦汉语中,VO与OV会并行不悖?余志鸿(1988)认为:"从目前汉语周围民族语言来看,藏缅语是'宾动'式;南方的台语是'动宾'式;北方的阿尔泰语是'宾动'式。从古代汉语最早的文献看,'宾动'式虽然与'动宾'式有过并存的时期,但它始终没有占过优势,并在汉语自身的历史演变中逐渐被筛汰，只剩下少数残迹结构，如'唯……是……'式。因此，我们认为两式并存是上古语言交融的产物。"语言的发展演变有所谓内部与外部之别，内部即语言系统内部独立的自我调整，外部则指他族语言的影响导致语言系统的演变。汉语由 SVO 与 SOV 并行发展至 SVO 占绝对地位，就是语言的内部因素与外部因素共同作用的结果。

作为人类最重要的思维工具，语言虽然数量众多，但不同语言之间既有共性又有特性。从不同角度对语言进行分类就会得出不同的语言类型，语序是人们划分语言类型的方法之一。现代汉语与现代英语虽同属 SVO 型语言，但表时间、处所、工具、对象的介宾结构在两种语言中是不一样的：现代汉语中，这类介宾结构一般都置于动词/谓词之前；现代英语中，这类结构一般置于动词/谓词之后。我们通过对古代汉语、现代英语的比较可以发现，古代汉语，特别是先秦汉语中，这类介宾结构一般都置于动词/谓词之后，与现代英语有很大的一致性。石毓智、李讷（2001）曾举例说明：

一、地点介词短语

He is reading newspaper at the library.

种瓜于长安城东。（《史记·萧相国世家》）

二、时间词语

She has been reading a book for three hours.

声明光辉传于世。（《史记·范睢蔡泽列传》）

三、比较句

Mary finished her homework earlier than john.

季氏富于周公。（《论语·先进》）

四、被动句

My windows was broken by a child.

治人者食于人。（《孟子·滕文公上》）

五、工具短语

John cut down the tree with an axe.

百公为方以矩，为圆以规。（《墨子·法仪》）

古代汉语存在于古籍中，而古籍又是古代汉语发展演变的真实记录。作为人类社会最重要的交际工具，语言具有稳定性；作为人类社会生产、生活、文化的载体，语言具有变化性；古代汉语也是在稳定与变化中逐步演进的。从先秦到两汉，中国的社会制度、经济生活发生了巨大的变化，汉语也在相应地演变，这从先秦至两汉的文献典籍中可以找到答案。众所周知，司马迁撰写《史记》时，大量采用《左传》《尚书》《战国策》等文献中的材料，我们可将《尚书》与《史记》中相关内容作比较。试举一例：

> 高宗肜日，越有雊雉。祖己曰："惟先格王，正厥事。"乃训于王曰："惟天监下民，典厥义。降年有永有不永。非天夭民，民中绝命。民有不若德，不听罪。天既孚命正厥德。乃曰：其如台。呜呼，王司敬民，罔非天胤，典祀无丰于昵。"（《尚书·商书·高宗肜日》）

> 帝武丁祭成汤，明日，有飞雉登鼎耳而呴，武丁惧。祖己曰："王勿忧，先修政事。"祖己乃训王曰："唯天监下典厥义，降年有永有不永，非天夭民，中绝其命。民有不若德，不听罪，天既附命正厥德，乃曰其奈何。呜呼！王嗣敬民，罔非天继，常祀毋礼于弃道。"（《史记·殷本纪》）

《尚书》可作为先秦汉语的代表，而《史记》则是西汉汉语的代表。从中可以看出，司马迁援用《尚书》相关内容，仅是用西汉时的汉语对《尚书》相关条目做了相应翻译；当然，从此翻译中，我们看到，西汉汉语相对先秦汉语而言，已经发生了一定的变化。因此，有学者认为，司马迁撰写《史记》时，"大量征引《尚书》，范围涉及今文《尚书》12个篇目的全文"，"对比分析《史记》引文和《尚书》原文，我们可以从一个侧面研究汉语言从先秦到汉代的发展变化"（钱宗武，1996：51）。

二、文言和白话

自有文献记载以来，汉语历经3 000多年的演变。这么长的历史，用"古代汉语"一词是概括不了的。（关于汉语发展的详细历程，可参看"汉语的历史"一章）对此，王力（1999）认为："古代汉语是一个比较广泛的概念，大致说来它有两个系统：一个是以先秦口语为基础而形成的上古汉语书面语以及后来历代作家仿古的作品中的语言，也就是通常所谓的文言；一个是唐宋以来以北方话为基础而形成的古白话。"也就是说，古代汉语一般包含两个部分：文言、白话。试阅读下面两段话：

> 熹窃观古昔圣贤所以教人为学之意，莫非使之讲明义理，以修其身，然后推以及人，非徒欲其务记览、为词章，以钓声名，取利禄而已也。今人之为学者，则既反是矣。然圣贤所以教人之法，具存于经，有志之士，固当熟读深思而问辨之。（朱熹《白鹿洞书院揭示》）

> 天地初间只是阴阳之气。这一个气运行，磨来磨去，磨得急了，便拶许多渣滓；里面无处出，便结成个地在中央。气之清者便为天，为日月，为星辰，只在外，常周环运转。地便只在中央不动，不是在下。（朱熹《朱子语类》）

同为朱熹的话，一般认为，前者代表典型的文言，后者则为白话。由此我们就知道文言与白话之别，实际上就是书面语与口语之分。郭锡良（2021）认为："自殷商至西汉，汉语的口语与书面语是一致的；从东汉至唐末，汉语之口语与书面语出现分离；而从宋以后，由于口语与书面语之分离，又导致汉语书面语存在两个系统，即文言系统与古白话系统。"由此可知，在阅读古籍时，一定要注意其属于哪个系统，这样有助于我们的阅读。国人历来重书面语而轻口语，加之又有"尚古"之风，故传世文献与出土文献多数属于文言系统。真正重视并加强对古白话系统文献的研究，则是西学东渐之后的事了。

三、古代汉语常识

了解、掌握古代语言，需通过阅读古代典籍；阅读、理解古代典籍，需具备一定的古代语言知识。我们要继承并发扬传统文化，就需要阅读一些相关的古代典籍，真正掌握一些第一手材料，避免成为文化上的"二道贩子"。鉴于此，我们需要掌握一些古代语言方面的知识，进而提高阅读古书的能力。学习或了解古代语言，有以下几个方面需注意。

首先，注意语言的历史性，关注身边的语言生活。语言虽然在不断变化，但仍有很强的稳定性，否则，人类无法正常交际。从汉语史的角度来看，汉语可分为上古、中古、近代、现代四个阶段。汉语语言成分在这四个阶段都处在不断变化中，但有的从上古历经中古、近代而延续至现代汉语中。上古汉语中动词、形容词的使动用法十分常见，如："故远人不服，则修文德以来之。"（《论语·季氏》）"冉有曰：'既庶矣，又何加焉？'曰：'富之。'"（《论语·子路》）自中古以降，这类使动用法虽逐渐减少，但并未消失，并延续保留至现代汉语中，较为明显的是现代汉语中的一些成语，如"自圆其说""赏心悦目"等。或许人们会认为，成语本身就是从古代汉语发展演变而来的，自然会保留这种用法。其实，除成语外，在现代汉语中新产生的一些词也用到了此类使动用法，如我们在满大街都可以看到的广告、店名中"美容、美发、瘦身"之类的词。我们在报纸、杂志上经常见到的"完善市场机制""坚定信念"之类表述也是如此。现代汉语中的单音词，特别是一些基本词，如天、星、雷、电、云、地、山、水、江、河、海、牛、羊、猪、狗、鱼、鸟、草、树、花、果等，都是从上古汉语承袭而来；除基本词外，现代汉语中的一些常用词大多也是从上古、中古、近代汉语发展而来的，真正在现代汉语时期产生的单音词并不多。现代汉语中的复音词，有相当一部分也是如此。《现代汉语词典》（第7版）释"惭愧"："因为自己有缺点、做错了事或未能尽到责任而感到不安。"其实，"惭愧"一词在上古汉语就已产生，《国语·齐语》："是故大国惭愧，小国附协。"关注现代汉语的语言运用，充分重视语言的历史性，这对了解、掌握古代汉语是非常有帮助的。

其次，注意语言的时代性，切忌以今律古。在语言发展演变的历史长河中，语言成分的产生与消亡总是在交替进行。了解、掌握古代语言时，需注意语言成分的时代性；在阅读古代典籍时，切忌以今律古。如前举现代汉语"惭愧"一词，其"羞愧"义在上古汉语已产生，但在近代汉语时期，"惭愧"尚有另一用法。唐人崔橹《别君山》："点空夸黛妒愁眉，何必浮来结梦思。惭愧二年青翠色，惹窗粘枕伴吟诗。"此"惭愧"不能作"羞愧"解，而乃"感谢"之义。唐代，"惭愧"产生了一个新的义项——"感谢"。由于"惭愧"在近代汉语时期使用较为频繁，因此在阅读唐宋典籍时，就不能以今之"羞愧"义去解读唐宋典籍中的"惭愧"，而要细加甄别，以免望文生义。

郑燮刻有一印，文为：青藤门下走狗。此印文曾引起广泛讨论。此讨论始自余秋雨，他说：

> 早在齐白石之前，郑燮（板桥）就刻过一个自用印章，其文为：
> 青藤门下走狗
> 这两件事，说起来都带有点疯痴劲头，而实际上却道尽了这股艺术激流在

中国绘画史上是多么珍罕，多么难于遇见又多么让人激动。世界上没有其他可能会如此折服本也不无孤傲的郑板桥和齐白石，除了以笔墨做媒介的一种生命与生命之间的强力诱惑。为了朝拜一种真正值得朝拜的艺术生命，郑、齐两位连折辱自己的生命也在所不惜了。他们都是乡间穷苦人家出身，一生为人质朴，绝不会花言巧语。

（《文化苦旅·青云谱随想》）

余秋雨用"折辱自己的生命"来解读"走狗"。余秋雨此论一出，立即引来很多人讨论，甚而生出了一桩所谓"走狗案"。大家争论在于，郑燮是否愿为青藤（徐渭）之走狗？有学者甚至考证，郑燮此印文乃遭袁枚报复而被窜改，印文当为"青藤门下牛马走"。五十年前，毛泽东的"全世界人民团结起来，打败美国侵略者及其一切走狗"之语广为流传，于是"走狗"作为"受人豢养而帮助作恶的人"之义在现代语文生活中占有主导地位。"走狗"之"猎狗"义在上古汉语时已产生。《战国策·齐策》："世无东郭俊、卢氏之狗，王之走狗已具矣。"其由"猎狗"义则可用以比喻"得力干将"。《史记·越王勾践世家》："范蠡遂去，自齐遗大夫种书曰：'蜚鸟尽，良弓藏；狡兔死，走狗烹。'"后世"狡兔死，走狗烹"作为俗语使用频率很高，而此"走狗"则当理解为"得力干将"义，为褒义词。明代，"走狗"由于有"猎狗""得力干将"义，故可用于自称（谦称）。明沈德符《万历野获编·兵部》"武臣自称"条："往时浙弁牛姓者，官副总兵，上揭张永嘉相公，自称'走狗爬见'。其甥屠谕德（应峻）耻之，至不与交。然此右列常事耳。江陵当国，文武皆以异礼礼之，边将如戚继光之位三孤，李成梁之封五等，皆自称'门下沐恩小的某万叩头跪禀'，又何怪于副将之走狗耶？"同时，明代"走狗"一词又引申出"受人豢养而帮助作恶的人"义，为贬义词。明阮大铖《马郎侠牟尼合记·贞窜》："且向都面介：啐，我方才与你说这些话，都是着鬼了。你原来调转脸皮，与封其蓊那厮做走狗了，这样小人。"明清时，"走狗"作为自称词、贬义词均被使用。郑板桥用"走狗"一词，乃用其自称义；然"走狗"之自称义在现代汉语中未被使用，故今人在解读郑板桥印文之"走狗"时，用现代汉语之贬义理解。有学者考证印文本为"青藤门下牛马走"，"牛马走"自司马迁《报任安书》以来，常用作自称谦辞，这也正印证了"走狗"之自称义。所谓"走狗案"，不过是今人以今律古、造成的"乌有案"。

再次，充分利用工具书。我们在阅读古籍的过程中，时常要借助一些工具书：查考单字，如《汉语大字典》（第2版），其收字六万多；查考语词，如《汉语大词典》，其收词条三十七万多；查阅古人故训，如《故训汇纂》，其篇幅达到1300万字；此三部语文工具书篇幅较大，携带不易，对一般人而言，《王力古汉语字典》则是一部大小适中的语文工具书。了解相关语文工具书及其编撰特点，对我们解决阅读古籍遇到的困难大有帮助。同时，我们也不能完全依赖工具书。工具书解释字义、词义，是根据它所列举的例句，同时做了一定的概括，是字典义；我们在阅读古籍时，碰到的都是一些具体的语言现象，在解读时常需随文释义；字典义与随文释义是有所不同的，具体的语言现象常常只用到字典义当中的某一个方面甚至是没有的。以现代汉语"苹果"一词为例，《现代汉语词典》（第7版）："落叶乔木，叶子椭圆形，花白色带有红晕。果实圆形，味甜或略酸，是常见水果。""这苹果真好吃"之"苹果"用的是"味甜或略酸"义，而"这樱桃太小了，如能像苹果一样就好了"之"苹果"展现的是苹果大的特点。

思考与练习

1. 简述古籍的分类情况。
2. 查阅相关资料，了解出土文献的重要价值。
3. 查阅相关资料，了解现代汉语书面语与古代汉语的关系。

第十六章　诗律和词律

语音除音质外，还有三个要素：音高、音强、音长。声调源于音高，轻重音源于音强，元音长短决定于音长。声调、轻重音、元音长短是形成语言韵律的重要因素。通常认为，汉语自古以来就是单音节有声调的语言，没有轻重音的区分，从语言感知来说，汉语音节的时长是相同的。其记录符号是一个一个的方块汉字，这就形成了汉语的一个词（语素）、一个音节、一个汉字的对应（即一个词或语素只有一个音节，只用一个汉字来记录）格局。虽有一些例外，但不影响大势，特别是在古代汉语阶段，一个音节对应一个汉字是没有例外的；现代汉语中，除了儿化音节外，一个音节对应一个汉字也是很严格的。这样，汉语语音上就形成高低抑扬的能够区别意义的变化，形成独特的、和谐整齐的韵律美。而方块汉字这种独特的记录符号，又使汉语在书面上形成整齐协调、对称的特点，并由此形成一些独特的文学艺术形式。其中最重要的就是近体诗和词。

第一节　诗　律

中国是诗的国度，春秋时期产生了诗歌总集《诗经》，战国有了《楚辞》，汉代产生了五言诗和七言诗。齐梁时期周颙、沈约等人发现了四声，对韵律产生了自觉的要求。至唐时，正式形成近体诗。近体诗包括律诗、绝句和排律。律诗分为五律和七律，绝句分五绝和七绝。

近体诗又称为格律诗，其格律上的要求主要有四点：字句有定，用韵严格，平仄协调，讲究对仗。（郭芹纳，2004：7）

一、字句有定

律诗八句，七律每句七字，共五十六字；五律每句五字，共四十字。绝句四句，七绝每句七字，共二十八字；五绝每句五字，共二十字。排律又称长律，超过八句，常见的为五言诗。

(一) 七律

登高　唐·杜甫

风急天高猿啸哀，渚清沙白鸟飞回。
无边落木萧萧下，不尽长江滚滚来。
万里悲秋常作客，百年多病独登台。
艰难苦恨繁霜鬓，潦倒新停浊酒杯。

(二) 五律

岳阳楼　唐·孟浩然

八月湖水平，涵虚混太清。
气蒸云梦泽，波撼岳阳城。
欲济无舟楫，端居耻圣明。
坐观垂钓者，徒有羡鱼情。

(三) 七绝

芙蓉楼送辛渐　唐·王昌龄

寒雨连江夜入吴，平明送客楚山孤。
洛阳亲友如相问，一片冰心在玉壶。

(四) 五绝

登鹳雀楼　唐·王之涣

白日依山尽，黄河入海流。
欲穷千里目，更上一层楼。

(五) 七言排律

泛太湖书事寄微之　唐·白居易

烟渚云帆处处通，飘然舟似入虚空。
玉杯浅酌巡初匝，金管徐吹曲未终。
黄夹缬林寒有叶，碧琉璃水净无风。
避旗飞鹭翩翩白，惊鼓跳鱼拨剌红。
涧雪压多松偃蹇，岩泉滴久石玲珑。
书为故事留湖上，吟作新诗寄浙东。

军府威容从道盛,江山气色定知同。

报君一事君应羡,五宿澄波皓月中。

(六)五言排律

上韦左相二十韵　　唐·杜甫

凤历轩辕纪,龙飞四十春。

八荒开寿域,一气转洪钧。

霖雨思贤佐,丹青忆老臣。

应图求骏马,惊代得麒麟。

沙汰江河浊,调和鼎鼐新。

韦贤初相汉,范叔已归秦。

盛业今如此,传经固绝伦。

豫樟深出地,沧海阔无津。

北斗司喉舌,东方领缙绅。

持衡留藻鉴,听履上星辰。

独步才超古,馀波德照邻。

聪明过管辂,尺牍倒陈遵。

岂是池中物?由来席上珍。

庙堂知至理,风俗尽还淳。

才杰俱登用,愚蒙但隐沦。

长卿多病久,子夏索居频。

回首驱流俗,生涯似众人。

巫咸不可问,邹鲁莫容身。

感激时将晚,苍茫兴有神。

为公歌此曲,涕泪在衣巾。

需要注意的是,不是所有符合近体诗句数和字数规定的都是近体诗。"字句有定"只是近体诗的必要条件而不是充分条件。

二、用韵严格

诗歌要押韵,律诗在用韵上有比较严格的要求,具体来说有三点:

1. 主要用平声韵，偶有用仄声韵。

用仄声韵的律诗如柳宗元的《江雪》：

> 千山鸟飞绝，万径人踪灭。
> 孤舟蓑笠翁，独钓寒江雪。

韵脚字为"绝""灭""雪"，在"平水韵"中属于屑韵，都是入声字，仄声。这种仄声韵的律诗是变例，押平声韵才是常规。

2. 韵脚固定。律诗要求偶数句押韵，奇数句不押韵，但是首句也可以入韵。首句入韵如李白的《赠汪伦》：

> 李白乘舟将欲行，忽闻岸上踏歌声。
> 桃花潭水深千尺，不及汪伦送我情。

3. 一韵到底，除了首句入韵的以外不能"出韵"。也就是说律诗的韵脚字应该是同韵的字，如果有韵脚字不属于同一韵，就是"出韵"，这是近体诗的大忌，是不允许的。只有首句入韵时首句的韵脚字可以是邻近韵的字，首句用邻近韵的律诗如王安石《元日》：

> 爆竹声中一岁除，春风送暖入屠苏。
> 千门万户曈曈日，总把新桃换旧符。

韵脚字"苏""符"在"平水韵"中属于虞韵，而首句韵脚字"除"为鱼韵，虞、鱼两韵为邻近韵。

三、平仄协调

汉语声调可以分为两类：平声和仄声。古代四声为平、上、去、入，后三者为仄声。现代汉语普通话四声为阴平、阳平、上声、去声，其中阴平、阳平为平声，上声和去声为仄声。

近体诗要求同一诗句中要平仄相间，一联中要平仄相对，各联之间要平仄相粘。通过协调平仄来追求抑扬顿挫的韵律美。下面以律诗为例说明。

（一）四种基本句式

律诗的平仄看似很复杂，其实只有四种基本句式。

甲：仄仄—平平—仄

乙：平平—仄仄—平

丙：平平—平仄—仄

丁：仄仄—仄平—平

上为五言律诗的四种基本句式，七言就是在五言前面加上两个平仄相反的音节：

甲：平平—仄仄—平平—仄

乙：仄仄—平平—仄仄—平

丙：仄仄—平平—平仄—仄

丁：平平—仄仄—仄平—平

汉语的基本节奏单位为音步，一个音步包含两个音节。由于律诗一句中字数是奇数，其节奏形式有两种：（2+）2+2+1 或（2+）2+1+2。

（二）律诗的四种格式

律诗四种基本句式循环运用，可以形成律诗的四种格式。

1. 仄起仄收式

甲：仄仄平平仄　　乙：平平仄仄平
丙：平平平仄仄　　丁：仄仄仄平平
甲：仄仄平平仄　　乙：平平仄仄平
丙：平平平仄仄　　丁：仄仄仄平平

例：

春望　　唐·杜甫

国破山河在，城春草木深。
感时花溅泪，恨别鸟惊心。
烽火连三月，家书抵万金。
白头搔更短，浑欲不胜簪。

七言则为平起仄收式：

甲：平平仄仄平平仄　　乙：仄仄平平仄仄平
丙：仄仄平平平仄仄　　丁：平平仄仄仄平平
甲：平平仄仄平平仄　　乙：仄仄平平仄仄平

丙：仄仄平平平仄仄　　丁：平平仄仄仄平平

例：

遣悲怀（其一）　唐·元稹

谢公最小偏怜女，自嫁黔娄百事乖。
顾我无衣搜荩箧，泥他沽酒拔金钗。
野蔬充膳甘长藿，落叶添薪仰古槐。
今日俸钱过十万，与君营奠复营斋。

2. 平起仄收式

丙：平平平仄仄　　丁：仄仄仄平平
甲：仄仄平平仄　　乙：平平仄仄平
丙：平平平仄仄　　丁：仄仄仄平平
甲：仄仄平平仄　　乙：平平仄仄平

例：

喜见外弟又言别　唐·李益

十年离乱后，长大一相逢。
问姓惊初见，称名忆旧容。
别来沧海事，语罢暮天钟。
明日巴陵道，秋山又几重。

七言则为仄起仄收式：

丙：仄仄平平平仄仄　　丁：平平仄仄仄平平
甲：平平仄仄平平仄　　乙：仄仄平平仄仄平
丙：仄仄平平平仄仄　　丁：平平仄仄仄平平
甲：平平仄仄平平仄　　乙：仄仄平平仄仄平

例：

闻官军收河南河北　唐·杜甫

剑外忽传收蓟北，初闻涕泪满衣裳。
却看妻子愁何在，漫卷诗书喜欲狂。
白日放歌须纵酒，青春做伴好还乡。
即从巴峡穿巫峡，便下襄阳向洛阳。

3. 仄起平收式

　　　　丁：仄仄仄平平　　乙：平平仄仄平
　　　　丙：平平平仄仄　　丁：仄仄仄平平
　　　　甲：仄仄平平仄　　乙：平平仄仄平
　　　　丙：平平平仄仄　　丁：仄仄仄平平

例：

蜀先主庙　唐·刘禹锡

天地英雄气，千秋尚凛然。
势分三足鼎，业复五铢钱。
得相能开国，生儿不象贤。
凄凉蜀故妓，来舞魏宫前。

七言则为平起平收式：

　　　　丁：平平仄仄仄平平　　乙：仄仄平平仄仄平
　　　　丙：仄仄平平平仄仄　　丁：平平仄仄仄平平
　　　　甲：平平仄仄平平仄　　乙：仄仄平平仄仄平
　　　　丙：仄仄平平平仄仄　　丁：平平仄仄仄平平

例：

隋宫　唐·李商隐

紫泉宫殿锁烟霞，欲取芜城作帝家。
玉玺不缘归日角，锦帆应是到天涯。
于今腐草无萤火，终古垂杨有暮鸦。
地下若逢陈后主，岂宜重问后庭花。

4. 平起平收式

　　　　乙：平平仄仄平　　丁：仄仄仄平平
　　　　甲：仄仄平平仄　　乙：平平仄仄平
　　　　丙：平平平仄仄　　丁：仄仄仄平平
　　　　甲：仄仄平平仄　　乙：平平仄仄平

例：

风雨　唐·李商隐

凄凉宝剑篇，羁泊欲穷年。
黄叶仍风雨，青楼自管弦。
新知遭薄俗，旧好隔良缘。
心断新丰酒，销愁斗几千。

七言则为仄起平收式：

　　乙：仄仄平平仄仄平　　丁：平平仄仄仄平平
　　甲：平平仄仄平平仄　　乙：仄仄平平仄仄平
　　丙：仄仄平平平仄仄　　丁：平平仄仄仄平平
　　甲：平平仄仄平平仄　　乙：仄仄平平仄仄平

例：

蜀相　唐·杜甫

丞相祠堂何处寻，锦官城外柏森森。
映阶碧草自春色，隔叶黄鹂空好音。
三顾频烦天下计，两朝开济老臣心。
出师未捷身先死，长使英雄泪满襟。

（三）"对"和"粘"

近体诗的四种平仄格式，看似比较繁难，其实有规律可循。只要掌握了"对"与"粘"的规则，四种格式都可以推导出来。

一首律诗的八句可分为四联。第一句和第二句称为首联，第三句和第四句称为颔联，第五句和第六句称为颈联，最后两句称为尾联。每一联的第一句称为出句，第二句称为对句。

"对"的规则是每一联的出句和对句的相同位置上字的平仄要相反，特别是偶数位置上的字和句末的字，一定要相反。如果不是相反的叫作"失对"。一般来说，"失对"是不允许的。

"粘"的规则是上一联对句第二字和下一联出句第二字的平仄应相同，如果不同就叫作"失粘"。一般来说，近体诗不会有"失粘"的情况。

以杜甫《春望》为例。首联"国破山河在，城春草木深"十个字，平仄为：仄仄平平仄，平平仄仄平，相同位置上的字的平仄相反，即为"对"；首联对句第二字"春"为平声字，颔联出句"时"也是平声字，颔联对句第二字为"别"，古代是入声字，是仄声字，颈联出句第二字"火"也是仄声字，颈联对句第二字"书"是平声字，尾联出句第二字"头"也是平声字，这叫作"粘"。

（四）"拗"和"救"

近体诗的平仄规律很严格的，但是我们实际考察唐宋以来的近体诗，发现有的诗不符合上述格式，是怎么回事呢？

诗歌创作，本是要表情达意的。《毛诗序》曾说："诗者，志之所之也，在心为志，发言为诗，情动于中而形于言。"格律本是诗歌形式上的要求，如果过于执着，不免以文害辞。所以近体诗的平仄要求也有灵活变通的地方，大致可以用"一三五不论，二四六分明"（五言律诗则是"一三不论，二四分明"）来概括。意思就是说，每句的第一个字、第三个字、第五个字是可平可仄的，但是第二个字、第四个字、第六个字的平仄是有定的，不能违反。而句末的字，涉及押韵的问题，平仄也一定要分明。近体诗两个字为一个节奏单位，因而偶数位置上的字是节奏点，一定要明确，而奇数位置上的字不在节奏点上，就可不严格要求。

近体诗中平仄不能随意变更的地方，如果不符合平仄要求，通常称为"拗"，近体诗存在"拗"句就不符合形式美的要求了，就需要进行补救，在适当的位置变化平仄来补救，这叫作"救"，存在"拗""救"诗句的近体诗，仍然是符合格律要求的。

四、讲究对仗

对仗也称对偶。汉语诗歌中讲究对仗，从南北朝时期就开始了。近体诗形成后，对仗的要求是很严格的。一般来说，律诗一定要求对仗，而绝句相对来说不是很严格。律诗的对仗，主要是要求颔联和颈联用对仗，而首联和尾联可用可不用。从创作实践来看，以不用的为多。有时候，颔联也没有用对仗，只有颈联用了对仗。至于排律，一般开头和末尾两联不用对仗，中间各联要用对仗。

对仗的要求是在相同位置上：1.平仄相对；2.词性相同，即名词对名词，形容词对形容词，副词对副词，连词对连词，依次类推。同时，词的外部形式上也应相同，即叠音词对叠音词，联绵词对联绵词。3.句法上也要求结构相同。就是要求联

合结构对联合结构,偏正结构对偏正结构,动宾结构对动宾结构,依次类推。下面以杜甫《登高》为例来说明:

> 风急天高猿啸哀,渚清沙白鸟飞回。
> 无边落木萧萧下,不尽长江滚滚来。
> 万里悲秋常作客,百年多病独登台。
> 艰难苦恨繁霜鬓,潦倒新停浊酒杯。

这首诗四联都用了对仗,杜甫的诗歌向来以格律工稳见称。首联,"风急"对"渚清","天高"对"沙白","猿啸哀"对"鸟飞回","风""渚""天""沙""猿""鸟"是名词,"急""清""高""白""哀""回"(盘旋的样子)是形容词,"啸""飞"是动词。而"风急""渚清""天高""沙白""猿啸哀""鸟飞回"都是主谓结构,而"风急天高""渚清沙白"又分别是联合结构。余下三联也可做类似分析。

第二节　词　律

词,兴起于唐、五代,至宋时达到极盛。词是从诗发展而来的,最初不是主流文学形式,所以又称为"诗余"。词最初都是给乐曲写的唱词,所以又称为"曲子词"。从词句的字数多少来看,是参差不齐的,所以又称为"长短句"。根据"敦煌曲子词"来看,大约最初的词是从民间产生的,后来才有文人创作。

一、词调、词牌、词谱

词一般有词调,那是填词时依据的乐谱,而词牌是具体的词调的名称,如"满江红""念奴娇"等。最初填写的词,表达的感情应该和乐曲是一致的,发展到后来,词的感情与乐曲的感情就不一致了,出现"哀声而歌乐词,乐声而歌哀词"(沈括《梦溪笔谈》)的现象。词牌是填词的依据,决定了词的用韵、句式、字数、句数、平仄,后人把词牌的这些内在要求归纳总结出来,供填词的人参照,就形成了词谱。如清代万树的《词律》和王奕清的《钦定词谱》。

现存的词牌大约有800多个,而同一词牌可能在形式上又有不同,就形成了不同的体,如满江红,就有平调和仄调两个体。现存有大约2 000多个体。

根据篇幅，词可以分为小令、中调、长调。大致说来，58字以内的为小令，59字到90字为中调，91字以上的是长调。

词也可以分段，有单调、双调、三叠、四叠的区别。单调是不分段的，双调分两段，三叠分三段，如兰陵王。四叠仅有莺啼序一个词牌，分四段。下面各举一例。

1. 单调

忆江南（27字，又称江南好，望江南）（唐・白居易）

平㊀[1]仄	江南好，
㊀仄仄平平（韵）	风景旧曾谙。
㊀仄㊉平平仄仄	日出江花红胜火，
㊉平㊀仄仄平平	春来江水绿如蓝（韵），
㊀仄仄平平	能不忆江南（韵）?

2. 双调

卜算子（44字）（宋・陆游）

㊀仄仄平平	驿外断桥边，
㊀仄平平仄（韵）	寂寞开无主。
㊀仄平平仄仄平	已是黄昏独自愁，
㊀仄平平仄（韵）	更著风和雨。
㊀仄仄平平	无意苦争春，
㊀仄平平仄（韵）	一任群芳妒。
㊀仄平平仄仄平	零落成泥碾作尘，
㊀仄平平仄（韵）	只有香如故。

3. 三叠

兰陵王（130字，又称高冠军）（宋・周邦彦）

㊀平仄（韵）	柳阴直，
㊀仄平平仄仄（韵）	烟里丝丝弄碧。

---

① ㊀表示可用平声字，㊉表示可用仄声字，下同。

平平仄、平仄⊙平	隋堤上、曾见几番，
⊙仄平平仄平仄（韵）	拂水飘绵送行色。
⊙平仄仄仄（韵）	登临望故国，
平仄（韵）	谁识？
平平仄仄（韵）	京华倦客。
⊙平仄、⊙仄⊙平	长亭路、年去岁来，
仄仄平平仄平仄（韵）	应折柔条过千尺。

⊙平仄平仄（韵）	闲寻旧踪迹，
仄⊙仄平⊙	又酒趁哀弦，
⊙仄平仄（韵）	灯照离席，
⊙平⊙仄平平仄（韵）	梨花榆火催寒食。
⊙仄仄平仄	愁一箭风快，
⊙平⊙仄	半篙波暖，
平平⊙仄仄⊙仄（韵）	回头迢递便数驿，
仄⊙⊙平仄（韵）	望人在天北。

平仄（韵）	凄恻。
仄平仄（韵）	恨堆积。
仄⊙仄平⊙	渐别浦萦回，
⊙仄平仄（韵）	津堠岑寂，
⊙平⊙仄平平仄	斜阳冉冉春无极。
仄仄仄平仄，	念月榭携手，
⊙平⊙仄（韵）	露桥闻笛。
平平平仄	沉思前事，
仄仄仄、仄（去）仄仄（韵）	似梦里、泪暗滴。

4. 四叠

莺啼序（240字，又称丰乐楼）（宋·吴文英）

| 平平仄平仄仄 | 残寒正欺病酒， |
| 仄平平⊙仄（韵） | 掩沉香绣户。 |

⊙平仄、⊙仄平平	燕来晚、飞入西城，
仄仄⊙仄平仄（韵）	似说春事迟暮。
⊙平仄、平平仄仄	画船载、清明过却，
平平仄仄平平仄（韵）	晴烟冉冉吴宫树。
仄⊙平	念羁情，
⊙仄⊙平	游荡随风，
⊙仄平仄（韵）	化为轻絮。
⊙仄平平	十载西湖，
⊙⊙⊙仄	傍柳系马，
仄⊙平⊙仄（韵）	趁娇尘软雾。
⊙平仄、⊙仄平平	溯红渐、招入仙溪，
⊙平仄⊙仄（韵）	锦儿偷寄幽素。
仄平平、⊙平仄仄	倚银屏、春宽梦窄，
⊙平仄、⊙平平仄（韵）	断红湿、歌纨金缕。
仄⊙平	暝堤空，
⊙仄⊙平	轻把斜阳，
⊙平平仄（韵）	总还鸥鹭。
⊙平⊙仄	幽兰旋老，
⊙仄⊙平	杜若还生，
⊙平⊙⊙仄（韵）	水乡尚寄旅。
⊙仄仄、⊙平⊙仄	别后访、六桥无信，
⊙仄⊙	事往花委，
仄仄平平	瘗玉埋香，
仄⊙⊙仄（韵）	几番风雨？
⊙平⊙仄	长波妒盼，
平平⊙仄	遥山羞黛，
⊙平⊙仄平平仄	渔灯分影春江宿，

仄⊕平、⊗仄⊕平仄（韵）	记当时、短楫桃根渡。
平平仄仄	青楼仿佛，
⊕⊕仄平平	临分败壁题诗，
⊗⊗⊗平仄（韵）	泪墨惨淡尘土。

⊕平⊗仄	危亭望极，
⊗仄平平	草色天涯，
仄仄平⊗仄（韵）	叹鬓侵半苎。
仄⊗仄、平平⊕仄	暗点检、离痕欢唾，
仄仄平平	尚染鲛绡，
⊗仄平⊕	鞞凤迷归，
⊗⊕⊕仄（韵）	破鸾慵舞。
平平仄仄	殷勤待写，
平平平仄	书中长恨，
⊕平⊕仄⊕仄	蓝霞辽海沉过雁，
仄平平、⊗仄平平仄（韵）	漫相思、弹入哀筝柱。
⊕平⊕仄平平	伤心千里江南，
⊗仄平平	怨曲重招，
仄平⊗仄（韵）	断魂在否？

二、词韵

（一）押韵依据

近体诗的押韵以官方认可的韵书为依据，而词兴起于民间，没有正式的用韵规定，大约唐宋词人是以当时实际语音为押韵依据的。后人根据宋人词作的运用归纳出词韵，最有名、最通行的是清代戈载编写的《词林正韵》。

《词林正韵》合并诗韵一百零六韵而来，分舒声14部，入声5部。具体如下：

舒声14部：

第一部：平声东冬，上声董肿，去声送宋。

第二部：平声江阳，上声讲养，去声绛漾。

第三部：平声支微齐，灰半，上声纸尾荠，贿半，去声寘未霁，泰半，队半。

第四部：平声鱼虞，上声语虞，去声御遇。

第五部：平声佳半，灰半，上声蟹，贿半，去声泰半，卦半，队半。

第六部：平声真文，元半，上声轸吻，阮半、去声震问，愿半。

第七部：平声寒删先，元半，上声旱潸铣，阮半，去声翰谏霰，愿半。

第八部：平声萧肴豪，上声筱巧皓，去声啸效号。

第九部：平声歌，上声哿，去声个。

第十部：平声麻，上声马、去声祃，卦半。

第十一部：平声庚青蒸，上声梗迥，去声敬径。

第十二部：平声尤，上声有，去声宥。

第十三部：平声侵，上声寝，去声沁。

第十四部：平声覃盐咸，上声感俭豏，去声勘艳陷。

入声5部：

第十五部：入声屋沃。

第十六部：入声觉药。

第十七部：入声质陌锡职缉。

第十八部：入声物月曷黠屑叶。

第十九部：入声合洽。

在实际词作中，用韵往往比这19部的规定要宽泛。如晏殊《浣溪沙》（一曲新词酒一杯），就是第三部和第五部相押。词韵中，上声、去声是可以通押的。一般说来，近体诗中，平声韵平声，上声韵上声，去声韵去声，入声韵入声。唐代近体诗之外，已有上声、去声通押的情况出现。盛唐之时，这种现象极少。而到了中唐以后就多起来了。如李贺诗《长歌续短歌》"底""外""改"相押，"外"为去声，"底""改"上声；《安乐宫》"起""水""翠""翅""使""子"相押，"起""水""使""子"为上声，"翠""翅"为去声；《上云乐》"路""素""舞"相押，"路""素"为去声，"舞"为上声；《公莫舞歌》"纬""醉""起""子""水"相押，"起""子""水"为上声，"纬""醉"为去声。到了词作中，上声、去声通押就更多了。如范仲淹《渔家傲》（塞下秋来风景异）、陆游《卜算子》（驿外断桥边）、李清照《如梦令》（昨夜风狂雨骤）就是上声、去声通押。

(二) 押韵方式

1. 一韵到底

(1) 有的词押平声韵，如李煜《浪淘沙》，上阕韵脚字为潺、珊、寒、欢，下阕为栏、山、难、间，押第七部平声：

帘外雨潺潺，春意阑珊，罗衾不耐五更寒。梦里不知身是客，一晌贪欢。

独自莫凭栏，无限江山，别时容易见时难。流水落花春去也，天上人间。

(2) 有的押上去声韵，如冯延巳《鹊踏枝》上阕韵脚字为久、旧、酒、瘦，下阕为柳、有、袖、后。久、酒、柳、有、后为上声字，旧、瘦、袖为去声，押十二部上去声：

谁道闲情抛弃久？每到春来，惆怅还依旧。日日花前常病酒，不辞镜里朱颜瘦。

河畔青芜堤上柳，为问新愁，何事年年有？独立小桥风满袖，平林新月人归后。

(3) 有的词押入声韵，如岳飞《满江红》上阕韵脚字为歇、烈、月、切，下阕为雪、灭、缺、血、阙，押入声韵第十八部：

怒发冲冠，凭栏处、潇潇雨歇。抬望眼、仰天长啸，壮怀激烈。三十功名尘与土，八千里路云和月。莫等闲、白了少年头，空悲切。

靖康耻，犹未雪。臣子恨，何时灭？驾长车踏破，贺兰山缺。壮志饥餐胡虏肉，笑谈渴饮匈奴血。待从头、收拾旧山河，朝天阙。

2. 换韵

(1) 同部中平声韵、上去声韵互换。如辛弃疾《西江月·夜行黄沙道中》上阕韵脚为蝉、年，平声字，片，换为去声字；下阕韵脚为前、边，平声字，见，换为去声字，但这些韵脚字都属于第七部：

明月别枝惊鹊，清风半夜鸣蝉。稻花香里说丰年，听取蛙声一片。

七八个星天外，两三点雨山前。旧时茅店社林边，路转溪桥忽见。

需要注意的是，换韵的位置在同一词牌中是固定的。

(2) 不同韵部互换。如辛弃疾《清平乐》上阕韵脚字小、草、好、媪，属于

第八部上声；下阕韵脚东、笼、蓬，换为第一部平声：

> 茅檐低小，溪上青青草，醉里吴音相媚好，白发谁家翁媪。
> 大儿锄豆溪东，中儿正织鸡笼，最喜小儿无赖，溪头卧剥莲蓬。

（3）循环互换，即通过两次换韵，又换回原韵上来。如毛滂《相见欢·秋思》上阕韵脚字舟、愁、秋，属于十二部平声，下阕韵脚字树、雨，换为第四部上去声，末两句韵脚为悠、头，换回第十二部平声。

> 十年湖海扁舟，几多愁。白发青灯今夜、不宜秋。
> 中庭树，空阶雨。思悠悠，寂寞一生心事、五更头。

三、词的平仄

词句同诗句一样，也讲究平仄，甚至更为严格，一般诗的律句只规定了平仄，至于是上声，还是去声，还是入声，是没有规定的，但是词的律句有时还要规定该用上声、去声，还是入声。词句中还可以用叠平或叠仄的。下面按词句字数多寡分别来谈。

（一）一字句。一字句只见于十六字令，平声，要入韵。如：天！休使圆蟾照客眠。（蔡伸《十六字令》）

（二）两字句。

可作平仄、平平，一般要入韵。

平仄，如：难忘，文期酒会，几孤风月，旅变风霜。（柳永《玉蝴蝶》）

平平，如：盈盈，斗草踏青。（柳永《木兰花慢》）

（三）三字句。三字句大致相当于律句的后三字，有仄平平、平平仄、平仄仄、仄仄平、平仄平、仄平仄、仄仄仄等几种格式。

平仄仄，仄平平，如：深院静，小庭空，断续寒砧断续风。（李煜《捣练子》）"深院静"为平仄仄，"小庭空"为仄平平。

平平仄，如：人何在？桂影自婵娟。（蔡伸《十六字令》）

仄平平，如：青箬笠，绿蓑衣，斜风细雨不须归。（张志和《渔歌子》）"绿蓑衣"为仄平平。

平仄平，如：斑竹枝，斑竹枝，泪痕点点寄相思。（刘禹锡《潇湘神》）

仄平仄，如：恨春去，不与人期。（周邦彦《浪淘沙》）

仄仄仄，如：弄夜色，空馀满地梨花雪。（周邦彦《浪淘沙》）

（四）四字句。四字句相当于七言律句的前四字。有平平仄仄、仄仄平平、仄平平仄几种格式。

平平仄仄，如：芳尊美酒，年年岁岁，月满高楼。（赵鼎《人月圆》）"芳尊美酒"，"年年岁岁"为平平仄仄。

仄仄平平，如：梦里不知身是客，一晌贪欢。（李煜《浪淘沙》）

仄平平仄，如：大江东去，浪淘尽，千古风流人物。（苏轼《念奴娇》）

（五）五字句。五字句相当于近体诗的五言律句。

仄仄仄平平，如：今夕是何年。（苏轼《水调歌头》）

仄仄平平仄，如：两岸榆花白。（毛文锡《醉花间》）

平平平仄仄，如：金盘珠露滴。（毛文锡《醉花间》）

仄仄仄平平，如：把酒祝东风。（王安石《伤春怨》）

五字句还有一些拗句形式。

仄仄仄平仄，如：把酒问青天。（苏轼《水调歌头》）

仄平平平仄，如：与君相逢处。（王安石《伤春怨》）

仄平平仄平，如：弄妆梳洗迟。（温庭筠《菩萨蛮》）

（六）六字句。六字句相当于七言律句的前六字。

平平仄仄平平，如：无端惹起离情。（戴复古《醉太平》）

仄仄平平仄仄，如：准拟佳期又误。（辛弃疾《摸鱼儿》）

仄仄平平仄仄，如：望处雨收云断。（柳永《玉蝴蝶》）

平平仄仄仄仄，如：东门帐饮乍阕。（周邦彦《浪淘沙》）此为叠仄格式。

仄平平平仄仄，如：一时多少豪杰。（苏轼《念奴娇》）

（七）七字句。七字句相当于七言律诗的律句。

仄仄平平仄仄平，如：断续寒砧断续风。（李煜《捣练子》）

平平仄仄平平仄，如：空馀满地梨花雪。（周邦彦《浪淘沙》）

平平仄仄仄平平，如：一曲新词酒一杯。（晏殊《浣溪沙》）

仄仄平平平仄仄，如：料得年年肠断处。（苏轼《江城子》）

（八）八字句，九字句。八字句相当于三字句和五字句的复合，九字句相当于三字句和六字句复合，或是五字句与四字句的复合，此处不再举例。

四、词的对仗

词的对仗没有明确的要求,这是与律诗不同的地方。如果两句字数相同,可以对仗,也可以不对仗。词的对仗与律诗不一样的地方主要有两点:

(一)词的对仗不一定要平仄相对。例如:江上舟摇,楼上帘招。(蒋捷《一剪梅》)上下联平仄一致。

(二)词的对仗可以不避同字相对。例如:人有悲欢离合,月有阴晴圆缺。(苏轼《水调歌头》)上下联均有"有"字。

思考与练习

1. 简述近体诗的格律要求。
2. 比较诗律和词律的异同。
3. 尝试根据近体诗的格律要求,写作一首五言律诗。

第十七章　国际中文教育

第一节　国际中文教育概述

国际中文教育，既指国际中文教育事业，又指国际中文教育学科。前者指的是旨在帮助世界各国朋友学习中文及了解中国文化而开展的中文教育活动。后者指的是国际中文教育有一套成熟的理论体系，有独特的研究对象、研究方法和范式，有独特的研究成果，已经成为一门独立的学科。

一、国际中文教育事业

（一）国际中文教育的发展

国际中文教育，国内曾称为"对外汉语教学""汉语作为第二语言教学""汉语国际教育"等。国外也有不同的名称，美国叫"中文教学"，日韩称为"中国语教学"，海外华人社区则有"华语（华文）教学"。此外，相关的叫法还有"世界汉语教学""汉语国际传播""国际汉语教育"等。

古代中国就有对外汉语教学，但是古人对于汉语作为母语学习和汉语作为第二语言学习的差别没有明确认识，外国留学生来中国学习汉语及中国文化时，跟中国学生学习的内容基本是一致的。在国外，把汉语当作第二语言来教授和学习，最早的教材也基本上采用中国汉语母语教学教材，如《三字经》、《百家姓》、《千字文》、"四书五经"等。直至元末，朝鲜半岛上才出现最早的汉语作为第二语言的教材《老乞大》《朴通事》，内容是日常会话，彻底改变了以前以汉语书面语为主的教学局面。

面向欧洲人的对外汉语教学开始于元朝，明代则出现了第一所外国人学习汉语的学校——传教士在澳门开设的"经言学校"。外国人学汉语是主动的，中国人教汉语则十分被动，因为有被政府判罪的危险。传教士利玛窦、金尼阁等是当时对外汉语教学比较有代表性的人物。利玛窦和金尼阁为学习汉语，创造了中国第一个拉丁字母拼音方案。瓦罗用西班牙文编辑出版了《华语官话语法》（1703年，广州），这是第一部关于中国语法的研究著作。雷慕沙是法国法兰西学院第一位"汉语讲座教授"（1814年受聘），他的《汉语语法基础知识》是当时西方汉语教学与研究中最有影响的一部语法书。

中华人民共和国成立后，对外汉语教学事业发展迅速。20世纪80年代，对外汉语教学作为一门学科确立下来，并作为"国家的、民族的事业"受到人们的重视，有专门的机构"国家对外汉语教学领导小组"领导对外汉语教学工作，其常设机构"国家对外汉语教学领导小组办公室"（简称"国家汉办"）负责具体的对外汉语教学工作的开展。2004年第一所孔子学院在韩国开办，2005年首届世界汉语大会在北京召开，标志着对外汉语教学向汉语国际推广的战略转变。2007年，国务院学位委员会设置"汉语国际教育硕士专业学位"，培养新形势下汉语国际教育的高层次人才，以实现加快汉语走向世界的目标。2019年国际中文教育大会召开，2020年中国国际中文教育基金会成立，标志着国际中文教育事业进入了新的历史时期。

新时期，中国国际中文教育事业发展出现了几个变化。一是中国教育部对外不再使用"国家汉办(HANBAN)"，"孔子学院总部"更名为"中外语言交流合作中心"，标志着国家的语言文化发展战略从"推广""传播"到"交流""合作""服务"的转变。二是从单纯的中文教育到"中文+"多元教育模式，在"一带一路"国家和地区得到广泛认可，中外合作，注重内涵，国际中文教育进入了转型升级新阶段。三是线下中文教育向线上线下中文教育转变，互联网、人工智能等新科技蕴育着国际中文教育的新生态。

（二）国际中文教育的主要组织机构

国际中文教育的主要组织机构有中国国际中文教育基金会、中外语言交流合作中心、世界汉语教学学会等。

中国国际中文教育基金会，英文名称：Chinese International Education Foundation，简称CIEF。由27家高校、企业和社会组织联合发起，旨在通过支持世界范围内的中文教育项目，促进人文交流，增进国际理解，为推动世界多元文明交流互鉴、共同构建人类命运共同体贡献力量。全面运行孔子学院品牌，研究提出全球孔子学院和国际中文教育发展愿景；制订孔子学院品牌标准和规范，授权设立孔子学院和孔子课堂等。

中外语言交流合作中心，简称"语合中心"；英文名称Center for Language Education and Cooperation，简称 CLEC。是发展国际中文教育事业的专业公益教育机构，致力于为世界各国民众学习中文、了解中国提供优质的服务，为中外语言交流合作、世界多元文化互学互鉴搭建友好协作的平台。运行"汉语桥""新汉学计划""中文教育奖学"金等国际中文教育相关品牌项目；统筹建设国际中文教育资源体系，参与制订国际中文教育相关标准并组织实施；支持国际中文教育相关的学术研究和学科建设；等等。

世界汉语教学学会，英文名称：International Society for Chinese Language Teaching，简称 ISCLT。是由世界各地从事汉语教学、研究和推广工作的人士及相关机构组成的国际社会组织和非营利性民间学术团体。组织开展国际汉语教学的理论研究和应用研究、教材编写与出版、教师培训、教学质量评价、人员交流、教学图书展览等方面的国际合作。会员刊物有《国际汉语教学研究》、《语言发展战略》、《国际汉语教育》、《汉语世界》、《汉语作为第二语言研究》（美国）、《海外华文教育》、《世界汉语教学》、《云南师范大学学报（对外汉语教学与研究版）》等。

二、国际中文教育学科

（一）国际中文教育学科概述

国际中文教育的名称，是由"对外汉语教学""汉语国际教育"演化而来。"汉语国际教育"硕士、博士学位是教育学门类下的专业学位，"汉语国际教育"本科是中国语言文学下的专业。学术研究的"对外汉语教学"一般是中国语言文学的语言学及应用语言学二级学科下的研究方向。国际中文教育（代码0453）是一门新兴的交叉应用学科。

国际中文教育的研究对象，是研究国际中文教育的全过程及整个教育系统中各种内部和外部因素及其相互作用。研究的目标是"教什么""怎样教""如何学"的问题。重点关注"三教（教师、教材、教法）"问题、学习者不同需求以及习得中文的差异等问题。

国际中文教育学科受到多种学科的启示和影响，其中教育学、语言学、心理学、文化学是其最直接、最重要的理论基础。

（二）国际中文教育的教育理论

国际中文教育，既是第二语言教育，也是外语教育。其语言教学理论是在不断的教育教学实践中摸索总结并吸收国外教学理论研究成果发展起来的。

一般教育学中的关于教育活动和教学理论、方法、技巧等，都适用于国际中文教育。国际中文教育活动的总体设计、教材编写、课堂教学、语言测试等都受一般教育学理论的指导。

1. 国际中文教育的总目标

国际中文教育的总目标是让学习者掌握运用中文进行交际的能力。中文综合运用能力由听说读写等语言技能，语音、字词、语法、功能、话题等语言知识，情感策略、交际策略、学习策略等策略，文化能力、跨文化能力等内容组成。其中，语言技能和语言知识是语言综合运用能力的基础，策略是形成语言综合运用能力的重要条件，文化能力是语言综合运用能力的必备元素。

2. 国际中文教育的教学原则

（1）以学习者为中心的原则。"三教"问题的根本目的在于解决学习者如何学的问题。国际中文教育要满足国外中文学习者的需要，致力于提高他们的综合语言能力。

（2）以中文交际能力培养为核心的原则。这也是与国际中文教育总目标相一致的原则。国际中文教育各类大纲与标准的制订，课堂教学过程、教学方法技巧，教材编写，语言测试都要紧紧围绕这个核心。

（3）结构、功能与文化相结合的原则。"结构"指语言结构，包括语法和语义两者的结构；"功能"指语言功能，即用语言做事；"文化"指文化能力，即影响中文学习者运用中文交际的跨文化能力，包括中文的文化背景知识、国际视野、多元文化能力等。其中，"结构"是基础，"功能"是目的，"文化"的教学为语言教学服务。

3. 国际中文教育的教学法

新中国成立后的对外汉语教学，在最初十年内，一般采用"语法—翻译法"，重视系统的语法、词汇教学，构建了最早的对外汉语教学语法体系。

20世纪60年代则采用相对的"直接法"，提出了实践性原则，实行"精讲多练"。"直接法"是直接用目的语教授目的语，而不用学生的母语和翻译的教学法，教学目标是口语而不是书面语。

20世纪70年代初至80年代初，提出"听说领先"，形成"以听说法为主，结构为纲,兼顾传统方法"的综合教学法。

20世纪80年代至90年代,开始引进"功能法",提出结构与功能相结合的教学原则。"功能法"也称"交际法""意念—功能法",是以语言功能和意念项目为纲,培养学生运用目的语进行交际的教学法。

21世纪后,开始采用"任务型教学",它是在"交际法"的基础上发展起来的教学法。它强调任务的真实性和学习的过程,鼓励学生创造性地运用语言。

(三) 国际中文教育的语言理论

国际中文教育的语言理论,指的是借鉴普通语言学和汉语语言学并对国际中文教育的教育教学实践起启示或指导作用的语言理论。

1. 语言是人类最重要的交际工具

交际是语言的最本质也是最重要的功能,国际中文教育的最根本的目标也是培养学习者运用中文进行交际的能力。语言知识(包括文化知识)的传授是为了把语言知识转化为语言技能并形成语言综合能力,从而达到掌握中文交际工具的目的。

2. 语言结构理论

20世纪上半期结构主义语言学成为语言学的主流。认为语言是一个完整的符号系统,具有分层次的形式结构;在描写语言结构的各个层次时,特别注重分析各种对立成分。布龙菲尔德《语言论》从行为主义和机械论的观点观察语言现象,把语言看成一系列刺激和反应,制订了描写语言结构的总框架。

第二语言教学法中,强调通过反复的句型操练培养口语听说能力的"听说法",其语言学理论基础就是美国的结构主义语言学。

3. 交际能力理论和语言功能理论

20世纪60年代海姆斯提出交际能力理论,认为一个人的语言能力不仅是能说出合乎语法的句子,更包括在恰当的时间场合进行成功交际的能力。20世纪60年代韩礼德集中探讨了语言功能问题,认为语言是社会中人与人之间有意义的活动和做事的方式或手段。

以语言功能和意念项目为纲、培养在特定语境中运用语言进行交际的"交际语言教学法",就是以交际能力理论和语言功能理论为其语言学理论基础。

(四) 国际中文教育的语言学习理论

国际中文教育中的语言学习,主要是指第二语言学习,也称为第二语言习得。

第二语言习得理论有对比分析、偏误分析、中介语理论、输入假说等。国际中文教育的语言习得研究始于20世纪80年代,受国外第二语言习得研究的影响而发展起来并形成了自己的特点。

1. 对比分析假说

这是美国语言教育学家拉多提出的第二语言学习理论,将两种语言的系统进行共时比较,以揭示其相同点和不同点的一种语言分析方法,20世纪四五十年代运用到第二语言教学中来。这种理论认为第二语言的获得也是通过刺激—反应—强化的过程形成的习惯。但与第一语言习得不同的是,第一语言对第二语言产生迁移作用,两种语言最不同的地方最难掌握,相同的地方较易掌握。比如,英语母语者学习汉语的述宾结构,比较容易;学习述补结构就相当难一些。该理论主张对两种语言进行语音、语法等的对比,从而确定两者的相同点、不同点,对不同点加强教学。它使人们对语言现象描写研究更深入,同时能发现难点,揭示重点,便于制订大纲、设计课程、编选教材和改进课堂教学与测试。

2. 偏误分析假说

这是对学习者在第二语言习得过程中所产生的偏误进行系统分析,研究其来源,揭示学习者的中介语体系,从而了解第二语言习得的过程与规律的理论,代表人物是英国语言学家科德。这种理论区分偏误和失误,失误是偶然临时的口误或笔误,偏误是第二语言学习中产生的一种规律性错误。这种理论认为,偏误的产生有五种原因:语际偏误(母语的负迁移)、目的语知识的负迁移("泛化")、文化因素的负迁移、学习策略和交际策略的影响、学习环境的影响。如:英语母语者出现的汉语句法偏误"一本书被读了"就是受英语的影响造成的。因为英语中,主语可以是无定名词,但是汉语被动句的主语必须是有定的,另外,汉语的被动句不一定要出现"被"字。

3. 中介语理论

最早由美国语言学家赛林格提出。中介语是第二语言学习者特有的一种语言系统。这种语言系统在语音、词汇、语法、文化和交际等方面既不同于第一语言,也不同于目的语,而是一种随着语言学习的进展向目的语不断靠拢的动态语言系统。

4. 输入假说

这是美国语言学家克拉申提出的语言习得"监控模型"中的核心理论。克拉申认为人类获得语言的唯一方式是对信息的理解，即通过吸收"可理解的语言输入"习得语言知识。

他认为语言习得者接触到"可理解的语言输入"，又能把注意力集中于对意义或信息的理解而不是对形式的理解时，才能产生习得。"可理解的语言输入"可用"i+1"公式代表，其中"i"代表学习者目前的学习水平，"1"是略高于学习者现有水平的材料或信息，它既不能过难也不能过易。

汉语教学时，利用已学过的词语和句法格式，配上手势体态语言，使学生接触新的语言材料。比如，"请""大家""汉语书""桌子""上"都学过，"把"字句是要学习的新句式，中文教师可以边做动作，边说"请大家把汉语书放在桌子上"。中文教师提供了可理解的输入，同时也是包含了现阶段水平的且比它高一级别的"i+1"输入。

（五）国际中文教育的文化理论

中国的国际中文教育学界对文化的研究是从20世纪80年代开始的，对语言与文化的关系、语言教学与文化教学的关系、跨文化交际等问题进行了深入的研究。

1. 中国文化的核心价值

与他者相处方面，主张"中庸"，不极端不偏激，"仁爱""和而不同"，热爱和平；与自然相处方面，提倡"天人合一"，尊重自然；个人修养方面，热爱生命，勤劳朴实，尊重传统，重视家庭与亲情，倡导礼尚往来。

2. 语构文化、语义文化与语用文化

语构文化指语言单位的组合结构，即词、词组、句子、语篇的构造体现出来的文化特点，反映了民族的心理模式和思维方式。

语义文化，指语言的词汇语义系统中所包含的社会文化含义，它们都受民族文化的制约和影响。如中文的颜色词"红""白""黄"另外含有特定的文化意义。

语用文化，指语言交际中的语用规则和文化规约，是由民族的文化习俗所决定的。如中国人见面时问"做什么呢""去哪儿啊"等寒暄语，并不一定需要对方确切的回答，也不是窥探别人的隐私。再比如中国传统家庭中，孩子给父母买了礼物，父母不是说感谢的话，反而是略带责备的口气说"你这傻孩子，又花这么多钱，我们又不需要"。孩子往往说"没花多少钱……"。这样的交流才能体现家庭成员之间的亲密。国际中文教育特别要重视中文的语义文化和语用文化。

3. 交际文化

交际文化，指跨文化交际中直接影响准确信息传递的文化因素；知识文化，是指跨文化交际中不直接影响准确信息传递的文化因素。如，"康乃馨"是一种花，是知识文化。在中国，给妈妈送康乃馨表示对妈妈的爱和祝福；但是在俄罗斯，康乃馨只送给去世的人。这就是交际文化。

4. 高语境文化与低语境文化

高语境文化，指在交际中倾向于通过外部环境或人们普遍认同的价值观和社会规范来表达大部分的意义，用语言明确表达的只是整个信息的一小部分，大部分意义要透过语言表面去猜测。

低语境文化，指在交际中倾向于把大部分信息编入明晰的语言中，直接表达出来。

东方文化，中国、日本、韩国属于典型的高语境文化，西方文化，如美国则属于低语境文化。比如，上午10点钟，中国人会客要表达结束会见，往往说一些诸如"你再坐一会儿，吃了饭再走"之类的话，熟悉这话语弦外之音的客人一般都会说"不了，多谢你，我还有别的事，改日再来叨扰你"。

5. 文化休克

也称文化震荡症，指处于异文化环境中，不适应衣食住行等文化交往符号而产生的心理深度焦虑。克服文化休克，需要对异文化及文化差异有全方面的了解，同时提高自身的交际能力，转变自己的思维方式，积极融入异文化环境。

6. 文化多元化

指一个国家或民族继承发展自己优秀文化的同时，包容吸收其他国家或民族的优秀文化，形成以本国民族文化为主、外来文化为辅的"和而不同"的和谐社会氛围。

第二节　国际中文教育的语言要素教学

国际中文教育的语言要素教学，指的是语言层面的语音教学、词汇教学、语法教学以及文字层面的汉字教学。

一、国际中文教育的语音教学

（一）汉语语音的面貌特征及教学重点

1. 汉语语音面貌特征

汉语普通话有10个元音音素和22个辅音音素，传统音韵分析为22个声母（21个辅音声母和1个零声母）和39个韵母，4个声调。构成了400个左右的基本音节（不区分声调），1 200多个音节（区分声调）。《国际中文教育中文水平等级标准》要求初等掌握608个音节，中等掌握908个音节，高等掌握1 110个音节。

2. 汉语语音教学难点重点

汉外对比发现，一般来说汉语音节习得的难点依次为声调（及变调）、声母、韵母。声调的阳平和上声又比阴平和去声难习得。

j/q/x（舌面前声母）、zh/ch/sh/r（舌尖后声母）、z/c（舌尖前声母）这三组声母比较难。b/d/g常被发成浊音[b][d][g]。

韵母中涉及ü的比较难，《汉语拼音方案》有的音节中ü会省略上面的点，有的音节是零声母时，要改成或加上y或w。

汉语的声调除了4个基本声调外，还有声调的变化，如"一""不"在不同词语中有不同的读音。双音节词语，后一个音节有的是轻声，有的是原调，两个音节重音在前还是在后，外国人也难以掌握。外国人说汉语时的"洋腔洋调"既有声调的原因，也有语调的因素。

语音教学的难点往往也是教学的重点。

（二）汉语语音教学的目标任务和主要内容

1. 国际中文教育语音教学的目标任务

国际中文教育语音教学的基本目标任务是使学习者掌握汉语语音的基本知识、掌握普通话正确且流利的发音技巧，为中文口语交际打下基础。对海外本土汉语师资的学习者来说，语音教学的目标任务是使其系统掌握汉语语音知识、汉外语音对比知识、汉语语音的难点、汉语语音教学方法和技巧等。

2. 运用中文进行交际

汉语语音教学的主要内容有：(1)汉语语音的基本知识，包括声母韵母声调、元音辅音、音节、拼音的方法与技巧，变调、轻声儿化、重音停顿、句调语气等。(2)《汉语拼音方案》及汉语拼音的规则，涉及拼音字母的大小写、分词连写、轻声、儿化、调号的标注位置、句末符号等。如孔子学院中文教师志愿者选拔面试，出现的用汉语拼音给句子注音题，例如"李小艾到光明超市买了一束花儿"，就涉及拼音规则的许多方面。

（三）汉语语音教学的原则

国际中文教育的语音教学遵循以下原则：

1. 针对性原则。针对学习者的语音问题进行教学，针对重点和难点加强教学。

2. 交际性原则。在必要的机械训练基础上，尽量与日常生活的词、句相联系，用有意义的交际性练习进行强化。

3. 从易到难循序渐进原则。从交际需要选择句子、词语，确定音素、声韵调结合教学，避免从最难的音素开始。

（四）汉语语音教学的方法

国际中文教育的语音教学也有一些可以借鉴的方法。

1. 模仿法。语音是练会的，国际中文教师用标准的普通话语音作出示范，供学习者反复模仿反复练习。并针对学习者出现的问题，从发音原理上给予一定的指导并纠正。模仿法是语音教学最基本的方法。

2. 演示法。借用实物、挂图、卡片、手势体现发音部位或发音方法。如用吹纸片演示送气音，用四声升降图演示声调的高低升降曲折变化。

3. 对比法。汉外语音对比，如汉语的b与英语的[b]，前者是清音，后者为浊音；又如，汉语的u与日语的う，前者圆唇，后者不圆唇。汉语语音之间对比，如平舌音与翘舌音，前鼻音与后鼻音。通过对比找差别，从而准确发音。

4. 带音法。用熟悉的或已掌握的语音带出新的音素。如用s带出z/c，用i带出ü。

5. 夸张法。发音部位或发音方法适当夸张，突出其特征，造成直观形象的效果。如撮口呼单元音的唇形适当夸张，轻声前的音节拖长，加重突出后音节短而轻的特点。

二、国际中文教育的词汇教学

（一）汉语词汇的面貌特征及教学重点

1. 汉语词汇的面貌特征

汉语普通话的语素以单音节为主，词以双音节为主，这些便于记忆；结构方式以词根复合法为主，词义与语素义大多相关，也方便记忆。同音语素多，同义词多，还有固定格式的成语惯用语，以及很多语言中没有的量词语气词等，这些给学习者带来不便。现代汉语词汇是一个庞大的系统，母语中等文化程度者使用的《现代汉语词典》收词条目就有 70 000 多个。《国际中文教育中文水平等级标准》要求初等掌握 2 245 个词语，中等掌握 5 456 个词语，高等掌握 11 092 个词语。

2. 汉语词汇教学的重点

汉语的重点词汇是教学的重点。汉语的基本词汇和常用词汇是现代汉语的重点词汇，掌握这些部分是学习者用中文进行交际的必要条件。多义词、用法特殊的词（如离合词）、与外语不完全对应的词也是词汇教学的重点。

（二）汉语词汇教学的目标任务和主要内容

1. 汉语词汇教学的目标任务

国际中文教育词汇教学的目标任务是根据教学大纲或相应标准，使学习者掌握汉语词汇的基本知识，掌握一定数量的汉语词语的音、形、义和基本搭配用法，培养在语言交际中对词语正确理解和表达能力。

2. 汉语词汇教学的主要内容

汉语词汇教学的主要内容有：(1)汉语词汇的基本知识，包括语素（字）与词之间的关系、词的结构类型、基本词汇、汉语熟语（成语惯用语等）；(2) 词义构成，词的概念意义和附加意义，同音词、多义词、同义词及其辨析。

（三）汉语词汇教学的原则

国际中文教育的词汇教学遵循以下原则：

1. 准确易懂原则。准确讲解词语的意义、用法和搭配特点，同时避免复杂化，不能用未学过或不熟悉的词语解释生词。

2. "词不离句"原则。利用语境明确词语的意义和用法，词语讲解要充分考虑交际功能，利用语境猜测词义。

3. 精讲多练原则。只讲词语主要的和重要的方面，不能面面俱到、枯燥地讲解或辨析词语意义和用法。应反复操练逐步熟悉掌握。

（四）汉语词汇教学的方法

国际中文教育的词汇教学常用的方法有以下几种。

1. 翻译法。与学习者母语或通用语对应明显，且汉语难以解释清楚的词语，可用翻译法。初级阶段可用翻译法，中级及高级阶段一般不用。如教"圣诞节""甚至"，就可以直接对应翻译为"Christmas""even"。

2. 直接法。借用实物、挂图、卡片、多媒体展示词语的意义或用法。一般适用于表示具体意义的词语（如事物、动作、颜色等）。如教"西瓜""洗""红色"。

3. 比较法。汉语同义词、反义词进行比较，在比较中发现相同点和不同点。汉外词语之间意义用法也可以比较。如"夏天炎热，冬天寒冷"中的"炎热"与"寒冷"可以用比较法进行教学。

4. 语素法。用熟悉的或已掌握的语素引导学习者推测词义。由于一个汉字往往对应一个语素，也可以用汉字的偏旁部首来理解或区别意义。如"自满""作息"，就可以利用"自""满""作""息"这些已经学过的语素来推测词语的意义。

5. 语境法。在上下文语境中推测词语的意义和用法。

三、国际中文教育的语法教学

（一）汉语语法的面貌特征及教学重点

1. 汉语语法的面貌特征

现代汉语有语素、词、短语（词组）、句子等语法单位；汉语的形态标志和形态变化不太丰富，语法意义和语法关系主要用语序和虚词来表达；汉语中的词、短语（词组）、句子的结构方式基本一致，都有主谓、述宾、偏正、联合、述补结构关系；量词和语气词丰富。《国际中文教育中文水平等级标准》要求初等掌握210个语法点，中等掌握424个语法点，高等掌握572个语法点。

2. 汉语语法教学的重点

汉外对比可以发现，汉语语法有一些难以掌握的方面，这些都是语法教学重点。

时而严格时而灵活的语序（不同的语序意义有差别）；用法特殊的词类和特殊的词（如量词、方位词、语气词、介词、助词、副词等）；丰富且复杂的补语结构系统（如结果补语、可能补语、程度补语、趋向补语、时量补语等）；特殊句式（"把"字句、"被"字句、被动句、存现句、"是……的"句、比较句等）。

（二）汉语语法教学的目标任务和主要内容

1.汉语语法教学的目标任务

国际中文教育语法教学的基本目标任务是使学习者掌握汉语组词成句、组句成篇的规律，培养运用中文正确交际的能力。对海外本土汉语师资学习者来说，目标任务是使学习者系统掌握汉语语法知识、汉外语法对比、汉语语法的难点、教学汉语语法的方法和技巧等。

2.汉语语法教学的主要内容

汉语语法教学的主要内容有：(1)汉语语法的基本知识，包括语法单位及其组合规则，词类划分、句子类别等；(2)通过对比呈现的现代汉语语法特点。

（三）汉语语法教学的原则

国际中文教育的语法教学遵循以下原则：

1.先易后难原则。语法教学的项目安排要注意从易到难的先后顺序。

2.结构、语义、功能相结合原则。要让学习者了解语法结构形式的使用条件和语境，使其在尽可能真实的交际中掌握所学的语法项目，用有意义的交际活动进行强化训练。

3.注重对比原则。通过对比明确汉语语法教学的重点和难点，通过对比研究学习者的语法偏误规律及原因，从而有针对性地突破难点，加强重点训练。

（四）汉语语法教学的方法

语法点的教学有"3P教学模式"，即展示（present）、操练（practice）、运用（produce）三个教学步骤。国际中文教育的语法教学有如下一些方法。

1.情景法。利用或创造特定句子出现的情境，使学习者沉浸在丰富的自然半自然的语言环境中、接触语言材料并生成输出相应话语的方法。语法点的展示用情景法往往能取得好的效果。如教位移的"把"字句，可以用实物展示"把"处置事物的动作过程，边做动作边说出"把"字句。

2.归纳法。让学习者接触具体的包含目标语法点的语言材料，再进行大量练习，在教师的启发下总结出语法规则（往往列出语法公式）。在语法点操练中往往使用归纳法。

3. 演绎法。先讲语法规则，再在规则指导下练习并运用。

四、国际中文教育的汉字教学

（一）汉字的面貌特征及教学重点

1. 汉字的面貌特征

汉字是表意体系的文字，由笔画构成的方块汉字是记录语素的语素文字。汉字有音形义三要素，汉字的形体结构分笔画、笔顺、部件、偏旁等构成要素。汉字的基本笔画有横竖撇点折5种。《国际中文教育中文水平等级标准》要求初等掌握900个汉字，中等掌握1 800个汉字，高等掌握3 000个汉字。

因为汉字跟世界上其他绝大多数文字符号不同，学习汉字比较困难。汉语难学，一般体现在汉字难认难学。

2. 汉字教学的重点

汉字教学的重点是：汉字的形体结构（包括笔画、部件、偏旁等构成要素），结构方式（包括独体字、合体字）；汉字的形声、会意等概念，汉字读音及意义的推理方式；汉字书写的笔顺及规范。

（二）汉字教学的目标任务和主要内容

1. 汉字教学的目标任务

国际中文教育汉字教学的目标任务是使学习者掌握汉字形音义构成特点和规律，帮助学习者获得汉字认读和书写的技能，为中文书面交际打下基础。

2. 汉字教学的主要内容

汉字教学的主要内容有：(1)汉字的基本知识，包括汉字的形体及演变、汉字的结构，汉字表音表义的方式，字与语素、词的关系；(2)《国际中文教育中文水平等级标准》要求掌握的汉字（一般也是高频汉字）。

（三）汉字教学的原则

国际中文教育的汉字教学遵循以下原则：

1. 先认后写原则。首先要解决汉字的认读问题，再谈书写问题；高频常用汉字可以要求书写，非高频常用汉字可以只要求认读不必要求全部书写。

2. 字词结合原则。学汉字的目的在于书面交际（读与写），汉字认读书写要和词（语素）相结合，在语境中确定字义并加深对字义的理解。

3. 从易到难循序渐进原则。先教意义和笔画简单的常用独体字（如人、口、山等），再教笔画较复杂的独体字和合体字；先教笔画少的字，再教笔画多的字；先教结构简单的字，再教结构复杂的字。

（四）汉字教学的方法

国际中文教育的汉字教学有一些可以借鉴的方法。

1. 演示法。借用板书、挂图、卡片、多媒体展示字的形体结构。

2. 描红法。对照字贴学写字的形体。

3. 类推联想法。利用象形字、会意字的形体以及形声字的形旁类推联想字义；利用形声字的声旁类推字音。

4. 游戏法。采用各种有趣的游戏化解学习汉字的畏难情绪。

第三节　国际中文教育的语言技能教学

语言技能教学主要是指汉语的听说读写教学，听读属于信息的接收和解码，主要是输入；说写属于信息的表达和编码，主要是输出；输入和输出构成了语言交际的全过程。

一、汉语听力教学

（一）汉语听力课的特点和地位

汉语听力课是一门独立的语言技能课，与口语（会话）课、阅读课、写作课平行。在初级阶段，它往往依附在先行的主打课——精读课（综合课）之后进行。听力教学主要培养学习者的解码能力，即听力理解，它是学习者感知说出的语流中的音节及重音、语调、停顿等，再运用储存在大脑中原有的汉语知识（包括词语、语法、语义等），对言语信息作出解释。听力课提供的听力材料应含有大量已学过的语言知识，听力课一般很少出现新的语法知识点，生词也不能过多。但听力课也不光是"听"，还有说、读、写作为辅助手段。

（二）汉语听力教学的目标与内容

1. 汉语听力教学的目标

汉语听力技能教学的目标是培养学习者的听力技能和策略，识别语音，推测理解词义、句义和语篇意义，提高聆听理解水平，从而发展语言能力，为沟通交际打基础。

根据教学大纲和《国际中文教育中文水平等级标准》，初等阶段的三级，能听懂相应等级的话题任务内容、300字以内的较长句子和简单复句构成的对话或讲话，对话讲话接近正常语速（不低于每分钟180字）；中等阶段的六级，能听懂六级的话题的对话或讲话，材料600字以内，语速正常或略快（不低于每分钟220字至240字）；高等阶段，则要求听懂800字左右语速正常或较快的各类话题内容。

2. 汉语听力教学的主要内容

汉语听力教学的主要内容有以下几个方面：

（1）训练语流分析加工能力。包括辨音辨调、语流切分（停顿）、音义对应、听辨新词或新的语言形式等。

（2）训练听力微技能。包括联想猜测和预测能力，检索监听能力，记忆存储能力，言外之意的理解能力，概括总结能力等。

（三）汉语听力教学的原则

1. 可懂输入原则。根据学习者实际接受水平，选择生动有趣的材料，保证输入材料的易懂。即符合"i+1"原则。

2. 语料真实原则。提供的听力语料，尽量接近生活的真实。充分利用多媒体资源，提供影视、新闻、广播、生活实录等听力材料。

3. 听练结合原则。以听为主，并运用多种操练方法培养学习者的听力技巧和理解能力。

（四）汉语听力教学的环节和方法

1. 听力教学的主要环节分为：

听前活动（学习生词、激活大脑已知背景知识，调动积极性）；听中活动（泛听，了解大意；精听，处理细节）；听后活动（分析语言形式辨认关键词句，复述大意，反思总结）。

2. 听力教学的方法有：

（1）听说结合。听前可以对相关话题进行讨论，激活已知背景信息；听中小组讨论或师生互动，听后复述句子或语篇。

（2）听写结合。边听边写（包括写汉字、写拼音、写词组、写句子），边听边记(记录关键的信息)。

(3) 听读结合。可以先读后听,也可先听后读,还可以边听边读。通过汉字字形帮助外国学习者建立音义之间的关联。

二、汉语口语教学

(一)汉语口语课的特点和地位

汉语口语课是在初级阶段非常重要的一种课型,是训练学习者口头表达能力和交际能力的课型。因为口头交际是使用频率最高也是最基本的交际形式,所以口语教学一般放在优先位置。

(二)汉语口语教学的目标与内容

1. 汉语口语教学的目标

汉语口语技能教学的目标是培养学习者的口头表达技能和策略,包括语音能力、用词造句能力、成段表达能力、语用能力,从而发展口语交际能力,为日常社会交际打基础。

根据教学大纲和《国际中文教育中文水平等级标准》,初级阶段,能完成日常生活、学习、工作、社会交往等有限的话题表达,具备一般的口头表达能力;中级阶段,能完成日常生活、学习、职业、社会文化等复杂多样化的话题表达,具备一般的成段表达能力;高级阶段,能够就社会生活、学术研究等领域的复杂话题进行规范得体的交际,具备良好的语篇表达能力和灵活运用语言的能力,并体现较强的跨文化交际能力。

2. 汉语口语教学的主要内容

汉语口语教学的主要内容有以下几个方面:

(1) 语音训练。保证口语语音的准确,避免交流中的洋腔洋调。

(2) 句子训练。包括连词成句、句型替换、情景造句、特定回答等。

(3) 语篇训练。包括连句成篇,看图说话、复述短文等形式,还包括连贯、话轮转换、语篇模式选择等技能。

(4) 交际套语训练。如"见到你很高兴""对不起,让你久等了""哪里哪里,不敢当"。

(5) 口语策略训练。如借助手势、表情等非语言手段提高口语表达的效果。

(三)汉语口语教学的原则

1. 可懂输入原则。教材和教师所用的词语和语法点,都只略高于学习者汉语水平,即符合"i+1"原则。同时要注意输入与输出的比例,保证学生的口语输出。

2. 重交际原则。口语课要以口头表达能力的培养为目的,重视学习者的交际能力和交际策略,同时也要兼顾语言形式的积累。重交际就要以学习者为中心,监控学习者的语言输出。注意交际的得体性、关注学习者的情感,营造交际的轻松氛围。

(四)汉语口语教学的环节和方法

1. 口语教学的主要环节

导入话题(通过提问,导入课程活动的话题或目标任务);输入内容(包含新词语或新课文、音像材料内容);表达交际(复述大意、角色扮演、表达意见、小组讨论、辩论演讲、陈述总结等)。

2. 口语教学的方法

口语教学,要求提高学生的开口率,学生是课堂的主体。口语教学中语音训练、词语训练等的方法跟上文"语言要素教学"的方法相同。除此之外,还有以下方法技巧可以借鉴。

(1)变换改说。输入一个句式,要求学习者输出另一个句式,如"把"字句与"被"字句的变换、肯定句与否定句的变换等。输入一个句子,要求学习者口头输出另一个意思相似的句子。

(2)游戏表演。如传话游戏、你说我猜游戏、模仿课文角色表演、模仿视频人物表演、短剧表演等。

(3)讨论辩论。这是中高级阶段可以采用的口语训练方法。

三、汉语阅读教学

(一)汉语阅读课的特点和地位

汉语阅读课是配合精读课(综合课)而开设的一门独立的语言技能课。汉语阅读课的重点是培养学习者的阅读技能,即从阅读材料中获得各种信息的能力。阅读属于接收性技能,阅读的目的是理解语言材料,也是学习语言的重要途径。通过阅读提高对目的语的语感,从而巩固语言知识。由于汉字的特殊性,利用汉字的表意特点来理解语义就显得比较重要，重视汉语的特点，加强对中国社会文化知识的理解也是汉语阅读课要注意的训练项目。

（二）汉语阅读教学的目标与内容

1. 汉语阅读教学的目标

汉语阅读技能教学的目标是通过大量的阅读实践和反复强化训练，提高学习者的阅读理解能力，培养阅读技巧和阅读策略，从而发展语言能力，提高汉语综合运用水平。

根据教学大纲和《国际中文教育中文水平等级标准》，阅读材料的生词量一般不超过5%，材料的篇幅初级一般100字至200字，中级400字左右，高级800字及以上。初级水平要求的阅读速度为每分钟100字左右，逐步提高到每分钟120字左右；中级要求提高到每分钟150字左右；高级则逐步提高至每分钟200字左右。

2. 汉语阅读教学的主要内容

（1）字词辨识能力。包括字词的识别、字词义猜测理解、词汇量扩充等。

（2）概括大意能力。包括段落、语篇、主旨等的概括总结能力等等。

（3）阅读策略训练。包括阅读速度提升、预测内容及主旨、跳跃障碍、长句理解、推测言外之意等。

（三）汉语阅读教学的原则

1. 阅读为主，讲练为辅。开展阅读活动，传授阅读技巧，培养阅读习惯，提高阅读速度。讲解和练习都要围绕阅读活动进行。

2. 材料实用，多样有趣。提供的阅读语料，是日常生活使用的自然真实语言材料，可以是多题材和多体裁的语料，形象鲜明生动有趣的语料。

3. 足量输入，保证质量。有足够量的文字输入，汉语阅读能力才会提高。同时要激发学习者的阅读动机，通过增加课外阅读材料、整理阅读笔记、交流阅读心得体会等形式提高阅读质量。

（四）汉语阅读教学的环节和方法

1. 阅读教学的主要环节

阅读前（热身活动、激活图式。围绕标题预测内容，介绍背景，调动积极性）；阅读中（略读，了解大意；查读，处理细节；细读，解决难点）；阅读后（分析语篇结构、学习语言形式包括重点词语结构和表达方式，复述大意，缩写改写等）。

2.阅读教学的方法

（1）建立新的图式。皮亚杰的图式理论认为，图式是大脑中已有的知识经验网络，能对新信息起引导组合作用。教师运用各种手段，激活学习者已有图式，建立新图式，通过图式引导帮助学习者更快更好完成对语言材料的理解。

（2）训练阅读技能。培养推测能力，如利用语境和汉字表意特点猜词，猜测全文主旨，抓主干理解长句，找段落中心句，总结语篇材料主旨和结构；纠正不良阅读习惯，提出阅读速度要求。

（3）组织交际活动。增加师生之间互动，学习者之间开展合作阅读，读讲结合。

四、汉语写作教学

（一）汉语写作课的特点和地位

汉语写作课是汉语技能教学的重要组成部分，重点是培养学习者的书面表达能力。写作属于输出性技能。一般来说，语言输出的"说、写"以语言输入的"听、读"为基础，输出性的"说、写"比输入性的"听、读"往往更难。同为输出性的"说、写"中，"写"比"说"更难。写作是更为复杂的语言输出形式，以"听、说、读"为基础。写作对语言运用的要求更高，是难度最大的一项技能。"写作"不等于"写"，抄写字词句子是"写"技能训练中的内容，但这些不能叫"写作"，"写作"是书面表达交际技能。

（二）汉语写作教学的目标与内容

1.汉语写作教学的目标

汉语写作技能教学的目标是通过大量的写作实践和反复强化训练提高学习者的写作理解能力，培养写作技巧和写作策略，从而发展语言能力，提高汉语综合运用水平。

根据教学大纲和《国际中文教育中文水平等级标准》，初级三等要写作实用性或记叙文的短文，在规定时间内字数不少于200字；中级六等的要求则是写常见的记叙、说明、议论性短文，规定时间内字数不少于600字；高级提高到能写专业论文的程度。

2. 汉语写作教学的主要内容

（1）语体意识和语体能力训练。包括口语词句改成书面语词句、口语短句连成书面语长句、口语对话改写为书面语叙述、谦敬用语和书面套语格式训练等。

（2）语篇能力训练。包括连句成段、连段成篇的训练，记叙文、说明文、议论文的典型顺序结构等。

（3）写作策略训练。包括写作构思、收集材料、模仿借鉴、讨论修改等。

（三）汉语写作教学的原则

1. 精讲多练原则。教师要向学习者讲授写作相关知识技能和策略，写作前要讲，写作后要评；学习者要多进行写作实践。

2. 循序渐进原则。由易渐难、从简单到复杂，从语句到语段再到语篇，由模仿到自由写作。

3. 实用交际原则。外国学习者的汉语写作是语言训练的一个重要环节，也要实现用汉语进行交际的训练目标，只不过它是书面形式的交际。实用性和交际性，既是汉语写作要实现的目标，同时又能让学习者对写作产生兴趣。

（四）汉语写作教学的环节和方法

1. 写作教学的主要环节

写前指导（启发导入，范文分析，规则讲解，任务布置等）；写作实践（听后写、说后写、读后写、仿写改写续写扩写，不同文体写作，等等）；写后讲评（批改点评、优点肯定、不足分析、难点总结等）。

2. 写作教学的方法

（1）输入带出输出。写作是输出性技能，输出应有足够量的输入为前提。教师可以在写前讲授写作知识和技巧策略，提供可供学习借鉴或启示的例文材料，引导学习者对例文的词句格式、结构思路、主旨表达重点关注。语言操练与写作策略培养结合，达成输入与输出的互动。

（2）与其他语言技能结合训练写作技能。如听后写、说后写、读后写等。

五、汉语综合技能教学

（一）汉语综合技能课的特点和地位

汉语综合技能的训练往往放在汉语综合课进行，综合课也叫精读课或读写课，是综合汉语要素教学、文化教学、听说读写技能教学为一体的课程。它是汉语的基础课程或主干课程，在初级阶段地位尤其重要。综合课的特点是基础性和综合性的结合。它担任着系统学习汉语语音（包括《汉语拼音方案》）、汉字、词语、语法、句式等语言知识的主要任务，为听说读写等专项技能的训练提供汉语知识基础；同时综合课上的汉语知识的获得又是通过综合技能训练得来的，综合课上的听说读写也是相互配合的。综合课汉语语言知识的传授是综合课的首要任务，但是核心任务还是语言技能的训练，交际也是不容忽视的任务。

初级阶段的综合课的教学侧重于围绕课文训练，学习者准确地发好汉语普通话的语音，熟记常用的基本字词，掌握汉语基本的语法规则。中高级阶段则是侧重于扩大字词量，补充深化汉语语法结构及语体规则，拓宽视野训练文化能力，阅读并理解各种文体且有一定难度的自然语料，提高书面表达能力。

（二）汉语综合课教学的目标与内容

1. 汉语综合课教学的目标

汉语综合课教学的目标是通过传授语言知识、训练语言技能、培养汉语学习策略和文化能力，不断提高学习者的书面表达能力，为汉语听说能力的提高夯实基础。

2. 汉语综合课教学的主要内容

（1）语言要素教学。包括语音、词汇、语法、汉字等要素。

（2）文化教学。包括语言材料中的文化内容，语言运用的文化背景知识等。

（3）语言技能训练。包括听说读写技能等。

（4）语言交际能力训练。包括口头交际和书面交际等。

（三）汉语综合课教学的原则

1. 精讲多练原则。教师要向学习者适当讲授汉语相关知识技能和策略，要"少而精"；学习者要在课内课外进行大量的练习，做到"熟能生巧"。

2. 严格高效原则。教师要精心组织、严格要求。教师对自己要求要严格，准确掌握各种语言知识的内容及规则，准确展示、准确解释并要求学习者模仿实践。严格高效地训练各种汉语知识和技能，科学高效地培养学习者汉语习惯，提高汉语运用水平。

(四)汉语综合技能课教学的环节和方法

1. 综合课教学的主要环节

国内传统的汉语综合课和海外汉语综合课的教学环节大体一致,也有不同。《国际汉语教学通用课程大纲》提供了几种海外汉语综合课常见的模式,即常规模式、任务模式、主题模式等。

(1)国内传统的汉语综合课一般包括四大环节,复习旧课(上节课的字词句)、新课教学(新课导入、生词讲练、语言点或语法格式讲练、课文讲练)、新课小结、布置作业。

(2)常规模式有五大环节:热身活动环节(激活学习者的已有知识,调动积极性。活动形式有问候、交流、歌曲、游戏等);新知呈现环节(将学习者带入学习新知的主体认知地位、引导学生进入语言输入阶段;活动形式:通过实物、图片、课件、全身反应法等导入新知内容);语言操练环节(通过操练达到真正的语言输入,为语言输出奠定基础,培养学生运用交际策略;活动形式:替换、辨认歌曲、话剧、阅读朗读表演课文、改编对话、小组活动、游戏等);综合运用环节(结合话题综合运用新旧知识完成真实任务;活动形式:表演课文、话剧改编、调查采访、讨论辩论、情景表演、"你说我做"、博客写作、故事接龙、手工制作加语言描述,等等);小结布置作业环节(归纳总结、评价表现、提出建议、布置作业)。

(3)任务模式有五大环节:热身活动、任务实施准备、实施任务、分享展示任务成果、小结和评价。

(4)主题模式有五大环节:热身活动、引入主题、主题学习活动、分享学习成果、评价。

2. 综合课教学的方法

不同的模式有不同的教学方法:

(1)传统的汉语综合课,往往借鉴听说法的一些理念方法,如反复操练(模仿、重复、记忆形成语言习惯),用句型结构及句型替换进行语言结构教学,等等。

(2)海外的常规模式汉语综合课,往往强调"做中学""玩中学"等教学理念与方法。

(3)海外的任务模式汉语综合课,采用任务型教学法的理念与方法。

(4)海外的主题模式汉语综合课,一般采用主题活动进行语言教学。

> **思考与练习**
>
> 1. 查阅相关文献,谈谈国际中文教育的历史。
> 2. 简述汉语作为第二语言学习的主要理论。
> 3. 谈谈如何更加有效地开展国际中文教学中的汉字教学。

第十八章 语言资源与语文规划

第一节 语言资源

当今社会处于科学技术迅速发展的信息时代,语言已经成为一种无形的资源。无论对于集体,还是个人,语言都越来越重要。

一、语言是人类最重要的交际工具

语言是社会的产物,从它产生的时候起,就一直作为人类的交际工具。语言是一种社会现象,是人类最重要的交际工具和思维工具。

随着全球经济一体化,作为经济的三大要素——资金、技术、人才将按照市场规律在全球流动。如果语言不通,将会给人员往来和人才流动造成很大的障碍。因此,一个人的语言文字水平,将会在很大程度上影响他的综合能力素质。

二、语言是经济资源

语言的统一与经济的发展相互促进。事实证明,单位、行业、区域、国家之间的竞争,在很大程度上都具体化为知识、特别是高科技知识的竞争。《中华人民共和国国民经济和社会发展第十二个五年规划纲要》中,把加快经济社会信息化,全面提高信息化水平确定为经济建设发展的重要战略。陆俭明(2006)认为:"目前已经显示、今后将进一步显示这样的现实:今后三流国家出产品,二流国家出技术,一流国家出知识,超级国家出标准。这意味着,谁能掌握最先进的科学技术知识和各种标准、规范,特别是信息科学技术知识及相关的标准和规范,谁能最大限度地拥有最新的信息,谁就将在经济竞争中取得主动权,谁就将拥有财富。"

三、语言是文化资源

文化是民族的根本。语言是文化的主要载体,是民族的精神家园,也是一种重要的文化发展标志。

语言作为社会资源、文化资源乃至经济资源，我们要保护和开发利用它。作为协调社会生产和生活的工具，语言文字服务于社会的经济、政治、文化生活，影响社会的发展。《岳麓宣言》的诞生是世界语言资源保护的里程碑事件。这是联合国教科文组织首个以"保护语言多样性"为主题的宣言，是重要的永久性文件，也是联合国"2019国际本土语言年"的重要基础性文件。该宣言体现了加强语言交流互鉴，推动构建人类命运共同体的理念，凝聚了当前世界语言资源和语言多样性保护的核心理念和指导思想，倡导各国制订行动纲领和实施方案，同时汇聚了语言资源保护的做法，提供了可资借鉴的经验、模式和路线图，体现了中国经验和中国方案。

第二节　语文规划

"语言规划"（language planning）是应用语言学术语，又称"语文规划""语言工程""语言标准化"等。过去我国常常称"文字改革""语文运动"，近期常称"语言文字工作"，有的称"语文现代化""语言规范化"等。最早在文献中使用"语言规划"这一术语的豪根（E. Haugen）认为：语言规划是对语言的鉴别。被认为是语言规划的开拓者和奠基人的费希曼（S. Fishman）认为：语言规划是确定、描写对语言的决策过程，及其严重性和迫切性，需要明确的解决办法，要求一种对已有问题能提供并鉴别可替换解决方案的行动理论（参看陈章太，2005）。

一、国外的语文规划

古罗马帝国的强盛，造就了拉丁语在古代欧洲的"超级语言"地位；法兰西的崛起，使法语在17世纪成为欧洲外交用语。公元1600年前后，英语还只是一个小语种，伴随"日不落"帝国的建立和美国的全球扩张，英语超越法语成为世界第一大语言。

语言强弱是国家盛衰的象征，因此许多大国都在有计划地实施语言战略并努力扩大本国语言的国际影响。美英等国通过贸易、媒体、教育、文化等途径向世界倾销英语，法国努力协调由34个国家和3个地区构成的法语区的语言问题，西班牙利用"西班牙语世界"这一概念向世界进行语言传播。

随着人类社会的进步和经济的高速发展，在现代化和一体化加速发展的形势下，不少国家纷纷加强语言规划与立法。语言立法的目的在于：通过立法确定国家官方方言和标准语及其使用，确定某些语言在本国的法律地位，规定各民族语言的关系，确保各民族的语言权利和公民个人的语言权利，减少或防止语言矛盾与冲突，规定语言规范的原则，促进语言健康、有序地发展，在社会生活中充分发挥其交际功能的作用，为社会进步和各项事业发展更好地服务（参看陈章太，2002）。

有的国家制定了专项语言法，如加拿大、法国、西班牙、澳大利亚、印度、土耳其、新加坡等。加拿大为了解决语言问题，1963年成立了"皇家双语双文化委员会"，1969年通过《官方语言法案》规定英语和法语同为加拿大的官方语言，"共同享有同等的地位和平等的权利"，这一规定被写入1982年加拿大宪法。

法国非常重视法语在国内的使用，1994年颁布了《法语使用法》，又称"杜蓬法"。该法第一条规定："根据宪法，法语是法兰西共和国的语言。法语是法兰西品格及遗产的基本要素。法语是教育、劳动、交际和公共服务部门使用的语言。法语是法兰西共同体各成员国之间的特殊纽带。"西班牙宪法第三条规定："西班牙语是西班牙的官方语言，所有西班牙人都有义务掌握西班牙语，同时有权利使用西班牙语。"不仅如此，一些国际组织也有关于语言的宣言、决议等，如联合国教科文组织2001年11月2日通过的《世界文化多样性宣言》、2003年通过的《普及网络空间及促进并使用多种语言的建议书》，欧盟的《欧洲区域性或少数民族语言宪章》等（参看李宇明，2010a）。

二、古代中国的语文规划

《礼记·祭法》说："黄帝正名百物，以明民共财。"黄帝派史官仓颉"作书"，整理统一文字，这可以看作是我国语文规划的开始。

春秋战国时期的语文规划除了"正名"，还包括"雅言"的传承。西周时期中原地区流行"雅言"，"雅言"可以说是汉语历史上最早的共同语。

秦始皇统一六国后，针对各国文字不统一的状况，行"书同文字"之制，废各国文字而推行小篆。李斯刻小篆于石作为规范，通行全国。

在汉代，流行范围相对较广、较为通用的语言被称为"通语"或"凡语"。

为了进一步规范文字，汉初律令规定"学童十七以上，始试，讽籀书九千字，乃得为史。又以八体试之，郡移太史并课，最者以为尚书史。书或不正，辄举劾之"（《说文解字》），对学校教学和政府用字进行了一定规范。

东汉许慎的《说文解字》是中国语言学史上第一部分析字形、说解字义、辨识读音的字典，对规范篆书的形音义、统一古文经学和书面语言做出了重要贡献。

汉魏时期，朝廷专设"书学博士"，负责汉字书写的规范化。东汉后期，隶书跃居主体文字的地位，《说文解字》规范汉字的作用受到严峻挑战，汉灵帝"诏定五经，刊于石碑"，"熹平石经"应运而生。

唐代建立不久，李渊即令颜师古勘正五经文字，制作"字样"，作为国家标准，颁行天下。

元代周德清参照北曲用韵，以大都（今北京）音为基准，编订《中原音韵》，为近代汉语和普通话语音的发展和形成奠定了基础。

明太祖朱元璋组织编写的韵书——《洪武正韵》，"以中原雅音为定"，兼有正音和正字的双重功能。

清代在语文规划上成绩显著。康熙皇帝组织编纂的《康熙字典》，成为集大成的文字规范字典，影响广泛。

语言是特定社会、特定历史的产物，这决定了一个时期的语文规划必须与同时期的社会相适应，包括那个时代社会交往的需求、语言资源状况、人口结构格局等因素。语文规划的水平是由社会经济文化发展水平和交往水平所决定的。

总的来看，古代中国是典型的农业国家，是相对分散、封闭、孤立的农业社会。中国传统社会的语言生活以家为本，人口流动不大，整个社会呈现离散状态，决定了社会语言使用具有方言众多、语言生活单一化、对语文规划的需求不足等特点，造成了语文规划的主要内容为：以文字和书面语为主，以官员、官场和官话为主，以文人、考场和雅言为主。语文规划的方式不是通过制定法令法规，而是按照统治者的意志，是一种权力干预型的语文规划；语文规划的影响十分有限，语言资源没有得到充分整合和利用，交际效率不高。

三、近现代中国的语文规划

（一）语言规划

1909年，清政府资政院议员江谦提出把"官话"正名为"国语"。这一年，清政府设立"国语编审委员会"。1911年，资政院的32位议员联名要求把"官话"正名为"国语"，中央教育会议通过了《统一国语办法案》，成立国语调查总会，审定国语标准，编辑国语课本、国语辞典和方言对照表。提出"国语"的直接原因是实施国民教育的需要，这标志着民族共同语和全国通用语意识的真正兴起。

1949年9月29日通过的《中国人民政治协商会议共同纲领》第五十三条规定，"各少数民族均有发展其语言文字的自由"。新中国成立后，汉民族共同语和国家通用语的政治地位达到了前所未有的高度。1955年10月，全国文字改革会议和现代汉语规范化会议相继召开，确定以"普通话"作为汉民族共同语的正式名称，代替过去通行的"国语"。1956年，国务院发出《关于推广普通话的指示》，明确把推广民族共同语作为一项基本国策加以实施，并成立了专门推广普通话的工作委员会。1958年，《汉语拼音方案》公布。这一年，周恩来在《当前文字改革的任务》报告中指出："在我国的汉民族人民中大力推广以北京语音为标准音的普通话是一项重要的政治任务。"在行政力量的推动下，语音标准的审定、普通话定义的确定、大规模的方言调查等，逐步朝科学化、标准化方向发展。但过多的行政干预也带来了一些负面影响，民族共同语的推广难以达到预想的效果。直到改革开放，推广普通话工作才真正做到政府力量的推动与群众的需求相结合。

1982年《中华人民共和国宪法》规定，"国家推广全国通用的普通话"，以法律形式正式确定了普通话"既是汉民族共同语，又是全国通用语"的地位。2000年全国人大常委会通过并颁布《中华人民共和国国家通用语言文字法》，标志着语言文字工作走上法治化轨道，此后这一阶段标志着中国语言规划的主要目标是标准化和法制化建设（李宇明，2019）。2006年，首部《中国语言生活状况报告》出版，新闻发布会上，国家语委负责人提出建设和谐语言生活，国家语言能力问题引起关注。2010年，中共十七届六中全会通过《中共中央关于深化文化体制改革推动社会主义文化大发展大繁荣若干重大问题的决定》，其中提出在大力推广国家通用语言文字的同时，要科学保护各民族语言文字。2012年颁布的《国家中长期语言文字事业改革和发展规划纲要（2012—2020年）》指出，语言文字事业"在国家发展战略中具有重要地位和作用","必须树立和增强高度的文化自觉和文化自信,努力推进语言文字事业全面发展,为全面建成小康社会、实现中华民族伟大复兴贡献力量"。2016年颁布的《国家语言文字事业"十三五"发展规划》进一步提出"以服务国家发展需求为核心""为全面建成小康社会、建设与综合国力相适应的语言强国提供有力支撑"。2021年12月,国务院办公厅印发了《关于全面加强新时代语言文字工作的意见》,它是新中国成立以来第一次以国务院办公厅名义下发的全面加强语言文字工作的指导性文件。

(二)文字规划

我国的语文规划在语言符号方面经历了汉字改革,即汉字简化和汉字整理的演进过程。五四运动反对文言文,在文字上的观点主要集中在对汉字的评价和对新文字的创立上。真正的汉字改革与整理工作是在新中国成立后开始的。

从1892年卢戆章"中国切音新字"的发表到1918年"注音字母"的公布,这阶段的拼音化运动被称为"切音字运动"。"切音字运动"的特点是创造了民族形式的字母和声韵双拼。"注音字母"最后从声韵双拼发展为"声、介、韵"三拼,但仍然没有全部音素化,而且民族形式的字母也不利于在国际上流通。1928年又公布了国际通用的字母"国语罗马字"。1958年公布的《汉语拼音方案》采用国际广泛使用的拉丁字母,则是"国语罗马字"的改进。

汉字简化方面,我国先后进行了两次汉字简化。1956年国务院通过并公布《汉字简化方案》,1964年编印出版《简化字总表》,这是第一次汉字简化。1977年发表《第二次汉字简化方案(草案)》,该方案第一表248个汉字开始试用,到1978年下半年试用基本停止。1986年国务院发出了《批转国家语言文字工作委员会〈关于废止第二次汉字简化方案(草案)〉和纠正社会用字混乱现象请示的通知》,这标志着第二次汉字简化失败。第二次汉字简化失败主要原因是基础工作做得不够,急于求成。

汉字整理方面,1954年11月拟定的《汉字简化方案草案》就包括了《拟废除的400个异体字表草案》这一部分内容。直到1955年文化部和中国文字改革委员会公布了《第一批异体字整理表》。次年文字改革委员会又提出《第二批异体字整理表草案》(初稿)。1965年先后拟出五批字组。

汉字的整理还包括制订现代汉语通用字表和整理印刷铅字字形。1960年7月

《通用汉字表草案》，收通用汉字5 900多个。1965年公布《印刷通用汉字字形表》，收印刷通用汉字6 196个，给每个汉字规定了笔画数、结构和笔顺。1988年1月国家语委和国家教委联合发布《现代汉语常用字表》，收3 500字，其中常用字2 500字，次常用字1 000个。1988年3月，国家语委和新闻出版署发出《关于发布〈现代汉语通用字表〉的联合通知》。《现代汉语通用字表》收7 000字。2013年6月国务院发布《通用规范汉字表》，收字8 105个，其中一级字3 500个，二级字表收字3 000个，三级字表收字1 605个。此外，1977年文字改革委员会和国家标准计量局发布的《部分计量单位名称统一用字表》，1983年统一汉字部首排检法工作组拟定的《统一汉字部首表》（草案）、2009年《汉字部首表》、2011年《出版物上数字用法》等汉字整理工作为汉字的教学、出版提供了方便，为信息化减少了困难。

  2012年9月全国语言文字标准化工作会议在贵阳召开。据会议统计，新中国成立以来我国先后研制发布了200多项国家通用语言文字和少数民族语言文字规范标准，它们在文化教育、印刷出版、辞书编纂、信息处理等方面发挥了重要作用。

  随着经济快速发展，中国的语言媒体也由单一性走向综合性。语言信息交流条件的改善、手段的改进、媒体多样化等，无一不在促进语言的流动，而语言大面积、加速度的流动又进一步呼唤语言的规范化、标准化、共同性和通用性。

四、《中华人民共和国国家通用语言文字法》

  改革开放以来，国家更加重视语言文字及其使用，制定、实施了多项关于语言及其使用的政策和法规，取得了很大的成绩，积累了丰富的经验，为语言立法创造了条件。

  1996年10月，第八届全国人大代表大会常务委员会第二十二次会议，同意由全国人大教科文卫委员会牵头起草语言文字法。2000年10月31日第九届全国人大常委会第十八次会议审议并通过了《中华人民共和国国家通用语言文字法》，并于2001年1月1日起施行。《中华人民共和国国家通用语言文字法》共四章二十八条。第一章主要说明本法的宗旨，确定普通话和规范汉字作为国家通用语言文字的地位，强调国家通用语言文字的使用应遵循的原则，重申各民族语言平等、有自由使用和发展自己语言文字的权力。第二章主要规定哪些部门、行业、场所、人员和什么情况下应当使用普通话和规范汉字，以及应当达到国家规定的等级标准，并且规定什么情形下可以使用方言、繁体字、异体字和外国语言文字。还说明了《汉语拼音方案》的性质、作用。第三章主要规定国家通用语言文字的管理、监督办法和法律责任，以及对违法者的处罚。第四章附则，说明本法的施行日期。

《中华人民共和国国家通用语言文字法》是21世纪中国实施的第一部法律，是对我国50年语言文字工作经验的全面总结，也为之后的语言文字工作提供了法律依据。它的颁布标志着我国的语言文字工作正式、全面纳入法制化的轨道（参看李宇明，2010c）。

《中华人民共和国国家通用语言文字法》的颁布，是我国有史以来首次以国家专项法律的形式确定普通话和规范汉字作为全国通用语言文字的地位，这大大提高了普通话和规范汉字的声望，增强了普通话和规范汉字的功能与活力，推动了普通话和规范汉字在全国范围内的普及，并加速向国外传播（参看陈章太，2010）。

《中华人民共和国国家通用语言文字法》颁布实施以来，我国的语言文字工作取得了巨大的成就，主要包括以下几个方面：

1. 与国家通用语言文字相关的语言文字法律法规体系基本形成，语言文字工作走上依法管理的轨道。具体包括：

（1）出台全国性国家通用语言文字法律法规及有关规定。除《中华人民共和国国家通用语言文字法》专项法律外，《中华人民共和国宪法》《中华人民共和国民族区域自治法》《中华人民共和国教育法》《中华人民共和国义务教育法》《中华人民共和国人民法院组织法》《中华人民共和国刑事诉讼法》《中华人民共和国行政诉讼法》《中华人民共和国民事诉讼法》《中华人民共和国居民身份证法》《扫除文盲工作条例》等法律法规中，都有关于国家通用语言文字及其使用的规定。

（2）出台与国家通用语言文字及其使用有关的地方性法规及规章。有30余个地方政府相继出台贯彻落实这部法律的地方性法规或规章。

（3）出台与国家通用语言文字及其使用相关的行业性法律法规及规章。如《广播电视管理条例》《特殊教育学校暂行规程》《幼儿园管理条例》《商标法》《广告法》《广告语言文字管理暂行规定》《企业名称登记管理规定》等。

（4）出台国家通用语言文字法律法规有关的配套性规定。如《中华人民共和国义务教育法实施细则》《中华人民共和国专利法实施细则》《中华人民共和国文物保护法实施条例》等多种相关法律法规的"实施细则"或具体实行的有关规定。

2. 宣传贯彻《中华人民共和国国家通用语言文字法》及相关法律法规取得很大成效。通过媒体、网络、文件及各种相关会议和活动，结合每年的普通话宣传周活动，加强对语言文字立法及相关知识的宣传，增强了社会大众的语言法制观念。社会各界，特别是教师、公务员、媒体记者、司法人员等，对《中华人民共和国国家通用语言文字法》及相关法律、规定有不同程度的了解和重视。

3. 国家通用语言文字推广、应用状况明显改善。据调查，2010年，普通话的普及率提高到了70%，2020年则达到80.72%。普通话已成为媒体的主要工作语言，成为大部分学校的教学用语，成为不同方言地区人们交际的主导用语，简化汉字已成为绝大多数国人的主要书写文字。普通话和规范汉字在当代中国语言文字生活中充分显示其强盛的活力和主导作用。同时，2005年计算机开始用于辅助普通话水平测试及其信息管理，2007年汉字应用水平测试开始实施，国家通用语言文字测评体系初步建立。城市、农村语言文字得到普及规范。2007年开始以"亲近经典、承续传统"为主题的"中华诵·经典诵读"系列活动在全国范围内广泛开展，成为新时期语言文字工作的重要载体。

4. 语言文字更加规范化、标准化、信息化。先后制定并完善了《国家语委语言文字规范（标准）审定委员会章程》《国家语委语言文字规范（标准）管理办法》等规章，确保语言文字规范化、标准化工作运行更加科学规范；组织编制修订语言文字规范标准、发表《中国语言生活状况报告》（俗称"绿皮书"）、《中国语言政策研究报告》（俗称"蓝皮书"）、《世界语言生活状况》和《世界语言生活报告》（俗称"黄皮书"）、《中国语言文字事业发展报告》（俗称"白皮书"），研制《通用规范汉字表》，提升规范化、标准化水平。

5. 更加注重语言文字服务和保障作用研究。语言资源建设、检测、引导、服务社会语言生活积极有效。国家建设了国家语言资源监测语料库、国家语委现代汉语语料库等一批数字化语言资源；创建了中国语言文字网、国家语委科研网等网站；以"语言皮书"为基础构建了《语言文字应用》《语言政策与语言规划研究》《语言战略研究》《中国语言战略》等期刊方阵；设立国家语言资源监测与研究中心；启动中国语言资源有声数据库建设和中国语言资源保护工程，科学保护各民族语言文字。国家加大人力、财力投入，为构建和谐语言生活提供了强有力的学科支撑、理论支撑。各地建立健全语委，设立专门办事机构，配备专职工作人员，加大投入，保证运转。成立国家语委科研规划领导小组。印发国家语委"十五""十一五""十二五""十三五""十四五"科研规划。制定《国家语委科研项目管理办法》《国家语委科研基地管理办法（试行）》等，积极开展科研立项，加强科研机构及专家队伍建设，积极推进地方语委的科学研究工作。

6. 语言文字的交流与合作进一步深化。1996年以来，国家语委普通话培训测试中心与香港高等院校合作开展普通话水平测试。截至2020年年底，港澳地区接受普通话水平测试的公务员、教师等各界人士达到13万人次。2010年实施中华语文工具书合作编纂项目，2012年开通了共建的中华语文知识库网站，出版了《两岸常用词典》。大陆、台湾两岸语言文字沟通协商机制逐步形成。编写《全球华语词典》《全球华语大词典》，主办"世界语言大会"（2014）和"世界语言资源保护大会"（2018），举办中国北京国际语言文化博览会，组织中欧、中德、中法、中俄等"语言年"活动，实施"语言文字国际高端专家来华交流项目"，对外译介中国语言生活皮书，设立海外普通话培训测试中心，促进语言文字国际交流合作。

思考与练习

1. 查阅相关文献，谈谈语言为什么会被认为是一种资源。
2. 简述中国历代的语文规划情况。
3. 认真研读《中华人民共和国国家通用语言文字法》。

参考文献

爱德华·萨丕尔（1985）《语言论》，陆卓元译，北京：商务印书馆。

暴希明（2009）《汉字文化论稿》，郑州：郑州大学出版社。

薄守生、赖慧玲（2009）《当代中国语言规划研究——侧重于区域学的视角》，北京：中国社会科学出版社。

北京大学中文系语言学教研室（2003）《汉语方音字汇》，北京：语文出版社。

布龙菲尔德（1980）《语言论》，袁家骅、赵世开、甘世福译，北京：商务印书馆。

岑麒祥（2011）《语言学史概要》，北京：世界图书出版公司。

陈敏哲、白解红（2012）汉语网络语言研究的回顾、问题与展望，《湖南师范大学学报》第3期。

陈望道（1997）《修辞学发凡》，上海：上海教育出版社。

陈望道（2005）《陈望道学术著作五种》，上海：复旦大学出版社。

陈炜湛（2011）《古文字趣谈》，上海：上海古籍出版社。

陈章太（2002）说语言立法，《语言文字应用》第4期。

陈章太（2005）《语言规划研究》，北京：商务印书馆。

陈章太（2010）《国家通用语言文字法》的成就与发展，《语言文字应用》第3期。

陈章太（2015）《语言规划概论》，北京：商务印书馆。

崔荣昌（1996）《四川方言与巴蜀文化》，成都：四川大学出版社。

戴黎刚（2005）闽语的历史层次及其演变，复旦大学博士学位论文。

戴庆厦主编（1998）《二十世纪的中国少数民族语言研究》，太原：书海出版社。

董琨（2019）《中国汉字源流》，北京：商务印书馆。

杜泽逊（2001）《文献学概要》，北京：中华书局。

（清）段玉裁（1988）《说文解字注》，上海：上海古籍出版社。

费尔迪南·德·索绪尔（1980）《普通语言学教程》，高名凯译，北京：商务印书馆。

冯桂华（2006）客家方言的源流及与赣方言的关系，《赣南师范学院学报》第2期。

冯胜利（2000）《汉语韵律句法学》，上海：上海教育出版社。

冯胜利（2005）《汉语韵律语法研究》，北京：北京大学出版社。

甘于恩、邵慧君（2000）试论客家方言对粤语语音的影响，《暨南学报》第5期。

高明（2004）《中国古文字学通论》，北京：北京大学出版社。

（清）戈载（2009）《词林正韵》，上海：上海古籍出版社。

郭宝钧（1963）《中国青铜器时代》，北京：生活·读书·新知三联书店。

郭沫若（1943）《今昔集》，重庆：东方书社。

郭芹纳（2004）《诗律》，北京：商务印书馆。

郭锡良（2021）《汉语史论集》（增补本），北京：商务印书馆。

郭锡良主编（1999）《古代汉语》，北京：商务印书馆。

《汉字五千年》编委会（2009）《汉字五千年》，北京：新星出版社。

何九盈（2016）《汉字文化学》，北京：商务印书馆。

何九盈、胡双宝、张猛（1995）《汉字文化大观》，北京：北京大学出版社。

贺国伟、厉琳（2011）《现代汉语标点符号数字用法规范手册》，上海：上海辞书出版社。

洪波（2005）《立体化古代汉语教程》，北京：高等教育出版社。

胡吉成主编（2005）《修辞与言语艺术》，北京：中央广播电视大学出版社。

胡朴安（2016）《文字学常识》，北京：中华书局。

胡双宝（2012）《异体字规范字应用辨析字典》，北京：北京大学出版社。

黄伯荣、李炜主编（2012）《现代汉语》，北京：北京大学出版社。

黄伯荣、廖序东主编（2007）《现代汉语》，北京：高等教育出版社。

黄长著（2000）《各国语言手册》，重庆：重庆出版社。

季羡林（2000）《汉语与外语》，北京：语文出版社。

江蓝生、陆尊梧（2007）《简化字繁体字对照字典》，上海：上海辞书出版社。

姜望琪（2003）《当代语用学》，北京：北京大学出版社。

蒋绍愚、曹广顺（2005）《近代汉语语法史研究综述》，北京：商务印书馆。

蒋绍愚、唐作藩、张万起（2011）《古汉语常用字字典》，北京：商务印书馆。

教育部、国家语委（2021）《国际中文教育中文水平等级标准》（GF0025—2021），北京：北京语言大学出版社。

教育部语言文字信息管理司组编（2012a）《〈标点符号用法〉解读》，北京：语文出版社。

教育部语言文字信息管理司组编（2012b）《〈出版物上数字用法〉解读》，北京：语文出版社。

教育部语言文字信息管理司组编（2017）《语言文字规范标准》，北京：商务印书馆。

孔子学院总部/国家汉办（2014a）《国际汉语教师证书考试大纲解析》，北京：人民教育出版社。

孔子学院总部/国家汉办（2014b）《国际汉语教学通用课程大纲（修订版）》，北京：北京语言大学出版社。

李土生（2009）《汉字与汉字文化》，北京：中央文献出版社。

李小凡、项梦冰（2009）《汉语方言学基础教程》，北京：北京大学出版社。

李孝定（2011）《汉字史话》，北京：海豚出版社。

李新魁(1987)吴语的形成和发展,《学术研究》第5期。

李新魁(1999)《实用诗词曲格律词典》,广州:花城出版社。

李行健(2010)《国家通用语言文字法》是做好语文工作的保证,《语言文字应用》第3期。

李学勤(2019)《古文字学初阶》,北京:中华书局。

李宇明(2010a)《中国语言规划论》,北京:商务印书馆。

李宇明(2010b)《中国语言规划续论》,北京:商务印书馆。

李宇明(2010c)语言生活需要用法调节,《语言文字应用》第3期。

李宇明(2015)《中国语言规划三论》,北京:商务印书馆。

李宇明(2019)中国语言资源的理念与实践,《语言战略研究》第3期。

李宇明(2021)试论个人语言能力和国家语言能力,《语言文字应用》第3期。

李宇明(2022)语言规划学说略,《辞书研究》第1期。

李智(2007)义素分析法与词典释义,《北方论丛》第2期。

连淑能(2010)《英汉对比研究》,北京:高等教育出版社。

刘翔、陈抗、陈初生、董琨(2017)《商周古文字读本(增补本)》,北京:商务印书馆。

刘春丹(2008)中国网络语言研究的现状及其发展趋势,《山东社会科学》第9期。

刘丹青(2005)《语言学前沿与汉语研究》,上海:上海教育出版社。

刘红婴(2010)一部法律和一个时代,《语言文字报》501期。

刘洁修(2000)《成语》,北京:商务印书馆。

刘珣(2000)《对外汉语教育学引论》,北京:北京语言文化大学出版社。

刘亚丽(2009)网民网络语言的心理因素探析,《河南大学学报》第5期。

刘一玲(2010)《标点符号用法90题》,北京:语文出版社。

刘志基(1996)《汉字文化综论》,南宁:广西教育出版社。

刘志基(2007)《汉字:中国文化的元素》,上海:华东师范大学出版社。

龙榆生(2002)《中国韵文史》,上海:上海古籍出版社。

龙榆生(2004)《词曲概论》,北京:北京出版社。

龙榆生(2010)《唐宋词格律》,上海:上海古籍出版社。

龙榆生(2011)《词学十讲》,北京:北京出版社。

陆俭明(2005)《现代汉语语法研究教程》,北京:北京大学出版社。

陆俭明(2006)语文教学的定位问题,《中学语文》第3期。

陆俭明(2011)信息时代语言文字规范标准问题,《北华大学学报》第2期。

陆俭明、沈阳(2004)《汉语和汉语研究十五讲》,北京:北京大学出版社。

陆锡兴(2018)《汉字传播史》,北京:商务印书馆。

罗杰瑞（1995）《汉语概说》，张惠英译，北京：语文出版社。

吕明臣、李伟大、曹佳（2008）《网络语言研究》，长春：吉林大学出版社。

吕叔湘（2002）《吕叔湘选集》，长春：东北师范大学出版社。

吕叔湘、朱德熙（1979）《语法修辞讲话》，北京：中国青年出版社。

马承源（2007）《中国古代青铜器》，上海：上海人民出版社。

马国凡（1980）惯用语的性质，《语言文学》第1期。

马西尼（1997）《现代汉语词汇的形成——十九世纪汉语外来词研究》，上海：汉语大词典出版社。

麦耘（2009）从粤语的产生和发展看汉语方言形成的模式，《方言》第3期。

蒙元耀（2010）论民族语言文字平等与民族团结，《广西民族研究》第4期。

聂鸿音（1998）《中国文字概略》，北京：语文出版社。

潘文国（2010）《汉英语言对比概要》，北京：商务印书馆。

骈宇骞（2007）《中华字源》，沈阳：万卷出版公司。

齐冲天（1997）《汉语史简论》，郑州：大象出版社。

钱进、陈晓浒、金戈等（2006）《标点符号规范使用手册》，南京：凤凰出版社。

钱宗武（1996）《今文尚书语言研究》，长沙：岳麓书社。

邱志红（2005）洋泾浜英语小述，《清史研究》第2期。

裘锡圭（2013）《文字学概要》，北京：商务印书馆。

任丽青（2011）《标点符号里的大学问》，上海：上海人民出版社。

邵百鸣、葛力力（2004）略论赣方言的形成，《江西科技师范学院学报》第3期。

沈兼士（1986）《沈兼士学术论文集》，北京：中华书局。

石毓智、李讷（2001）《汉语语法化的历程——形态句法发展的动因和机制》，北京：北京大学出版社。

史锡尧（1999）《语法·语义·语用》，北京：人民教育出版社。

史有为（2004）《异文化的使者——外来词》，上海：上海辞书出版社。

苏金智（2009）《汉语的数目字》，北京：语文出版社。

苏培成（2010）改革创新，实施国家语文发展战略，《语言文字应用》第3期。

孙宏开、胡增益、黄行主编（2007）《中国的语言》，北京：商务印书馆。

孙玉文（2007）《汉语变调构词研究》，北京：商务印书馆。

谭代龙主编（2017）《说简解繁——繁简字的对应与转换》，成都：四川大学出版社。

汤玫英（2012）《网络语言新探》，郑州：河南人民出版社。

唐启运（1981）《成语谚语歇后语典故概说》，广州：广东人民出版社。

唐作藩（2002）《音韵学教程》，北京：北京大学出版社。

唐作藩（2005）《汉语音韵学常识》，上海：上海教育出版社。

唐作藩（2011）《学点音韵学》，广州：暨南大学出版社。

藤枝晃（2005）《汉字的文化史》，北京：新星出版社。

王锋（2003）《从汉字到汉字系文字》，北京：民族出版社。

王均主编（1995）《当代中国的文字改革》，北京：当代中国出版社。

王力（1984）《中国语法理论》，见《王力文集》第一卷，济南：山东教育出版社。

王力主编（1999）《古代汉语》（校定重排本），北京：中华书局。

王力（2002）《诗词格律概要》，北京：北京出版社。

王力（2004）《汉语史稿》，北京：中华书局。

王了一（1982）《汉语语法纲要》，上海：上海教育出版社。

王勤（2006）《汉语熟语论》，济南：山东教育出版社。

王继洪（2006）《汉字文化学概论》，上海：学林出版社。

王理嘉（2008）纪念《汉语拼音方案》颁布50周年，《汉语学习》第1期。

王希杰（2004）《汉语修辞学》，北京：商务印书馆。

王元鹿（1988）《汉古文字与纳西东巴文字比较研究》，上海：华东师范大学出版社。

王元鹿等（2007）《中国文字家族》，郑州：大象出版社。

魏丹（2010）《中华人民共和国国家通用语言文字法》解读，《语言文字报》506期。

温端政（2000a）《歇后语》，北京：商务印书馆。

温端政（2000b）《谚语》，北京：商务印书馆。

文字改革出版社编（1983）《汉语拼音方案的制订和应用——汉语拼音方案公布25周年纪念文集》，北京：文字改革出版社。

（清）吴梅（2000）《顾曲尘谈·中国戏曲概论》，上海：上海古籍出版社。

吴中伟（2014）《汉语作为第二语言教学——汉语技能教学》，北京：外语教学研究出版社。

武占坤（2007）《汉语熟语通论》，石家庄：河北大学出版社。

向熹（2002）《汉语探源》，载《纪念王力先生百年诞辰学术论文集》，北京：商务印书馆。

向熹（2007）《古代汉语知识辞典》，成都：四川辞书出版社。

向熹（2010）《简明汉语史》（修订本）（上、下），北京：商务印书馆。

邢福义（2019）《邢福义文集》，武汉：华中师范大学出版社。

徐通锵（1996）《历史语言学》，北京：商务印书馆。

徐通锵（2007）《语言学是什么》，北京：北京大学出版社。

徐通锵、胡吉成（2001）《〈语言学纲要〉学习指导书》，北京：北京大学出版社。

徐志奇（2004）《汉语文字学概要》，重庆：西南师范大学出版社。

徐中舒主编（1989）《甲骨文字典》，成都：四川辞书出版社。

徐宗才（2005）《俗语》，北京：商务印书馆。

杨润陆（2017）《现代汉字学》，北京：北京师范大学出版社。

杨文全、曹敏（2002）语言"塔布"与委婉：人类话语行为的制衡器，《西南师范大学学报》第6期。

杨月蓉（2004）《重庆方言俚俗语研究》，北京：中国文史出版社。

姚锡远（1998）"熟语"的种属地位及其定义域，《汉字文化》第2期。

姚亚平（2006）《中国语言规划研究》，北京：商务印书馆。

叶蜚声、徐通锵（2010）《语言学纲要》（修订版），北京：北京大学出版社。

于省吾主编（1996）《甲骨文字诂林》，北京：中华书局。

余嘉锡（2007）《古书通例》，北京：中华书局。

余志鸿（1988）"宾动"倒句和语言交融，《民族语文》第3期。

袁家骅（2001）《汉语方言概要》，北京：语文出版社。

曾献飞（2004）湘南方言的形成，《湘潭师范学院学报》第1期。

翟时雨（2003）《汉语方言学》，重庆：西南师范大学出版社。

张斌（2005）《现代汉语语法十讲》，上海：复旦大学出版社。

张赪（2002）《汉语介词词组词序的历时演变》，北京：北京语言文化大学出版社。

张觉（2002）《现代汉语规范指南》，上海：汉语大词典出版社。

张联荣（2009）《汉语词汇的流变》，郑州：大象出版社。

张书岩、王铁琨、李青梅（1997）《简化字溯源》，北京：语文出版社。

张双棣、张联荣、宋绍年、耿振生（2015）《古代汉语知识教程》，北京：高等教育出版社。

张舜徽（2005）《中国文献学》，上海：上海古籍出版社。

张向阳（1999）语言禁忌现象的立体透视，《解放军外国语学院学报》第4期。

张永言（2015）《语文学论集》（增订本），上海：复旦大学出版社。

张玉玲（2008）网络语言的语体学研究，复旦大学博士学位论文。

张云辉（2010）《网络语言语法与语用研究》，上海：学林出版社。

张中行（2007）《文言和白话》，北京：中华书局。

赵金铭（2005）《对外汉语教学概论》，北京：商务印书馆。

赵金铭（2010）《汉语可以这样教》，北京：商务印书馆。

赵元任（1979）《汉语口语语法》，吕叔湘译，北京：商务印书馆。

赵元任（1980）《中国话的文法》，丁邦新译，香港：香港中文大学出版社。

中国大百科全书总编辑委员会《语言文字》编辑委员会（1988）《中国大百科全书·语言文字》，

北京:中国大百科全书出版社。

中国社会科学院语言研究所词典编辑室(2016)《现代汉语词典》(第7版),北京:商务印书馆。

周小兵、李海鸥(2004)《对外汉语教学入门》,广州:中山大学出版社。

周有光(2009)《汉字和文化问题》,北京:人民文学出版社。

周有光(2018)《世界文字发展史》,上海:上海教育出版社。

周振鹤、游汝杰(2006)《方言与中国文化》(第2版),上海:上海人民出版社。

朱德熙(1982)《语法讲义》,北京:商务印书馆。

朱庆之(1992)《佛典与中古汉语词汇研究》,台北:文津出版社。

邹晓丽(2007)《基础汉字形义释源》,北京:中华书局。